THE
SILENT ORGASM

Thangka
Thangka mit Adibuddha in Yab-yum-Position in der Mitte. Nepal, 1989 (52 x 74 cm)

Günter Nitschke
(Swami Anand Govind)

The
SILENT ORGASM

Liebe als Sprungbrett zur Selbsterkenntnis

TASCHEN

KÖLN LISBOA LONDON NEW YORK OSAKA PARIS

Dieses Buch wurde gedruckt auf 100% chlorfrei gebleichtem Papier gemäß TCF-Norm.

© 1995 Benedikt Taschen Verlag GmbH
Hohenzollernring 53, D–50672 Köln
Lektorat: Monika Zerbst, Stuttgart
Deutsche Übersetzung: Andreas Heering, Köln
Umschlaggestaltung: Angelika Muthesius, Köln;
Mark Thomson, London
Produktion: Bernd Hirschmeier, Aidlingen;
WZ Media Stuttgart

Printed in Italy
ISBN 3–8228–8797–8

Meinen Meistern in tiefer Dankbarkeit gewidmet

Osho

meinem Kalligraphie-Meister
Suzuki Kou

Henry Lee, meinem ersten Führer
in den Fernen Osten

den Irisblüten in meinem Garten
in Kioto

Inhalt

8   **Auf dem Weg zur Transparenz des Bewußtseins**

13   **Meditation als Jagd – Meditation als Orgasmus**

17   **Fernöstliche Bewußtseinsmodelle**
17   Vedanta-Modell
21   Bardo-Modell
31   Yoga-Modell
44   Hierarchisches Modell
50   Zen-Modell

63   **Westliche Bewußtseinsmodelle**
63   Transpersonales Modell
75   Evolutionäres Modell
82   Holographisches Modell

91   **Die Meditationstechnik der Jagd**
92   Dehypnotherapie
97   Therapie mit psychedelischen Drogen
100   Encounter- und Primal-Therapie
113   Astralprojektion
121   Zusammenfassung

129   **Die Orgasmus-Technik: Tantrischer Sex**
129   Modernes Tantra und das Tao der Liebe
129   Die Rolle der Chakras oder »Drüsen ohne Gänge«
131   Die Bedeutung der Kundalini oder »Schlangenkraft«
131   Die Bedeutung des »kleinen himmlischen Energiekreislaufs« und des »inneren Orgasmus«
135   Die Bedeutung des »High Sex« – der Umwandlung des Orgasmus in Ekstase
137   Kritik

143	**Der stille Orgasmus: eine Kombination von Jagd- und Orgasmustechnik**
143	Die Polarität des Orgasmus und die Lücke danach
146	Fallstudien
154	Schlußfolgerungen
157	**Der traditionelle Weg des Tantra**
157	Die Schriften und die Künste
158	Tantra in der Literatur
158	Der Unterschied zwischen tantrischem und nicht-tantrischem Hinduismus und Buddhismus
159	Die Gleichung von kosmischer Zwei-Einheit, von Shiva und Shakti, mit der menschlichen Zwei-Einheit, also mit dem männlichen und weiblichen Prinzip
160	Tantrische Rituale und Meditationspraktiken
162	Zusammenfassung
165	Tantra in der Kunst
165	Magische Fruchtbarkeitsriten und/oder spirituelle Erotik
165	Shiva-Lingam, Symbol der Kreativität
168	Der Hindu-Tempel als Synthese von Berg und Höhle
175	Hierogamie und/oder Unio Mystica
175	Inhalt und Funktion von Thangkas
180	Die Kalachakra- und Chakrasamvara-Gottheiten und das Yab-Yum-Bild der sexuellen Vereinigung
191	Vajrayogini, »die diamantene Asketin«, und Chinnamasta, »die Gottheit mit dem gespaltenen Kopf«
199	**Meditation, Kreativität, Sprache**
205	**Glossar**
213	**Bibliographie**

Auf dem Weg zur Transparenz des Bewußtseins

Es ist jetzt ein Jahrhundert her, daß abendländische Wissenschaftler die Psychologie als eine ihrer Disziplinen zu entwickeln begannen. Ebenfalls seit einem Jahrhundert beginnt unsere rationalistische Kultur Begriffe und Praktiken aufzunehmen, die aus den spirituellen Traditionen des Fernen Ostens entstanden sind. Die meisten Menschen der abendländischen Welt sind heute bis zu einem gewissen Grad mit der Psychologie als Hilfsmittel zum Verständnis des Selbst vertraut. Immer mehr Menschen – inzwischen sind es schon Millionen – haben eine Vorstellung von ostasiatischen Praktiken wie Yoga, Tai Chi und Meditation oder sogar persönliche Erfahrungen damit. Die Menschen haben zu allen Zeiten und in allen Kulturen nach Selbsterkenntnis gedürstet; in vielen westlichen Ländern ist diese Suche heute von psychologistischem Denken und dem Experimentieren mit Meditationstechniken geprägt.

Die abendländische Philosophie hat sich mit ihren analytischen Untersuchungen von Anfang an auf das Bewußtsein und seine Inhalte konzentriert. Im Osten dagegen hat man solche Bemühungen schon immer für ein Spiel gehalten, bei dem man letztlich nur seine Zeit vergeudet. Hier lehrt die Tradition, daß man über das Bewußtsein hinausgelangen muß, um zu verstehen, wie es funktioniert. Wie kann ein Apfel sich selbst erkennen? Der Osten hat auch eine Psychologie, aber im allerwörtlichsten Sinne eines Diskurses über die Seele. Besonders in Indien, aber auch in anderen Kulturen haben sich im Lauf der Jahrhunderte verschiedene Vorstellungen von Bewußtsein entwickelt; doch weisen diese Vorstellungen alle auf den Prozeß des Bewußt-seins und über ihn hinaus, statt den Inhalt des Bewußtseins zu analysieren. Dabei war die Praxis immer viel wichtiger als die Theorie – und zwar die individuelle, erfahrene Praxis der Meditation.

Ich halte die Meditation für den Weg zu echter Selbsterkenntnis. Ich bin vor allem deshalb in der Lage, über Selbsterkenntnis zu schreiben, weil ich selbst meditiere, weil mich die Stile und Ursprünge der verschiedenen Meditationspraktiken faszinieren und weil ich diese anderen Meditierenden – Anfängern und Fortgeschrittenen – gerne verdeutlichen möchte. Die Inspiration zu diesem Buch über Meditation erhielt ich, als ich selbst eine Meditationstechnik entdeckte (siehe im Kapitel ab S. 157) und dann feststellte, daß diese nirgends dokumentiert ist.

Die Vielzahl der Meditationstechniken läßt sich grob in zwei Grundtypen unterteilen. Der erste ist durch einen eher passiven Meditationsstil gekennzeichnet, der zweite durch einen eher aktiven; ich bezeichne diese beiden Grundtypen im Kapitel ab S. 17 als den »Jagd-2« beziehungsweise den »Orgasmus-Typ« der Meditation.

Heutzutage nähert man sich der Meditation meist im Kontext von Fragen und Überlegungen zum Wesen des Bewußtseins. Ich möchte deshalb in den Kapiteln ab S. 63 und 91 dieses intellektuelle Instrumentarium darstellen und dazu einige ausgewählte Modelle des menschlichen Bewußtseins kritisch beleuchten.

Im abendländischen Kulturbereich verbindet man Meditation häufig mit Therapie. Dies gilt auch und ganz besonders in meinem Falle; ich machte die Entdeckung, die mich zu diesem Buch inspirierte, im Rahmen einer Therapie. Meine eigenen, etwas eklektischen Erfahrungen bilden die Grundlage für meine Beschreibungen verschiedener Arten der Therapie im Kapitel ab S. 129. Diese besonderen Therapien gehören zum Thema Meditation, weil sie transpersonal sind, also dazu angetan, das Selbst in einer Perspektive darzustellen, die umfassender ist als der jeweilige Inhalt eines individuellen Bewußtseins.

Persönliche Erfahrung bildet auch die Grundlage für das Kapitel ab S. 143 »Der stille Orgasmus«, in dem das zentrale Thema dieses Buches eingeführt und beschrieben wird, die post-orgasmische Meditation, die ich **transpersonale oder mandalische Sextherapie** nenne. Diesem Kapitel geht ein Überblick über zeitgenössische Lehren tantrischer und taoistischer Praktiken voraus, in denen Sex und Meditation miteinander verknüpft werden. Dem Kapitel ab S. 157 folgt ein Anhang, in dem ich einige exoterische Elemente des klassischen tantrischen Rituals auf mögliche Vorläufer der mandalischen Sextherapie untersuche.

Obgleich ich als Therapeut tätig war und bin und mich auch selbst Therapien unterzogen habe, ist mein Zugang zur Therapie nicht der des ausgebildeten Klinikers, sondern der des interessierten Laien. Die Verweise auf die Psychologie und ihren Jargon sind deshalb auf ein Minimum begrenzt und sollen dazu dienen, Bewußtseinsprozesse zu beschreiben. Den klinischen Bereich der sogenannten Geisteskrankheiten und die Literatur zu diesem Thema lasse ich gänzlich außer acht, weil die Frage, inwieweit jemand verrückt ist, für

Auf dem Weg zur Transparenz des Bewußtseins

mein Denken und meine Praxis irrelevant ist. Wir sind alle bis zu einem gewissen Grade verrückt: Wir sind alle fragmentiert, wir haben alle »einen Sprung« – das ist übrigens auch der ursprüngliche, inzwischen untergegangene Sinn des englischen Wortes »crazy«, das heute »verrückt« bedeutet, früher aber so etwas Ähnliches wie »rissig« oder »gesprungen«; wir sind nicht heil und deshalb nicht heilig. Die seltenen Ausnahmen von dieser Regel bilden die Erleuchteten, und ihr Heil-sein strahlt aus der Tiefe ihrer einfachen Sprache.

In der neueren Literatur zur Erforschung des Bewußtseins findet man immer wieder Bemerkungen über außergewöhnliche, veränderte oder erweiterte Bewußtseinszustände. Diese werden in Gegensatz zu unseren normalen, wachen Bewußtseinszustand gesetzt. So entsteht eine neue ontologische Dualität. Ich habe mich besonders bemüht, dies zu vermeiden, weil die ersten beiden Begriffe mir zu sehr nach dem Psychopathischen oder Halluzinatorischen klingen, während der Begriff »erweitertes Bewußtsein« impliziert, man könne mit speziellen Meditationstechniken ganz neue Bewußtseinswelten erschließen und sich zu eigen machen. Meine eigene Erfahrung sagt mir aber, daß das Bewußtsein eine Einheit darstellt und daß alles, was zu diesem Bewußtsein gehört, uns immer schon zu eigen ist.

Ich folge lieber dem Beispiel von Jean Gebser, der Begriffe wie intensiviert, integriert oder transparent benutzt, um die Bewußtseinszustände zu beschreiben, die man durch Meditation oder verschiedene Therapien erreicht. Solche Techniken machen dem Meditierenden das Bewußtsein nur transparenter, nur durchsichtiger – aber es wird ihm nichts hinzugefügt. Der Begriff der Transparenz führt keine neue begriffliche Dualität in die Diskussion über das Bewußtsein ein. Wenn man von einem transparenten Bewußtseinszustand spricht, so impliziert man, daß nichts Besonderes getan werden muß, um diesen Zustand zu erreichen, daß es keine spezielle Technik gibt, die einen solchen Zustand herbeiführen kann; daß durch Stille und Geduld sich der Schlamm des mit Ge-denk gefüllten Kopfes senkt wie in einem Fluß nach einem Sturm. Um eine uralte Metapher des Bewußtseins zu benutzen: Alles wird kristallklar.

Irgendwie ist das Wort Transparenz in der Lage, einen Paradigmenwechsel in unserem Verständnis von Bewußtsein einzuläuten. Es befreit das Bewußtsein von Zeit, Raum und Kausalität; es veranlaßt uns, nicht mehr in Reihenfolgen verschiedener Phänomene zu denken, sondern unsere Aufmerksamkeit auf ein synchronistisches, mandalisches Ganzes zu richten. Es öffnet uns den Weg zum Heiligen, je-

The Silent Orgasm

denfalls im Sinn des Holistischen, des Ganzheitlichen, es öffnet uns den Weg zur Heiligkeit des ganzen Bewußtseins.

Ich bin unter anderem auch als Wissenschaftler tätig, und nun, da ich die akademische Welt seit zwei Jahrzehnten kenne, habe ich nur noch wenig Respekt vor rein »wissenschaftlichen« Fragestellungen. Besonders im Hinblick auf die Meditation finde ich den »wissenschaftlichen« Zugang fragwürdig. Entweder man meditiert, oder man meditiert nicht. Wenn man über Meditation redet, ohne sich dabei auf seine eigenen Erfahrungen zu beziehen, so ist das unehrlich. Deshalb wirken auch die unzähligen gelehrten Abhandlungen über taoistische und tantrische Meditation so eigentümlich leer; die Gelehrten, die sich scheuen, sich über ihre eigene Praxis, ihre Experimente und Werturteile zu äußern, sollten sich eingestehen, daß sie nur aus Erfahrungsberichten anderer Menschen abschreiben.

Ich fälle in meinem Buch ständig Werturteile. Ich meditiere selbst und schreibe über Erfahrungen und Erkenntnisse, die ich auf meinem eigenen Wege gewonnen habe. Anhand dieser Erfahrungen beurteile ich die physischen Praktiken und die metaphysischen Behauptungen eines jeden Textes, ganz gleich, ob er uralt ist oder brandneu. Dieses Buch ist ein Rezeptbuch der Meditationstechniken, das alte und neue Rezepte enthält, wobei ich immer dazuschreibe, ob die Rezepte überhaupt zu einer eßbaren Mahlzeit führen und wie diese Mahlzeiten schmecken.

Ich bin 1974 durch Osho zur Meditation erweckt worden, der früher unter dem Namen Baghwan Shree Rajneesh bekannt war, und obwohl ich mich selbst stets um eigene Erkenntnis bemüht habe, scheint es, als ob das meiste von dem wenigen, was ich weiß, mir durch seine Vermittlung zugeflossen ist. Daß ich ihm so viel und so Tiefes verdanke, möchte ich gleich zu Anfang betonen.

Ich verdanke auch einer Frau sehr viel, die mit mir in den Jahren 1989 und 1990 zusammenarbeitete und die meine Entdeckung der mandalischen Sextherapie ermöglichte. Wenn die Resultate dieser schönen Meditationsform von anderen wiederholt und bestätigt werden können, dann werden sie, gleich mir, dieser mutigen und ungewöhnlichen Frau, die hier nicht genannt werden soll, zu Dank verpflichtet sein. Danken möchte ich auch meinem Freund und langjährigen Lektor Stephen Suloway, dessen nimmermüde Anstrengungen diesem Manuskript zu größerer Transparenz verhalfen.

Günter Nitschke

K i o t o , 1993

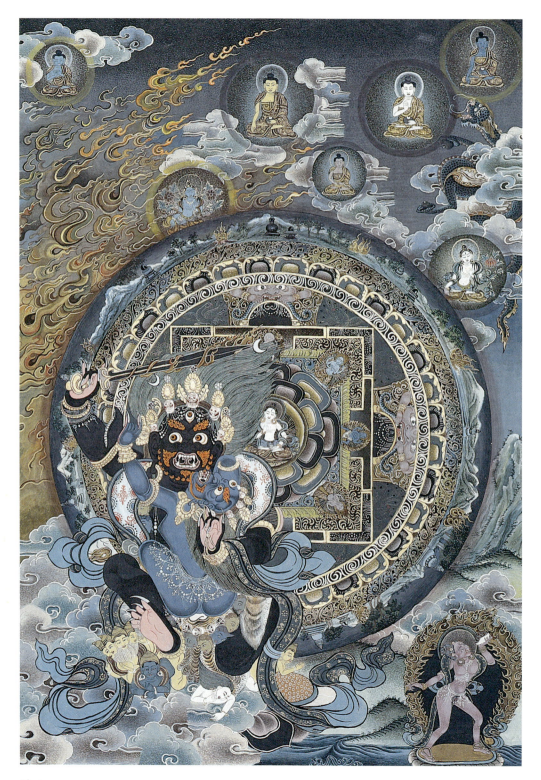

Bhairava
Bhairava, eine furchterregende Manifestation Shivas, mit Shakti (44 x 63 cm)

Meditation als Jagd –
Meditation als Orgasmus

In traditionellen Berichten über die persönliche Erforschung des Bewußtseins findet man zwei einander widersprechende Erklärungen zu der Frage, wie unsere Vorfahren die Meditation entdeckten. Diese beiden Paradigmen haben sich zu Grundmodellen oder religiös-intellektuellen Traditionen entwickelt, nach denen wir eine Unzahl von meditativen Techniken unterscheiden und einordnen. Dem ersten Paradigma zufolge spielt sich Meditation in absoluter Stille ab, dem zweiten Paradigma zufolge in einem Zustand äußerster Ekstase. Seltsam ist, daß zwei so unterschiedliche Wege, die zum selben Ziel führen sollen, seit mindestens drei Jahrtausenden nebeneinander existieren und noch immer von vielen Meditierenden beschritten werden.

Stille

Das Jagd-Paradigma

Das erste Paradigma erzählt vom prähistorischen Menschen, der als Jäger oft lange Zeit absolut still sitzen mußte, um wilde Tiere, die er töten wollte, nah genug herankommen zu lassen. Das heißt, er lernte eine Art der Meditation zu praktizieren, welche die Japaner *zazen* nennen, also »sitzende Meditation«. Durch das Sitzen wurde sich der Jäger des Rhythmus seines Atems und seines Herzschlags bewußt, besonders, wenn er in Gefahr geriet. Vielleicht, doch dies wird immer nur eine Vermutung bleiben, entdeckte er dabei tiefere Schichten seines Seins, es kann sogar sein, daß er durch Zufall in den Zustand der Meditation hinüberglitt – also in ein Erlebnis der Einheit mit dem ganzen Universum. Genaugenommen wäre das kein Erlebnis im umgangssprachlichen Sinne des Wortes, denn im Moment dieses andersartigen »Erlebnisses« verschwindet derjenige, der es erlebt.

Stellt die Technik des Stillsitzens, des absoluten Stillwerdens das eine Extrem des Spektrums menschlicher Aktivität und Emotion dar, so bezeichnet das andere Paradigma das entgegengesetzte Extrem, nämlich die äußerste Ekstase, den Orgasmus. Im Orgasmus wächst der Mensch für kurze Zeit über das Gefühl des Getrenntseins, das Gefühl von »ich selbst« und »der andere« hinaus. Noch heute ist der Orgasmus der einzige Augenblick, in dem der Durchschnittsmensch wirklich echt und ganz wird. Das Glück des Hinauswachsens über jede Dualität trieb unsere Vorväter dazu, nach Methoden zu suchen, die es verlängern konnten. Sie versuchten auch, dieses Gefühl mittels anderer Techniken zu erreichen als durch Sex.

Meditation als Jagd – Meditation als Orgasmus

Das Paradigma der Jagd ist im Westen nicht sonderlich bekannt. Es umfaßt alle Erfahrungen und Entdeckungen sämtlicher Individuen und Gruppen, von der Antike bis zur Moderne, die den Zustand der Meditation durch absolutes Stillwerden zu erreichen suchten, durch intensive, unvoreingenommene Aufmerksamkeit.

Ekstase
Das Orgasmus-Paradigma

Das Paradigma des Orgasmus dagegen findet sich wie ein roter Faden in beinahe allen Studien über süd- und ostasiatische erotische Kunst. Es wird allgemein als die *raison d'être* der tantrischen und taoistischen Wege der Liebe angesehen. Die meisten Religionen haben sich bemüht, Sex zu unterdrücken, in der Regel aus sozialen Gründen. Im Tantra wird nicht der Sex unterdrückt und manipuliert, sondern der Orgasmus, und zwar aus Gründen der Spiritualität. Wir sollten deshalb alte und moderne Behauptungen, daß man Orgasmus und Meditation miteinander verbinden kann, sehr genau prüfen. Durch meine eigene, inzwischen achtzehnjährige Erfahrung mit der Meditation bin ich zu der Ansicht gekommen, daß der Orgasmus nur eine sehr begrenzte und kurzfristige Quelle psychosomatischen Genusses darstellt.

Es scheint in der Tat keinerlei Belege dafür zu geben, daß je ein Mensch im Augenblick des Orgasmus zur Erleuchtung gelangt ist. Die vielen Bücher über tantrische und taoistische Liebe bieten uns viele Techniken, mit deren Hilfe man den Orgasmus hinauszögern oder verhindern kann, aber fast keine praktischen Hinweise darauf, wie man mit Hilfe des Orgasmus Zustände intensivierten Bewußtseins erreicht. Wenn man den »inneren« oder »Tal-Orgasmus« praktiziert – das heißt, wenn man die Samenflüssigkeit zurückhält, um die sexuelle Energie von den niederen in die höheren Chakras aufsteigen zu lassen –, kann man den Augenblick der sexuellen Ekstase verlängern. Aber der Versuch, diese Praxis für höhere spirituelle Ziele zu nutzen, wie es alte und neuere tantrische Schriften versprechen, scheint mir ein zweifelhaftes Unterfangen zu sein.

Die derzeitige Interpretation von tantrischen und taoistischen Methoden, die Sex als Werkzeug benutzen, muß neu überdacht werden. Wir können uns von unserer Besessenheit vom Orgasmus als Weg zu sexueller Befriedigung befreien. Statt dessen sollten wir unsere Aufmerksamkeit lieber der Zeitspanne nach dem Orgasmus zuwenden (die oft als post-koitale Depression abgetan wird, in Wirklichkeit aber eine Chance für post-koitale *Wonnen* eröffnet), denn diese Zeitspanne bietet uns eine einmalige Chance, höhere Bewußtseinszustände zu erreichen.

The Silent Orgasm

Theoretisch betrachtet, schlage ich vor, die beiden unterschiedlichen Paradigmen der Meditation – also das Paradigma der Meditation als Jagd und das Paradigma der Meditation als Orgasmus – zu einem dritten, umfassenderen Paradigma zu verschmelzen, mit dessen Hilfe sich eher Bewußtseinszustände des Einsseins erreichen lassen.

Doch stieß ich auf diese Wahrheit nicht in der Theorie, sondern auf der Ebene der erfahrenen Wirklichkeit, während einer Sitzung in Primal-Therapie. Ziel dieses Buches ist es, eine persönliche Entdeckung zu beschreiben in der Hoffnung, daß sie das menschliche Bewußtsein zu höherer Bewußtheit und Integration führt. Ich glaube nicht, daß ich der erste bin, der diese Entdeckung gemacht hat, obwohl sie in der zeitgenössischen Literatur über die Erforschung des Bewußtseins erstaunlicherweise völlig fehlt. Ich möchte meine Entdeckung in zwei Kernaussagen zusammenfassen:

Stiller Orgasmus
Eine Kombination beider
Paradigmen

1. Relativ transparente oder integrative Bewußtseinszustände kann man auch ohne die Hilfe professioneller Therapeuten und ohne psychedelische Drogen erreichen. Mit den in den Kapiteln ab S. 129 und 143 beschriebenen fünf Techniken kann jeder, ohne großer Führung zu bedürfen, Einsichten in latente, verborgene Aspekte des Bewußtseins erhalten. Drogen können leicht lebensgefährlich sein und süchtig machen; die hier beschriebenen Meditationstechniken dagegen sind frei von solchen Gefahren.

2. Eine sehr effiziente, ungefährliche und vor allem beglückende Technik zur Erlangung transpersonalen Bewußtseins ist der sexuelle Orgasmus – jedenfalls, wenn man sich auf die Zeitspanne *nach* dem Orgasmus konzentriert, den Moment des *Stillen Orgasmus*. Diese Technik, die ich mandalischen oder transpersonalen Sex nenne, unterscheidet sich von den allgemein üblichen tantrischen oder taoistischen Praktiken, bei denen es hauptsächlich um die Manipulation des Geschlechtsaktes bis hin zum Moment des Orgasmus oder um die völlige Unterdrückung des Orgasmus geht.

Betont werden muß, daß alle Techniken, die ich in den nächsten Kapiteln beschreibe, nur Mittel zum Zweck sind; dieser Zweck heißt Meditation, ein Zustand jenseits dessen, was wir gemeinhin »Bewußtsein« nennen, ein Zustand, in dem das Bewußtsein inhaltsfrei wird. Meditation ist eigentlich kein Bewußtseinszustand, sondern vielmehr ein Zustand reiner Bewußtheit. Sri Nisargadatta Maharaj nannte die Meditation den Zustand »vor aller Bewußtheit«, Lopon Tenzin Namdak bezeichnete sie einfach als »den natürlichen Zustand«, in dem Bewußtheit und Leere eins werden.

Meditation als Jagd – Meditation als Orgasmus

Mandala
Mandala, das friedliche Vajrayana-Gottheiten darstellt. Nepalesische Kopie eines tibetischen Thangkas, 1980 (55 x 77 cm)

Fernöstliche Bewußtseinsmodelle

Um die notwendigen Grundlagen für unseren Streifzug durch die Welt der Techniken zu schaffen, mit denen man intensivierte Bewußtseinszustände erzeugen kann, und um ein wenig Ordnung in so verwirrend vieldeutige Begriffe wie Gott, Geist, Seele, Bewußtsein und Verstand zu bringen, möchte ich in diesem und im folgenden Kapitel verschiedene alte und moderne Modelle des Bewußtseins diskutieren.

Selbst Menschen, die in abendländischer Religion und Philosophie bewandert sind und auch die noch recht junge Disziplin der Psychologie kennen, dürften von der Tiefgründigkeit des ältesten indischen Bewußtseinsmodells beeindruckt sein; es beruht augenscheinlich auf persönlicher Erfahrung und nicht auf reiner Spekulation. In den zahllosen Büchern über den Hinduismus wird man immer wieder auf Bemerkungen stoßen, denen zufolge die *Rishis,* die Weisen der Upanischaden, das menschliche Bewußtsein in vier Elemente unterteilten. Ich nenne diese Elemente »Schichten«, weil dieser Begriff die Einheit des Bewußtseins und letztlich das, was ich Transparenz nenne, betont. Die vier Schichten sind: der normale Zustand des Wachens, Traum, traumloser Schlaf und ein weiterer Zustand, der als »das Vierte« *(Turiya)* bekannt ist.

Vedanta-Modell
Drei-plus-eins-Aufteilung
des Bewußtseins

Eine klare Deutung dieser Überlieferung findet man in den Reden des Osho, der nach meiner Einschätzung ein erleuchteter Meister (und einige Jahre lang Professor für indische Philosophie) war. Osho betont, daß der erste, also der normale Wachzustand des Bewußtseins, auch *Jagriti* genannt, uns nur mittelbare Anschauung, aber keine wirklich unmittelbare Schau erlaubt. »Die Sinne sind die Werkzeuge, die Fenster, durch die wir die Welt außerhalb unserer selbst wahrnehmen… Wenn unsere Sinne uns über etwas informieren, so ist das keine bloße Information, sondern eine Interpretation… Unsere Sinne überformen die Information, sie fügen etwas hinzu… Dadurch schaffen sie rund um jedes Bewußtsein eine Welt der Illusion, so daß jeder Mensch in seiner eigenen Welt lebt. Diese Welt wird im esoterischen Denken Asiens als *Maya* – Illusion – bezeichnet. Sie ist das Reale, das Objektive, das wahrhaft Seiende« *(Rajneesh* 1972, S. 36).

Jagriti
Der Wachzustand

Fernöstliche Bewußtseinsmodelle

Ich möchte dies mit einem Beispiel aus meiner eigenen Erfahrung illustrieren. Anfang der achtziger Jahre leitete ich ein Sensitivitätstraining in Kioto; nachdem wir etwa fünfzehn Minuten lang geschwiegen hatten, erklärte ein Mann mittleren Alters einem Studenten, der Anfang Zwanzig war, daß er sein Lächeln liebe. Ich fand dies verdächtig und bat den Mann, sich dem verwirrten jungen Studenten eine Kissenbreite entfernt gegenüberzusetzen und diese Aussage zu wiederholen, aber diesmal dabei die Fäuste zu ballen. Es dauerte gar nicht lange, bis der Mann einfach rief: »Ich hasse dich, ich hasse dich!« Ich begann, seinen Atemrhythmus zu steuern, und schon bald begann er zu weinen und erzählte, daß er seinen Vater sein Leben lang gehaßt habe. Nun habe er das Gefühl, ihn endlich »umgebracht« zu haben. Die ganze Episode hatte also nur sehr wenig mit dem jungen Studenten zu tun und sehr viel mehr damit, daß der ältere Mann an dem Studenten wohl eine äußerliche Ähnlichkeit mit seinem Vater wahrgenommen hatte. Diese Interpretation brachte ihn dazu, seinen lange angestauten Haß auf seinen Vater auf den jungen Mann zu projizieren. In seinem normalen Wachzustand nahm er den jungen Mann in diesem Augenblick als seinen Vater wahr.

Seit Heisenberg hat die mystische Sichtweise der Welt ein Echo in den westlichen Naturwissenschaften gefunden. Zumindest in der Elementarteilchenphysik hat man das klassische Verständnis »objektiver« Erkenntnis durch die menschlichen Sinne (oder ihre Verlängerungen, die Instrumente der Wissenschaft) aufgegeben. Hier wird der wissenschaftliche Beobachter als jemand verstanden, der seine eigenen Wertungen auf die Realität projiziert. Dies schon deshalb, weil er sich nicht von den Scheuklappen befreien kann, die ihm ein gegebenes naturwissenschaftliches Paradigma aufsetzt.

Sobna
Der Traumzustand

Die zweite Schicht des menschlichen Bewußtseins, der Zustand des Träumens, *Sobna*, bedient sich nicht der Sinne. Die Sinne schlafen, so daß du dir selbst näher bist. All unsere erworbenen Masken und Verhaltensweisen fallen von uns ab. Träume sind unabhängig vom Willen und vollkommen aufrichtig. Deshalb ist es auch verständlich, daß die Psychologie des Abendlandes in ihren Kindertagen so viel Wert auf die Traumanalyse legte. Man kann in seinen Träumen nicht lügen, weil man sie nicht so ohne weiteres kontrollieren kann; dennoch schafft man sich auch hier seine eigene Welt. Die *Sobna* genannte Bewußtseinsschicht ist Teil des personalen Bewußtseins, und dieses ist durch alles, was man je erlebt oder gefühlt hat, konditioniert; es ist nicht nur ein Sammelbecken für das gesamte gegenwärtige Leben, sondern auch für alle früheren Inkarnationen, ganz gleich, ob im Reich der Menschen oder der Tiere (*Rajneesh 1972, S. 37*). Das Bewußtsein hat außerdem, wie auch die moderne Psychologie weiß, den Drang, alles zu vervollständigen. Wenn in der äußeren Welt etwas unvollständig bleibt, so erschaffen wir einen Traum, der dies vervollständigt; andernfalls bleibt eine gewisse Ruhelosigkeit in uns zurück, das Gefühl, daß etwas unaufgelöst ist. Sensitivitätstraining, Gestalttherapie und Traum-Workshops gehören zu den neu erfundenen westlichen Arenen, in denen mit Hilfe traumbezogener Meditationstechniken »unerledigte Dinge« aufgearbeitet werden.

Schon Jahrhunderte vor Freud betonte Patanjali im Yoga-Sutra, daß es wichtig sei, auf seine Träume zu achten: »Meditiert auch über Wissen, das im Schlafe kommt.« Osho unterscheidet mit Bezug hierauf fünf Typen menschlicher Traumaktivität. Der erste Typus, zu dem die meisten Träume gehören, ist der Seelenstaub oder -unrat, den man im Lauf des Tages angesammelt hat und den unser Geist abwerfen will. Es lohnt sich nicht, solche Träume zu analysieren. Der zweite Traumtypus enthält eine Botschaft aus der ungeheuren Weite des Unbewußten, in welchem die Weisheit von Jahrtausenden gespeichert ist. Diese Bewußtseinsschicht kennt unsere wahren Bedürfnisse, so wie unser waches Bewußtsein unsere ständig wechselnden Sehnsüchte und Wünsche kennt. Ein Traum des zweiten Typus kann uns also sagen, welche unserer wahren Bedürfnisse vernachlässigt oder verdrängt worden sind. Der dritte Traumtypus ist selten; er enthält eine Botschaft von unserem »Überbewußtsein«, die uns helfen kann, einen mystischen Weg und einen Meister zu finden. Der vierte und der fünfte Traumtypus gewähren uns kleine Einblicke in unsere vergangenen beziehungsweise zukünftigen Inkarnationen (*Rajneesh 1976, S. 2*). In dem Kapitel ab S. 129 über Astralreisen werden wir sehen, wie bei diesen beiden Typen die Zeit einfach in sich zusammenfällt.

Wachzustand und Traumzustand überschneiden sich. Wenn man die Augen schließt, sitzt man sofort in seinem eigenen kleinen Kino, in dem man Filmregisseur, Projektor, Film und Zuschauer zugleich ist: Man erlebt einen Tagtraum. Dieser innere Film und seine Dialoge können eine solche Macht über uns gewinnen, daß wir manchmal sogar Selbstgespräche führen.

Die dritte Bewußtseinsschicht ist der traumlose Schlaf, *Sushupti*. Diese Zustand läßt sich nur sehr schwer wahrnehmen. Normalerweise kann man sich nicht daran erinnern, weil er ein Zustand inhaltslosen Bewußtseins ist. Es sind weder äußere noch innere Objekte (also

Sushupti
Der Zustand des traumlosen Schlafs

Fernöstliche Bewußtseinsmodelle

Träume) vorhanden. Osho bezeichnete diesen Zustand als subjektives Bewußtsein ohne Objekt oder auch als Zustand des Selbstseins ohne jeden Bezug oder Inhalt. »Im dritten Zustand ist Bewußtsein gleich Unbewußtsein« (1972, S. 39).

Die letzte, namenlose Bewußtseinsschicht unterscheidet sich qualitativ von den bisher besprochenen. »Der vierte Zustand ist kein Zustand«, sagt Osho. »Der Vierte liegt jenseits der Zustände. Der Vierte ist reines Sein. Er ist derjenige, der um alle anderen Zustände weiß. Die drei anderen Zustände wachsen aus dem Vierten empor und lösen sich in diesen hinein wieder auf. Der Vierte aber wächst aus nichts hervor und löst sich auch niemals in etwas anderes hinein auf« (1972, S. 40–41).

Turiya
Der vierte Zustand

Auf dem Weg zu *Turiya* oder dem »Vierten« verschwinden der Suchende und alles, wonach gesucht wird; sie haben keinen Zustand, keine Identität und keine Form mehr. Was bleibt, so sagen die Weisen, ist die »Urquelle aller Dinge«. (Jean Gebsers Bewußtseinsmodell, auf das ich in dem Kapitel ab S. 91 eingehe, besagt ebenfalls, daß der »Ursprung immer gegenwärtig« ist.)

Es gibt Techniken, mit deren Hilfe man die drei Bewußtseinszustände durchdringen kann. Eine solche Technik nennt Osho die Meditation der inneren Flamme; sie basiert auf einer der 112 Meditationstechniken, die in den *Vigyana Bhairava Tantra* dargestellt werden. (Über diese werde ich im Kapitel ab S. 157 noch berichten.) Paul Reps übersetzt:

»Wachend,
Schlafend,
Träumend –
Erkenne dich selbst als Licht.« (*Reps*, S. 201)

Stelle dir vor, daß eine Kerzenflamme in deinem Herzen brennt und daß dein Körper lediglich die Aura dieser Flamme ist. Immer, wenn du daran denkst, schließe deine Augen kurz und stelle dir dich selbst als diese Flamme vor. Tue dies die ersten drei Monate lang, dann gehe zur nächsthöheren Stufe über: Versuche dir beim Einschlafen in Erinnerung zu rufen, daß dein Körper nur das Licht dieser kleinen Flamme ist. Irgendwann wirst du sogar im Traum daran denken, daß du dieses Licht bist; dann werden die anderen Träume verschwinden. Mit Hilfe dieser Technik kann man über die drei »normalen« Bewußtseinszustände hinausgelangen.

Diese den Veden entnommene Einteilung des Bewußtseins in »dreiplus-einen« Zustand basiert auf gründlichen wissenschaftlichen Unter-

The Silent Orgasm

suchungen der menschlichen Natur, auf einer Wissenschaft des Inneren, deren Experimente Jahrtausende zurückreichen. Wenn man die Resultate dieser Experimente akzeptiert, sieht man, wie sinnlos es ist, Träume immer wieder zu analysieren, wie es die westliche Psychoanalyse in ihren Anfangsstadien getan hat. Dieses alte hinduistische Modell lehrt, daß man die Träume nicht analysieren, sondern über sie hinausgelangen muß, um bis zur eigenen inneren Quelle vorzudringen.

Seit C. G. Jung akzeptiert auch die Psychoanalyse, daß es drei Ebenen des menschlichen Bewußtseins gibt: das wache (reflexive) Bewußtsein, das Unbewußte und das kollektive Unbewußte. Dies ist natürlich schon eine Erweiterung des Freudschen Modells, welches das kollektive Unbewußte nicht kennt. Doch auch Jungs Modell gibt dem »Vierten«, von dem die *Rishis* in den Upanischaden reden, keinen Raum. Die moderne abendländische Psychoanalyse kennt kein Bewußtsein ohne Inhalt.

Wenn es eine solche »Landkarte«, die uns den Weg zu unserem innersten Selbst zeigt, schon seit Jahrtausenden gibt, dann fragt man sich, was die Priester und Propheten der Weltreligionen – auch die des Hinduismus mit seiner unüberschaubaren Vielzahl an Gottheiten und Ritualen – uns eigentlich jahrhundertelang verkauft haben? In was für eine Sackgasse wir geraten sind, wurde mir wieder einmal klar, als ich kürzlich die Vorlesung eines berühmten Professors des Buddhismus (ein Widerspruch in sich) über »den Begriff der Leere im Buddhismus« besuchte. Leere, das »Vierte«, ist kein Begriff – so leicht läßt es sich nicht realisieren. Um einen kleinen Vorgeschmack davon zu bekommen, braucht man gewiß keine Vorlesung; ein Wecker wäre da schon sinnvoller.

Das tibetische Bewußtseinsmodell steht nicht im Widerspruch zu dem alten hinduistischen Modell, sondern reichert es mit Details an. Der tibetische Buddhismus, der auf dem indischen basiert, unterscheidet zwischen sechs Bewußtseinszuständen, welche der Mensch im Kreislauf von Geburt und Tod kennt, und sechs Methoden, mit denen man sich aus diesen Bewußtseinszuständen befreien kann.

Eine dieser Methoden, »die Befreiung durch das Hören auf der Ebene nach dem Tode« oder Bardo Thödol – allgemein bekannt als »Das Tibetanische Totenbuch« – ist auf Englisch in fünf verschiedenen Übersetzungen vorhanden, auf die ich mich hier stütze.

Im tibetischen Modell befindet sich der Mensch, ehe er zur Erleuchtung gelangt, immer in einem der sechs *Bardos* oder »Zwischen-

Bardo-Modell
*Sechs Zwischenzustände
des Bewußtseins*

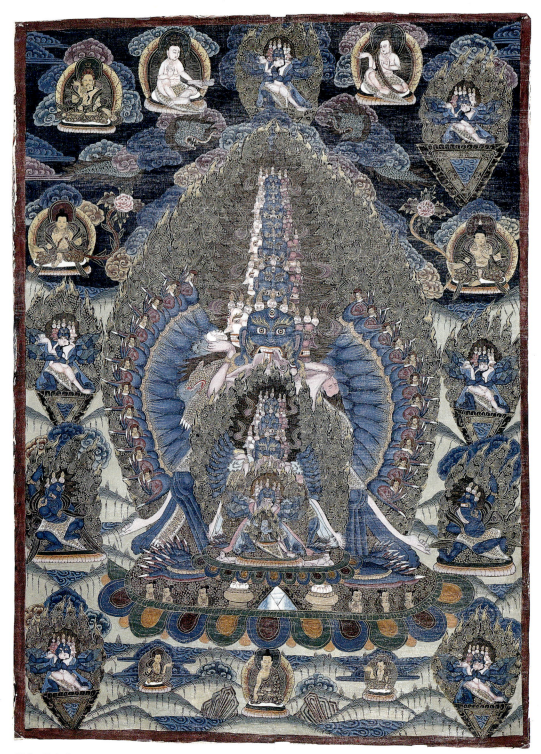

Visho Bahairav
Visho Bahairav – ein Thangka, das furchterregende Vajrayana-Gottheiten darstellt. Nepalesische Kopie eines tibetischen Thangkas, 1991 (59 x 83 cm)

zustände« des Bewußtseins. Es ist, als stünde man beständig auf einer Brücke oder in einer Art Zwielichtzone. Lama Lodö übersetzt die sechs Möglichkeiten als:

den Bardo des Lebens
den Bardo des Träumens
den Bardo der Meditation
den Bardo des Sterbens
den Bardo des Zustands nach dem Tode
den Bardo der Suche nach Wiedergeburt.

Man hat in jedem dieser Zustände oder Bardos die Chance, sich gänzlich aus unserer endlichen Existenz zu befreien. Es ist nichts weiter dazu notwendig als die volle Erkenntnis des Zustandes, in dem man sich im jeweils gegebenen Moment befindet. »Wir erfahren den Bardo jeden Augenblick; aber weil wir ihn nicht als solchen erkennen, sind wir hier in dieser Existenz« (*Lodö*, S. 13). Der Traum hört auf, wenn wir aufwachen. Es ist schon schwierig genug, sich bewußtzumachen, daß man träumt, wenn man schläft; noch schwieriger aber ist es, sich seiner Situation im turbulenten Zwischenzustand nach dem Tode bewußt zu werden.

Die ersten drei Bardos oder Zwischenzustände erlebt man im Körper. »Der Bardo des Lebens umfaßt die Erfahrung des illusorischen Charakters des Wachzustandes. Zu diesem Bardo gehören alle negativen und positiven Aktivitäten einer jeden Inkarnation von der Geburt bis zum Tode. Der Bardo des Träumens umfaßt alle Aktivitäten unseres Geistes, während der Körper schläft. Zum Bardo der Meditation gehören die unzähligen Meditationserfahrungen, von den niedrigsten Ebenen der Erkenntnis bis hinauf zur Ebene der Erleuchtung« (*Lodö*, S. 2).

Selbst wir mit unserem modernen materialistischen Verständnis des menschlichen Lebens können vielleicht akzeptieren, daß die wichtigsten Übergangsstadien in unserem Leben die Geburt, die Liebe und der Tod sind. Aber leider erleben wir sie nicht. In der Regel sind wir nicht bei Bewußtsein, wenn wir geboren werden; auch »verlieben« wir uns, das heißt, die Liebe kommt über uns, wenn wir dessen nicht gewärtig sind; und wir sterben ohne Bewußtsein, denn der Fluß des Bewußtseins reißt genau im Moment des Todes ab. Was mit uns vor der Geburt und nach dem Tode geschieht, kann man mit dem Inhalt von Märchen vergleichen, die unsere Eltern uns erzählen. Die meisten Menschen glauben, daß sie es gar nicht erlebt haben. Meditationstechniken, die dieses Geborenwerden-Lieben-Sterben transparent

Fernöstliche Bewußtseinsmodelle

machen, sind uns so gut wie unbekannt. Der Wille zur bewußten Erfahrung ist durch blinden Glauben ersetzt worden. Glauben aber
heißt, niemals zu wissen.

Dann gibt es noch die drei Bewußtseinszustände, die man außerhalb des Körpers erfahren kann. Um diese Bewußtseinszustände geht
es im Bardo Thödol, dem Tibetanischen Totenbuch. Ich werde den
Übersetzern, die diese Fundgrube an Einsichten in das menschliche
Bewußtsein so vielen Menschen zugänglich gemacht haben, ewig
dankbar sein. Dennoch muß ich hier erst einmal gestehen, daß ich
nicht viel von seinen verwirrenden, hinter buddhistischer Ikonographie verschleierten Details verstand, als ich dem Buch in den sechziger Jahren in seiner ersten westlichen Version (der Evans-Wentz-
Übersetzung) begegnete.

Ich verstand aber die Grundthese, daß alles, was wir nach dem
Tode »erfahren«, eine Projektion unseres Bewußtseins ist. Also,
dachte ich, gibt es ja nichts, wovor man Angst haben muß. Zu jener
Zeit hatte ich noch keine persönlichen Erfahrungen mit der Medita-
tion gemacht, sondern besaß nur ein Wissen aus zweiter Hand, aus
Büchern. Was sich aber in meinem Gedächtnis festsetzte, war eine
Bemerkung von Lama Anagarika Govinda im Vorwort zu dem Buch:

»Es könnte sein, daß niemand etwas Verbindliches über den Tod
zu sagen vermag, der nicht schon einmal gestorben ist; und da es so
scheint, als sei noch nie jemand vom Tode wieder ins Leben zurückgekehrt, wie kann da irgend jemand wissen, was nach dem Tode geschieht? Der Tibeter wird darauf antworten: »Es gibt nicht einen
Menschen, nein, nicht ein einziges Lebewesen, das *nicht* aus dem Tod
ins Leben zurückgekehrt ist. Wir sind alle schon viele Tode gestorben, ehe wir als diese Inkarnation zur Welt kamen. Was wir Geburt
nennen, ist lediglich die Kehrseite des Todes; es ist wie mit den zwei
Seiten einer Münze oder wie mit einer Tür, die wir von drinnen ›Ausgang‹ nennen und von draußen ›Eingang‹.« (*Evans-Wentz*, LIII).

So einprägsam und überzeugend diese Bemerkung des Lama Govinda auch war, sie blieb für mich ein rein akademisches Wissen, bis
ich 1979 während einer Sitzung in Primal-Therapie mein eigenes Geburtstrauma und meinen Tod in meiner letzten Existenz absolut zeit-
gleich erlebte. Seit dieser Zeit weiß ich – und das heißt mehr als nur
glauben oder glauben wollen –, daß Govinda mit seiner Bemerkung
recht gehabt hatte. Hier berühren wir ein Thema, das sich wie ein roter Faden durch dieses Buch zieht: Wo es um unser menschliches,
persönliches Wachstum geht, zählt nur die *Erfahrung*, die man aus ei-

genen Experimenten geschöpft hat, nicht aber das Wissen, das man aus anderen Quellen geschöpft hat (auch nicht das Wissen aus dem »Tibetanischen Totenbuch«).

Ein anderer Weiser unserer Tage, Aivanhov, sagt ohne Umschweife, daß »ohne Reinkarnation nichts im Leben oder der Religion Sinn macht« (*Aivanhov*, S. 151). Er zitiert auch viele Aussprüche Jesu, um diese These zu untermauern. Der Glaube an die Wiedergeburt war tatsächlich in vielen urchristlichen Gemeinden weit verbreitet. Erst beim zweiten Konzil von Konstantinopel wurde der Glaube an die Wiedergeburt zum erstenmal als Ketzerei verurteilt und aus dem christlichen Glauben verbannt (*Kersten*, S. 104).

Aber Glaube allein kann noch nicht viel ausrichten; wenn man an mehrere Reinkarnationen glaubt statt an ein einziges Leben, begibt man sich lediglich von einem Gefängnis ins andere. Nur die Erfahrung befreit. Wenn man tatsächlich seine früheren Inkarnationen und Exkarnationen neu durchlebt, wird man ein eigenartiges, tiefes Gefühl des Friedens erfahren, einen ersten Vorgeschmack der Befreiung, ein erstes Gefühl dafür, daß wir ein Teil des Ganzen sind, ein Teil der »Großen Kette des Seins«. Dann verschwindet auch zu einem großen Teil die immer lauernde Angst vor dem Tod, vor dem endgültigen Verlöschen.

Um zu unserem Text zurückzukehren: »Die Befreiung durch das Hören auf der Ebene nach dem Tode« beschreibt, was dem menschlichen Bewußtsein kurz vor dem Tode und nach dem Tode zustößt, und zwar in drei verschiedenen Stufen oder Bardos: dem Bardo des Sterbeprozesses, dem Bardo des Zustands kurz nach dem Tode und dem Bardo der Suche nach einer Wiedergeburt. Der ganze Prozeß bis zur Wiedergeburt dauert, so heißt es, 49 Tage, womit vermutlich nicht Kalendertage gemeint sind. Der Text enthält sehr praktische Ratschläge, wie man sich von all diesen Stadien befreien kann, in denen das Bewußtsein bestimmte Dinge wahrnimmt. Diese Texte flüstert man dem Sterbenden immer wieder ins Ohr oder verliest sie neben dem Toten.

Den ersten Bardo mit Ratschlägen zu den Symptomen des Todes übersetzt Timothy Leary als »Zeit des Ich-Verlusts und der Nicht-Spiel-Ekstase.« Er erklärt das Drama des Sterbens als langsame Auflösung dessen, was die Buddhisten die fünf *Skandhas* nennen, also als Auflösung der psychosomatischen Aggregatzustände: Körperlichkeit, Sinneswahrnehmung, Gefühl, Wille und Bewußtsein. Der Sterbeprozeß wird durch ein helles Licht abgelöst, den Grundlegenden Glanz.

Fernöstliche Bewußtseinsmodelle

Skizzen einer Frau, die darstellen, wie sie bei der mandalischen Sextherapie mit einem großen, hellen Licht verschmolz

Sie ist von einem dunkelblauen Sternenhimmel umgeben.

Sie fliegt auf einen hellen Stern zu, der aus einem Kristall oder Diamanten mit vielen Facetten besteht.

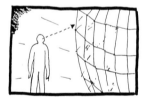

Sie kommt dem hellen Kristall immer näher.

Ihr wird klar, daß sie selbst dieser Kristall ist.

»Oh Sohn aus edler Familie, [Name], höre: Nun strahlt der reine Glanz der Dharmata vor dir; erkenne ihn! Oh Sohn edler Familie, in diesem Augenblick ist dein Geisteszustand dem Wesen nach reine Leere, er hat keine besondere Eigenart, weder Substanz noch eine Eigenschaft wie Farbe, sondern ist reine Leere. Aber dieser Geisteszustand ist nicht die Leere des Nichts, er ist ungehindert, funkelnd, klar und vibrierend... Diese beiden, dein Geist, dessen Wesen Leere ohne jegliche Substanz ist, und dein Geist, der vibrierend und gleißend ist, sind untrennbar... Dieser dein Geist ist untrennbar Glanz und Leere in Form einer Überfülle von Licht, er kennt nicht Geburt noch Tod, darum ist er der Buddha des unsterblichen Lichtes. Dies zu erkennen, ist das einzige, was du tun mußt« (*Fremantle und Trungpa*, S. 66).

Die moderne abendländische Medizin hat inzwischen begonnen, auf diesem Gebiet zu forschen, wobei sie bei den Erfahrungen von Wiederbelebten ansetzt. Die vielen Erfahrungsberichte, die Dr. Michael B. Sabom sammelte, führten ihn zu der Schlußfolgerung, daß der Sterbeprozeß sich in zwei aufeinanderfolgenden Schritten vollzieht: Erst hat der Mensch eine »autoskopische Todeserfahrung«, bei der die Trennung vom Körper stattfindet und der Leib des Menschen von einer Entität außerhalb des Körpers wahrgenommen wird; diesem Schritt folgt die »transzendente Todeserfahrung«: ein helles Leuchten, das man nicht so sehr wahrnimmt und sieht, sondern das man vielmehr *wird*. Sabom behauptet nicht, daß diese Erfahrungen als »wissenschaftlicher Beweis« für ein Leben nach dem Tode gelten können, aber die Ähnlichkeit zwischen den von ihm zusammengetragenen Berichten und den Schilderungen des Grundlegenden Glanzes im Tibetanischen Totenbuch sind recht auffallend.

Dem Bardo zufolge tritt nach der ersten Erfahrung eines strahlenden Glanzes eine Phase milderen Lichtes ein. Wenn der oder die Tote sich bis dahin noch nicht als dieses Licht erkannt und auf diese Weise die Befreiung erreicht hat, wechselt er/sie in den nächsten Bardo hinüber; dieser ist von karmischen Erscheinungen geprägt. (Timothy Leary übersetzt ihn mit »period of hallucinations«, also Zeit der Halluzinationen.) Anfangs hat man in diesem Zustand friedliche Visionen, später stellen sich gewalttätige Visionen ein, welche die tibetischen Buddhisten in farbenfrohen mandalischen Bildern von freundlichen und zornigen Gottheiten mit ihren jeweiligen Gefährtinnen dargestellt haben. Diese »magische Schau« ist nicht nur für unser westliches Denken schwer zu verstehen, sondern auch für den Tibeter, der sich in diesen Dingen nicht auskennt. Ob wir die Bedeutung dieser Gottheiten verstehen, hängt letztendlich davon ab, ob wir in diesen Dingen geschult sind. Deshalb wird immer wieder dazu ermahnt, im Leben über diese Dinge zu meditieren und dabei kunstvoll ausgestaltete Mandalas zu benutzen. Buddhisten legen den größten Wert auf die *Praxis* der Meditation.

Genaugenommen sollte man auch nicht von »Visionen« sprechen, sagt Chögyam Trungpa, der Mitherausgeber einer anderen Ausgabe des Tibetanischen Totenbuches, »denn wenn du eine Vision hast, mußt du etwas ansehen, und Ansehen ist eine nach außen gerichtete Handlung, bei der du dich selbst vom Angesehenen trennst. Du kannst es auch nicht wahrnehmen, denn sobald du etwas wahrzunehmen beginnst, gliederst du diese Erfahrung in dein eigenes System ein, was wiederum eine dualistische Form der Beziehung darstellt. Du kannst noch nicht einmal darum wissen, denn solange es einen Beobachter gibt, der dir erzählt, daß dies deine Erfahrungen sind, trennst du diese Energien immer noch von dir ab« (*Fremantle und Trungpa*, S. 33).

Allmählich löst der Körper der Frau sich in das Licht hinein auf: Sie wird selbst zu Licht. Es existiert nichts mehr außer diesem hellen Licht.

Das Bewußtsein eines Menschen, der sich auf der Ebene nach dem Tode bewegt, verliert zusehends an Klarheit und Schärfe; dennoch ist Befreiung in jedem Stadium dieser Reise möglich. Der nächste Bardo umfaßt die Zeit der Suche nach Wiedergeburt, also den Wiedereintritt in den Zyklus von Geburt und Tod. Nun wird der Tote ermahnt: »Obwohl dir bis gestern die Projektionen des Bardo der Dharmata erschienen, hast du sie nicht erkannt; also mußtest du hierher wandern. Wenn du nun unbeirrt zu meditieren vermagst, so verharre im reinen, nackten Geist, der Glanz-Leere, die dein Guru dir gewiesen hat, entspannt in einem Zustand des Nicht-Ergreifens und der Absichtslosigkeit. Dann wirst du Befreiung erlangen und nicht in einen Mutterschoß eintreten« (*Fremantle und Trungpa*, S. 114).

Diese Phase ist gekennzeichnet von Empfindungen grenzenloser Wahrnehmung und überirdischer Kräfte, aber auch von Gefühlen extremer Qualen und schrecklicher Verfolgungsängste und schließlich von Visionen, in denen man Menschen beim Liebesakt sieht; in diesem Moment »ist es äußerst wichtig, seine ganze Sorgfalt und Aufmerksamkeit auf die Methode zu richten, durch die der Eingang in den Mutterschoß geschlossen werden kann. Es gibt zwei Methoden: Man kann die Person anhalten, die in ihn eingeht, oder den Schoß-Eingang schließen, in den man eintritt« (*Fremantle und Trungpa*, S. 125–126). In diesem Moment wird die Reinkarnation als männlich oder weiblich definiert.

Fernöstliche Bewußtseinsmodelle

Trungpa erinnert auch daran, daß man die drei Zuständlichkeiten nach dem Tode nicht nur im Lichte der Vorstellung von friedlichen und zornigen Gottheiten betrachten kann, sondern auch im Kontext den sechs Seinsbereiche, aus denen im buddhistischen Denken die gesamte samsarische Existenz besteht. Diese Bereiche kann man auch als Bewußtseinszustände auffassen, in denen wir uns im normalen täglichen Leben befinden. Die Chinesen und die Japaner bezeichnen diese Welten mit dem Schriftzeichen 道, das man *dao* oder *do* ausspricht; wörtlich bedeutet es »Weg«. Dem Wort »Weg« fehlt die Dimension der Dauer, die zum Beispiel dem Wort »Welt« anhaftet. Auch der Weg ist ein Zwischenzustand. Im tibetischen Buddhismus werden die »Wege« meist durch das Rad des Lebens (Samsara) dargestellt. Das Rad des Lebens ist in sechs Abschnitte unterteilt; der Gott des Todes hält es in Maul und Klauen. Inhaltlich entspricht es der Einteilung in sechs Bardos, von der ich oben sprach, auch wenn die Grenzen zwischen den einzelnen Stadien wahrscheinlich nicht so klar sind, wie diese graphische Darstellung als Rad der Zeit/des Lebens/Todes es uns nahelegt. Der Kreis stellt die ganze »Kette des Seins« dar; er umfaßt alle psychischen Zustände, in die der Mensch geraten kann.

Der Bardo Thödol beschreibt die sechs Bereiche unserer materiellen Existenz folgendermaßen: »Oh Sohn edler Familie, zusammen mit den Weisheitslichtern werden die Lichter der unreinen, verblendeten sechs Bereiche leuchten: das milde weiße Licht der Götter, das milde rote Licht der Eifersüchtigen Götter, das milde blaue Licht der Menschenwesen, das milde grüne Licht der Tiere, das milde gelbe Licht der Hungrigen Geister und das milde rauchige Licht der Höllenwesen … Fürchtest du die reinen Weisheitslichter und fühlst dich hingezogen zu den unreinen Lichtern der sechs Bereiche, so wirst du den Körper eines Geschöpfes der sechs Bereiche annehmen, und du wirst elend werden, da du dem großen Ozean des Leides des Samsara niemals entrinnen kannst« (*Fremantle und Trungpa*, S. 88). Das Karma eines Menschen – das heißt, die Summe seiner früheren Gedanken und Taten – bestimmt, in was für eine Existenz er gezogen und schließlich hineingeboren wird.

Dieses Karussell des Samsara wird vom Zentrum des Lebensrades aus angetrieben, wo ein Hahn, ein Schwein und eine Schlange dargestellt sind; sie stehen für Gier, Wut und Lust. Das Anhalten allen samsarischen Lebens – die Voraussetzung für die Befreiung – wird oft durch das Bild des Todesgottes symbolisiert, der ein Paar (Mann und Frau) unter seinen Füßen getrennt hält.

28   **The Silent Orgasm**

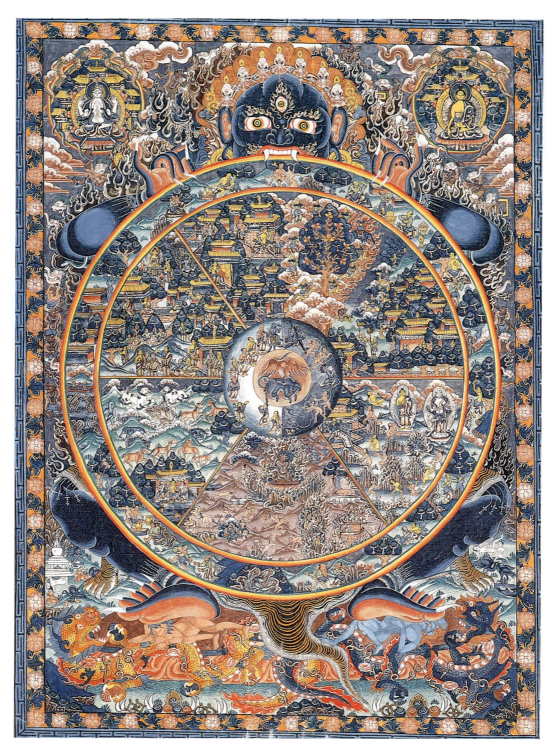

Rad des Lebens
Die Abbildung stellt die sechs Bereiche samsarischer Existenz in den Klauen von Yama, dem Todesgott, dar. Yama hält mit seinen Füßen einen Mann und eine Frau voneinander getrennt (43 x 59 cm).

Als ich zum erstenmal das Bild eines Lebensrades (oder »Rades der Wiedergeburt«) sah, überraschte mich am meisten, daß es in diesem Bilde nicht Sinn des menschlichen Lebens ist, in den Himmel einzugehen und auf diese Weise der Hölle zu entrinnen – ein Ziel, das sich durch meine christliche Umwelt tief in meinem Denken verankert hatte. In dieser östlichen Weltsicht ist die Existenz für Götter, Menschen und Tiere gleichermaßen unattraktiv. Sie sind alle gleichermaßen der Unstetigkeit und dem Leiden unterworfen, das heißt: der Geburt und dem Tod. Der gewöhnliche Tod ändert nur unsere Form, aber er kann die Kontinuität des weltverhafteten Lebens – des Lebens im Banne von *Samsara,* dem Rad des Lebens – nicht aufbrechen. Der Sinn oder das Ziel des Lebens liegt also darin, sich von all diesen Zwischenstadien der Existenz zu befreien, ganz gleichgültig, ob sie beglückend oder schrecklich sind.

1964 gab Timothy Leary das Tibetanische Totenbuch als Führer für die Lebenden heraus, vor allem als Anleitung für Experimente mit psychedelischen Drogen, die damals die neueste Quelle der Visionen darstellten. Heutzutage ist auch im Abendland allgemein anerkannt, daß man mittels meditativer Techniken, zu denen Atemübungen, Rezitationen und/oder Visualisierungen gehören, einen Zustand transparenten Bewußtseins erreichen kann. Ebenso wie diese Techniken können auch psychedelische Drogen leichte chemische Veränderungen im menschlichen Organismus verursachen. Doch der größte Wert dieser Ausgabe des Tibetanischen Totenbuches liegt darin, daß es ihm die für uns fremde Symbolik nimmt und sie durch leichter verständliche (wenn auch weniger präzise) Begriffe aus der Sprache der westlichen Psychologie ersetzt.

Teile des Tibetanischen Totenbuches wurden während eines »Soma«-Retreats verlesen, den ich in den siebziger Jahren in Oshos Ashram in Poona besuchte. Die täglichen Meditationen bestanden hauptsächlich aus kräftigem Feueratmen (»Breath of Fire«), wobei für jedes der sieben Chakras eine andere Körperhaltung eingenommen wurde, und aus »Lichtpanzer«-Visualisierungstechniken (»Armor of Light«). Ziel dieses zweiwöchigen Retreats war es, Out-of-body-Erfahrungen zu machen; am Ende sollte eine simulierte Todeserfahrung stehen. Meinen eher dürftigen Notizen über dieses Todeserlebnis kann ich heute leider nur noch entnehmen, daß mir damals bewußt wurde, daß alles im Leben ein Kommen und Gehen ist und daß alle Wesen in ihrem Bewußtsein miteinander in Verbindung stehen und kommunizieren. Ich schrieb: »Das einzig wirklich Wichtige ist *totales*

Bewußtsein im allerwichtigsten Moment der Transformation, dem Tod.« Ich hatte damals ein starkes Gefühl der Einheit mit allem – mit Vögeln, Bäumen, Gras, Scheiße und allen anderen Menschen.

In unserer modernen Welt haben Methoden der Lebensverlängerung mit Hilfe von technischen Geräten und Arzneimitteln die Kunst des Sterbens beziehungsweise des Reinkarniertwerdens ersetzt. Auf die Frage nach dem Gebrauch von schmerzstillenden Mitteln vor dem Tode gibt Lama Lodö eine beunruhigende Antwort: »Wenn der Körper unter Drogen steht, ist der Geist von einem Schleier der Dummheit umgeben. Er kann sich nicht konzentrieren und gerät so leicht ins Reich der Tiere« (*Lodö*, S. 16).

Noch schlimmer ist, daß unsere modernen Kulturen ihre Initiationsriten verloren haben. Solche Riten müssen unbedingt neu erfunden und in eine moderne Sprache übersetzt werden, wenn die Menschen die Herrschaft über sich selbst erlangen wollen – in diesem Sinne wurde durch Experimente mit psychedelischen Drogen, intensivem Atmen, Primal-Therapie und anderen Hilfsmitteln Pionierarbeit geleistet. »Für alle diejenigen, die durch die geheimnisvolle Erfahrung des Prae-mortem-Todes gegangen sind, ist richtiges Sterben eine Form der Initiation; darin liegt ja auch der Sinn initiierender Todesrituale: Sie geben dem Menschen die Macht, den Prozeß des Todes und der Regeneration bewußt zu kontrollieren.« (*Evans-Wentz*, XIV).

Yoga-Modell

Das Bewußtsein der sieben Chakras

Es ist recht bedeutsam für die Entwicklung des menschlichen Bewußtseins, daß viele Psychotherapeuten und andere Menschen im Westen vor kurzem eine drahtlose oder unsichtbare Anatomie des menschlichen Körpers wieder entdeckt haben, die für die alten yogischen und tantrischen Lehren von zentraler Bedeutung ist. Diese Anatomie besteht aus den Energieflüssen (auf Sanskrit *Nadis*) und den Energiekreisen oder -strudeln (den *Chakras*) des sogenannten feinstofflichen Körpers. Daß es zwischen dieser Anatomie, dem Nervensystem und der Position der wichtigsten menschlichen Drüsen Entsprechungen gibt, darauf wurde erst vor kurzem hingewiesen. Hiroshi Motoyama hat inzwischen wohl genügend Forschungsergebnisse zusammengetragen, um die These wagen zu können, daß die Chakras und Nadis tatsächlich einen Einfluß auf unseren Körper haben, daß es eine Verbindung zwischen Nervengeflechten und Chakras gibt und daß sich durch meditative Konzentration auf die Chakras positive therapeutische Wirkungen erzielen lassen (*Motoyama*, 1978, 1981. Vergleiche auch die Abbildungen auf S. 32 ff.).

Fernöstliche Bewußtseinsmodelle

Nepalesisches Thangka
Das Thangka zeigt anhand des feinstofflichen Körpers eines Yogi, wo sich die Chakras oder Energiestrudel befinden und was sie symbolisieren (63 x 101 cm).

In diesem Zusammenhang sollte man aber nicht vergessen, daß weder in yogischen noch in tantrischen Texten behauptet wird, der aus Energiekanälen und -strudeln bestehende feinstoffliche oder yogische Körper besitze eine objektive Existenz, die mit der Existenz unseres physischen Körpers mit seinen Organen und Kanälen vergleichbar wäre. Bharati nennt das System der Nadis und Chakras einfach ein »heuristisches Hilfsmittel der Meditation«. Die Anzahl der Nadis in diesem mystischen System menschlicher Physiologie wird in den verschiedenen Yoga- und Tantra-Schulen unterschiedlich beziffert. Eliade nennt Zahlen zwischen 72 000 und 300 000. Zeichnungen, die diese Energieflüsse darstellen, machen interessanterweise stets deutlich, daß sie sich nicht nur innerhalb des Körpers befinden,

Eine Yoga-Karte des feinstofflichen Körpers, die die Nadis (Energiekanäle) und Chakras (Energiestrudel) zeigt

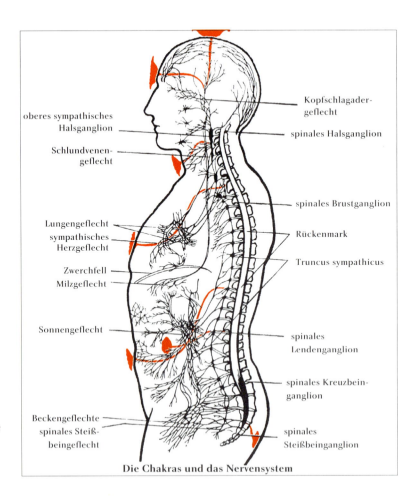

Die sieben Chakras und ihre Beziehung zum physiologischen Nervensystem. *Aus: Leadbeater, The Chakras*

sondern auch um ihn herum (siehe Abbildung S. 33). Bei den Chakras oder Energiezentren verhält es sich übrigens ähnlich: In der historischen Literatur finden wir unterschiedliche Angaben über die Zahl der Chakras. Die hinduistisch-yogische Tradition spricht zumeist von sieben Chakras.

Über ihre genaue Lage können wir nur sagen, daß sie sich in bestimmten Teilen unseres physischen Körpers oder zumindest in der Nähe davon befinden. Das erste Chakra liegt unterhalb der Wirbelsäule, das zweite im Genitalbereich, das dritte um den Nabel, das vierte in der Herzgegend, das fünfte im Bereich des Halses, das sechste auf der Stirn über dem Punkt zwischen den Augen, und das siebte liegt in der Gegend der Schädelkrone (siehe Abbildungen S. 34, 35).

Alle yogischen und tantrischen Schulen gehen davon aus, daß es in vertikaler Richtung drei zentrale Energieflüsse gibt: das *Pingala* auf

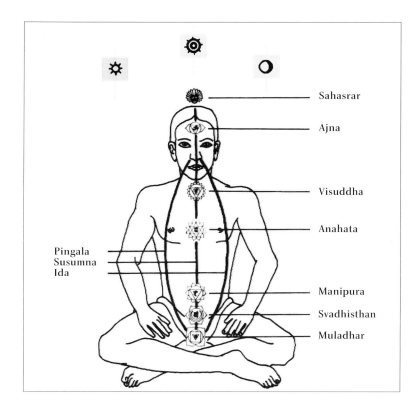

Die sieben Chakras und die drei wichtigsten Nadis oder Energiekanäle im feinstofflichen Körper: Pingala oder Mondkanal (rechts), Ida oder Sonnenkanal (links) und Susumna (Mitte). Aus: Khanna, *Yantra*. Die Chakras sind nach traditioneller hinduistischer Art in Form von Yantras dargestellt. In manchen Zeichnungen bewegen sich Pingala und Ida zwischen den Chakras von einer Körperseite zur anderen, drehen sich also spiralförmig um die Susumna; dieses Bild erinnert sehr an den Merkurstab, das Symbol der westlichen Medizin, bei dem sich zwei Schlangen von unten nach oben um einen Stab winden.

der rechten Körperhälfte, das *Ida* auf der linken und das *Susumna* entlang der Wirbelsäule. Pingala, der Energiefluß auf der rechten Körperhälfte, heißt auch Sonnenkanal; Ida, der Energiefluß auf der linken Körperhälfte, wird auch Mondkanal genannt. In diesen Namen drücken sich auch die Unterschiede in der Energiequalität aus. Man nennt diese beiden Energieflüsse auch Shiva und Shakti; das ist die zentrale hinduistische Polarität zwischen dem kosmisch männlichen (statischen) Prinzip und dem kosmisch weiblichen (kinetischen) Prinzip (vergleiche Abbildung auf S. 35).

Wir sollten nicht vergessen, daß wir in dieser mystischen Physiologie einen kosmisierten menschlichen Körper vor uns haben. Bei der ganzen spirituellen Yoga- und Tantra-Disziplin geht es um den Versuch, diese einander entgegengesetzten Kräfte in einem »Mittelweg«, *Susumna*, zu vereinigen. Außerdem wird versucht, eine zweite grundlegende Polarität – nämlich die von Shiva und Shakti – im obersten Chakra an der Schädelkrone zu vereinigen. Dies wird erreicht, indem man den normalen Fluß der vitalen oder sexuellen Energie – der *Kundalini* – umkehrt und sie nach oben strömen läßt. Kurzum, Ziel dieser Disziplin ist eine erlebte Transzendenz aller Gegensatzpaare in unse-

Fernöstliche Bewußtseinsmodelle

rem Körper. Dies impliziert beispielsweise auch der Begriff »ha-tha yoga«, was wörtlich »Vereinigung von Sonne und Mond« bedeutet.

Die Wiederentdeckung oder, wenn man so will, Verifikation dieser mystischen Energiestruktur des feinstofflichen Körpers ist nicht weiter erstaunlich, denn die alten und neuen Atemtechniken, durch die uns diese Zentren bewußt werden, haben wahrscheinlich große Ähnlichkeit mit den holotropischen Atemtechniken, die Stanislav Grof in unserer Zeit entwickelt hat. Grof beschreibt die Chakras als Energieblockaden, die von verschiedenen Patienten erfahren werden; diese Blockaden manifestieren sich in Spannungen, Emotionen und Visionen. Diese empirische Wiederentdeckung der Chakras und ihre Nutzung für therapeutische Zwecke ist zwar im Grunde etwas ganz Natürliches, aber dennoch bemerkenswert (*Grof,* 1988).

Dagegen werden die Bilder, mit denen Bücher über Yoga oder Tantra die Chakras normalerweise beschreiben, für den interessierten Leser wohl großenteils akademische Abstraktionen bleiben; sie bieten uns wenig oder gar keine Hilfe bei unserem Versuch, diese Energieschichtungen unserer Existenz persönlich zu erfahren und zu erforschen. Solche Beschreibungen und graphischen Darstellungen, aus denen Entsprechungen ersichtlich sind, finden sich in den Arbeiten von Woodroffe, Varenne, Mookerjee und Khanna.

Um die ungeheure Lücke zu verdeutlichen, die zwischen einer bloßen Interpretation der alten Symbole und einem wirklichen, erfahrenen Verständnis der Chakras klafft, zitiere ich nun aus einer tantrischen Schrift die Beschreibung des Herz-Chakras (des Zentral-

Hindusymbolik: das Yantra des Herzchakras. *Aus: Arthur Avalon, The Serpent Power*

chakras, das nach oben und unten von je drei Chakras umgeben ist); zum Vergleich möchte ich später drei persönliche Erfahrungen mit der Energie meines Herz-Chakras schildern. Zunächst also der Text aus Mookerjees *The Tantric Way:*

»*Anahata* (unberührtes Chakra, in der Herzgegend, dem Herzplexus). Hat zwölf Buchstaben, die auf goldene Blütenblätter geschrieben stehen: k, kh, g, gh, n, ch, chh, j, jh, n, t, th. In der Mitte befinden sich zwei ineinander verschränkte Dreiecke (Davidsstern) von rauchiger Farbe, die ein weiteres Dreieck umschließen; dieses ist so ›hell wie zehn Millionen Blitze‹. In dem Dreieck befindet sich eine *Bana-Linga*. Dieses Chakra ist dem Element der Luft zugeordnet, und über den beiden Dreiecken befindet sich die ihm zugeordnete Gottheit, die dreiäugige Isa mit Kakini Sakti (rot). Sein *Bija* Mantra ist Yam, und es ist dem Tastsinn zugeordnet« (siehe Abbildung S. 36).

Selbst wenn man Leadbeaters Schlüssel zum Verständnis dieser mantrischen, yantrischen und anthropomorphen Göttersymbolik zu Rate zieht (S. 96–121), bezweifle ich, ob irgend jemand diese Beschreibung ohne Hilfestellung bei seinen eigenen Meditationen benutzen oder damit eine eigene Chakra-Erfahrung entschlüsseln könnte. Hier bräuchte man einen lebenden Führer.

Ich hatte meine erste Herz-Chakra-Erfahrung 1975 während eines einwöchigen Encounter-Group-Workshops in Poona. An dem Workshop nahmen hauptsächlich Leute teil, die jünger waren als ich. Nach etwa drei Tagen hatte ich das Gefühl, von einer Betonwand umgeben zu sein. Ich verlor einfach jeden Kontakt zur Außenwelt und auch zu mir selber. Es war das erste Mal, daß ich an einer Gruppensession teilnahm, und die Auseinandersetzungen, die inneren Läuterungsprozesse und die Liebe der anderen Teilnehmer verblüfften mich. Ich konnte mir überhaupt nicht vorstellen, daran teilzuhaben. Während eines Abend-Darshan mit Osho am vierten Tage fragte dieser mich, wie ich in der Gruppe zurechtkäme, und ich erklärte ihm: »Ich kann mich nicht so leicht nackt ausziehen wie die amerikanischen Teilnehmer, weder im physischen noch im psychischen Sinn.« – »Doch, du mußt dich nackt zeigen«, erwiderte er und wies den Gruppenleiter an: »Morgen soll er sich in die Mitte des Zimmers setzen; dann zieht ihr ihn langsam völlig aus, laßt ihm nicht die geringste Privatsphäre.« Zum Schluß fügte er merkwürdigerweise noch hinzu: »Und ihr werdet alle davon profitieren.«

So geschah es dann auch am nächsten Morgen; man zog mich langsam aus, befummelte mich am ganzen Körper, zog an meinem Pe-

Die mächtige Polarität zwischen Sonne und Mond in der Natur brachte den Menschen schon vor langer Zeit auf die Idee, sich seine eigene innere Körper/Geist-Polarität als Sonnen- und Mond-Energien vorzustellen.

Fernöstliche Bewußtseinsmodelle

nis, spielte mit mir, kitzelte mich. Tja, dachte ich und versuchte Haltung zu bewahren, mal wieder so ein amerikanisches Partyspielchen ... Doch nach einiger Zeit passierte etwas in meinem Inneren. Ich wurde immer wütender; zuerst wehrte ich mich noch recht zahm, aber langsam überkam mich eine unkontrollierbare Wut. In diesem Moment hätte ich morden können, und ich sagte dem Gruppenleiter das auch. Aber es ging trotzdem weiter: Die dreizehn anderen Gruppenmitglieder versteckten sich hinter großen Matratzen und griffen mich aus diesem Hinterhalt immer wieder an. Sie legten die Matratzen auf mich und setzten sich obendrauf. Unter diesen Matratzen eingequetscht zu sein, war ein sonderbares Gefühl, ein Gefühl, als befände ich mich im Mutterleib.

Dieser Kampf muß fast eine Stunde gedauert haben; schließlich war ich so erschöpft, daß ich zusammenbrach; ich lag also auf einer Matratze, und die anderen saßen alle um mich herum. Dann verfiel ich in eine Art Trance und weinte und brabbelte wie ein kleines Baby. Ich *war* plötzlich ein kleines Baby. Der Gruppenleiter half mir mit der Atmung, indem er erst die Hände und dann die Knie auf meine Brust setzte. Er fragte mich, wo ich sei. Ich sagte: »Unglaublich, ich kann mein eigenes Herz sehen.« Ich schwöre, daß ich es wirklich gesehen habe, wie es pulsierte und rotes Blut pumpte. Dann aber richtete sich meine Aufmerksamkeit auf meine Brustmitte: In diesem Moment verschwand »Ich«, und zum erstenmal in meinem Leben war nur noch reines »Sein«. Übrig war nur noch das ganze Universum in Form eines dunkelblauen nächtlichen Sternenhimmels mit einem roten Punkt in der Mitte. Insgesamt war es ein Gefühl, als sei ich größer als das Universum oder eins mit ihm; es war ein Gefühl der Befreiung von meiner kleinen Einzelexistenz, der Befreiung vom Tode. Mit geschlossenen Augen lag ich da. Der Gruppenleiter forderte mich auf, den anderen – allen, mit denen ich gekämpft hatte – diese Erfahrung ganz langsam zu beschreiben. Einmal fragte er mich, was ich tun würde, wenn ich für immer in diesem Zustand bleiben könnte, und etwas aus meinem Inneren heraus sagte: »Ich würde jeden Menschen lieben.«

Ich kann mich nicht mehr erinnern, was für eine Wirkung das auf die anderen Teilnehmer hatte. Ich war ihnen jedenfalls sehr dankbar, weil sie alle mir geholfen hatten, diesen Durchbruch zu schaffen. Als ich wieder in mein normales Bewußtsein zurückgekehrt war, verließ ich den Raum ganz und gar nackt und schwenkte mein orangefarbenes Lendentuch wie eine Freudenfahne; ich wollte sogar so in die

Stadt gehen und meine Freude mit allen Menschen dort teilen. Zum Glück hielt mich eine Wache am Tor des Ashram davon ab.

Jahrelang wollte Osho mir keine Erklärung für dieses Erlebnis geben, bis er es eines Abends beim Darshan detailgetreu schilderte, aber nicht mir, sondern jemand anderem, der gerade eingetroffen war. Ich saß vielleicht drei Meter von ihm entfernt. Osho bezeichnete diese Erfahrung als den Inneren Himmel, und das wurde der Sannyasin-Name des Neuankömmlings. Ich selbst hatte noch ungefähr zwei Jahre lang das Gefühl, als stünde ich in Flammen, bis ich allmählich begriff, daß eine Erfahrung wie diese mir nicht noch einmal in derselben Form zuteil werden würde. Man mußte sie vergessen. Nur dann konnte man noch einmal einen Blick auf das eigene wahre Selbst erhaschen. Solange man sich danach sehnt, daß sich die alte Erfahrung wiederholt, steht man dem nächsten Blick auf das eigene Selbst im Wege.

Ob Osho vorhersah, was geschehen würde, als er bei dem Darshan seine Anweisungen gab, halte ich für unwichtig. Jedenfalls funktionierte seine Methode. Es ist vielleicht hilfreich, wenn ich kurz meine eigenen Lebensumstände beschreibe, in denen sich all das zutrug: Etwa sechs Monate zuvor hatte ich eine Midlife-crisis durchgemacht; mir war der Boden unter den Füßen entzogen. Ich funktionierte einfach nicht mehr im täglichen Leben. Ich hatte schreckliche Todesträume, die mich auch am Tag verfolgten, und versuchte meine Probleme im Alkohol zu ertränken. Aber ich ging nicht zu einem »Seelenklempner«, um mich wieder zusammenschustern zu lassen, sondern fragte Osho um Rat, dessen Sannyasin ich ein Jahr zuvor geworden war. Er lachte über die Beschreibung meines Seelenzustandes und sagte nur: »Jetzt können wir mit der Arbeit beginnen; mache eine Encounter-Gruppe und eine Primal-Therapiegruppe mit.« Mit anderen Worten: Jetzt war ich bereit; ich hatte meine Hausaufgaben gemacht.

Das Ganze hatte auch Konsequenzen für mein tägliches Leben: Nach dieser Erfahrung dachte ich gar nicht mehr an Alkohol. Auch meine Todesträume hörten auf. Ich war schon gestorben, denn die existenzielle Erfahrung des Todes (die im Zen der »große Tod« genannt wird) ist nicht identisch mit dem Moment des physischen Ablebens. Vor allem aber bin ich seither vollkommen unabhängig von inneren oder äußeren Gegenständen; auch soziale Stellung interessiert mich nicht mehr. Man spürt kein Verlangen nach einem kleinen Laden an der Ecke, wenn man das Gefühl hat, die ganze Stadt zu besitzen, ja sogar die Stadt zu *sein*.

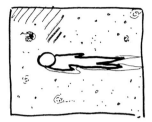
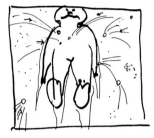

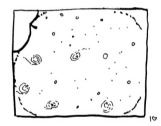

In diesen Skizzen stellte eine Frau ihre Herzchakra-Erfahrung bei der mandalischen Sextherapie dar.

Fernöstliche Bewußtseinsmodelle

Mir wurde auch klar, daß nur jemand, der auf diese Weise sein eigenes Selbst geschmeckt hat, später in die Welt schauen und diesen Geschmack in den Bäumen, den Tieren, der Erde selbst wieder entdecken kann. Erst dann steht unser Handeln im Einklang mit der Natur; erst dann können wir, um eine moderne Formulierung zu wählen, ein wirklich ökologisches Bewußtsein entwickeln. Alles rein rationale Wissen der Welt *über* die wechselseitige Abhängigkeit und Verflochtenheit der Lebensformen kann einem niemals zur selben Einsicht verhelfen. Nur eine persönliche, ganzheitliche Erfahrung kann unsere Sicht der Welt und unserer zwischenmenschlichen Beziehungen nachhaltig verändern. Die wachsende Ausbeutung und Zerstörung der Umwelt in unserem Jahrhundert ist Beweis genug für die Ineffizienz naturwissenschaftlicher Theorien und Sichtweisen.

So interpretiere ich die Herz-Chakra Erfahrung. Erstens hat sie kaum Ähnlichkeit mit der Bildersprache des oben beschriebenen, anerkannten yogischen Modells. Zweitens glaube ich, daß die konkrete Erfahrung von Mensch zu Mensch so unterschiedlich ist wie unsere Fingerabdrücke. Die Natur haßt Fotokopien.

Um diese Hypothese zu stützen, möchte ich über eine weitere Variante der Herz-Chakra-Erfahrung berichten. Diese Erfahrung machte eine 24 Jahre alte Japanerin während einer Reihe von Primal-Therapie-Sitzungen, die ich 1990 und '91 abhielt. Nach einer Zeit intensiven Atmens und orgasmischer Erfahrung erlebte die Frau, wie sie über das Meer wandelte, ohne jedoch die geringste Angst vor dem Ertrinken zu spüren. Dort traf sie auf ein kleines Fischerboot, in dem ihr früherer Freund saß, und sie schloß Frieden mit ihm, indem sich die beiden einfach an der Hand hielten. Plötzlich wurde sie zum Sternenhimmel emporgehoben, und dann strömten alle Sterne in ihr Herzchakra. Schließlich verschwand ihr Ich; sie umfing das Universum und erlebte sich selbst als das Ganze. Unmittelbar nach der Sitzung fertigte sie vier Zeichnungen dieses zweiten Erlebnisses an (siehe Abbildung auf S. 39).

Was ihre »Erfahrung« mit der meinigen verbindet, ist das völlige Verschwinden eines von der Welt abgetrennten »Ichs«, ein erstes Gefühl von wahrem »Sein«. Unsere »Ich-Identität« war verschwunden. Es gab einfach kein »Ich« mehr. Irgendwie vereinigt man sich mit dem Weltganzen. Wie es möglich ist, sich später noch an eine solche Episode zu erinnern, wird ein Geheimnis und ein Paradox bleiben.

Außerdem: Wir machten diese Erfahrung beide, ohne eine Technik benutzt zu haben, die besonders dazu geeignet gewesen wäre,

The Silent Orgasm

dieses Chakra zu wecken – wenn auch in einer Umgebung, die darauf abgestimmt war, ein offenes oder transparentes Bewußtsein zu fördern. Dennoch stellte die Erfahrung sich ungeplant und völlig spontan ein und hatte eine so starke Wirkung auf uns, daß man sie guten Gewissens als Geschenk oder Offenbarung bezeichnen kann.

Trotzdem ist es sinnvoll, sich auch mit Methoden zu beschäftigen, die speziell dazu entwickelt wurden, uns die Chakras bewußtzumachen. Ich habe drei solcher Meditationstechniken praktiziert: 1. Rezitation der traditionellen Mantras, während man sich auf die Positionen der entsprechenden Chakras konzentriert. 2. »Chakra-Atmung« mit Hilfe von Tonkassetten, bei der man Geräusche, rasches Atmen und unkontrollierte Körperbewegungen einsetzt; möglich sind auch »Chakra-Geräusche«, eine Methode, bei der man mit Musik (vom Tonband) und Geräuschen arbeitet, um das Bewußtsein durch die Chakras zu lenken. (Die entsprechenden Tonbandaufnahmen wurden unter der Führung von Osho produziert.) 3. Die »Breath-of-fire«-Meditation (»Feueratem«-Meditation), eine anstrengende Kombination von intensiven Atemübungen und bestimmten Körperhaltungen.

Andererseits gibt es mystische Traditionen, wie zum Beispiel den Zen-Buddhismus, welche die Chakras in ihren Schriften nicht erwähnen und auch nicht in ihre Meditationspraxis integrieren. Chakra-Meditationen sind ein langsamer und allmählicher Weg zur Erleuchtung, sie bieten keinen schnellen oder spontanen Durchbruch.

Das Endziel aller Yoga-Schulen ist das gleiche – nämlich die Vereinigung des Individuums mit dem Ganzen, um es in meiner Sprache auszudrücken, oder die Vereinigung der Seele mit Gott, um es in ihrer Sprache auszudrücken –; aber die Lehre von den Chakras des feinstofflichen Körpers gehört zur Schule des Laya- oder Kundalini-Yoga. Ziel dieser Lehren ist die Erweckung der Kundalini (des Schlangenfeuers oder der Schlangenkraft), die im normalen Menschen schlafend aufgerollt am unteren Ende der Wirbelsäule ruht; nach ihrer Erweckung soll Kundalini zu immer höheren Ebenen des Bewußtseins emporgehoben werden. Hindu-Yogis zufolge erfordert dies ständige Bemühung, Geduld und vor allem die Führung eines erfahrenen Meisters. Fast alle Schriften zu diesem Thema warnen eindringlich vor dem Versuch, diese ungeheuren Energien ganz allein wachzurufen; sie empfehlen, sich dabei von einem qualifizierten Lehrer anleiten zu lassen.

Wie bereits erwähnt, hat Motoyama viele indisch-yogische Informationen über die Chakras zusammengetragen und auch die tradi-

Fernöstliche Bewußtseinsmodelle

tionellen Meditationstechniken beschrieben, mit denen man sie sich eröffnen kann; dabei beschreibt er auch immer seine eigenen Erfahrungen mit diesen Techniken. Er geht im großen und ganzen von der yogischen Vorstellung aus, daß die Chakras als »Brücken« oder »Zentren des Austauschs« zwischen den drei Körpern des Menschen fungieren, die die yogische Tradition kennt: dem physischen oder grobstofflichen Körper, der durch die fünf Sinne gebunden ist, dem Astralkörper, der all unsere Wünsche, Begierden und Emotionen enthält, und dem kausalen oder spirituellen Körper, dem ätherischsten Teil unserer Existenz. Für den Hindu-Yogi ist das natürlich alles ein großes Kontinuum, ein unteilbares Ganzes und nicht die Summe dreier getrennt voneinander denkbarer Körper. Mir persönlich ist diese Dreiteilung der menschlichen Existenz viel zu intellektuell, um auf der Suche nach dem eigenen Selbst von Nutzen zu sein. Sie ähnelt mir zu sehr der jüdisch-christlichen Dreiteilung in Körper, Seele und Geist, die dem menschlichen Bewußtsein nach Jahrtausenden immer noch keine Fortschritte gebracht hat.

Vielleicht hat Rajneesh in seinem Büchlein *Divine Melody – Discourses on Songs of Kabir* die Interpretation der Chakras geliefert, die am wenigsten an die Tradition gebunden ist und sich am meisten an der persönlichen Erfahrung orientiert. Er vergleicht die sieben Chakras mit den sieben Farben des Regenbogens: Alle müssen zu einem Ganzen vereint sein, damit ein Regenbogen in seiner Schönheit zustande kommt. Außerdem vergleicht er das Öffnen der sieben Chakras mit sieben Typen des Orgasmus oder sieben Typen der Suche nach Einheit – und ihrer Erreichung.

Das erste Chakra, *Muladhar*, das Wurzel-Chakra, ist von einem Bewußtsein geprägt, das vom Essen und Horten von Nahrung besessen ist. »Ein Kind kommt zur Welt. Das erste, was es im Leben tut, ist Essen … Materie strebt eine organische Einheit mit immer mehr Materie an: Materie wird von Materie angezogen. Essen ist deshalb unsere erste Liebe. Essen schenkt dem Kind den ersten Orgasmus« (*Rajneesh*, 1978, S. 108). Der Vielfraß bleibt ein Leben lang auf dieser niedrigsten Bewußtseinsstufe.

Das zweite Chakra, *Svadhistan*, ist gekennzeichnet durch ein Bewußtsein von Macht und Unterdrückung. »Sobald die körperlichen Bedürfnisse eines Kindes befriedigt sind, entsteht ein neues vitales Bedürfnis: das Bedürfnis, zu herrschen und zu dominieren. Dieses Bedürfnis entspringt ebenfalls dem Wunsch, eine Vereinigung herbeizuführen, nämlich die Vereinigung zwischen dem Herrschenden und demjenigen, der beherrscht wird ... Ein vom Essen besessener Mensch ist unzugänglicher als ein machtbesessener Mensch – der Machtbesessene bewegt sich wenigstens auf andere zu« (*ibid.*, S. 110). Der Politiker verbringt sein ganzes Leben im Bann dieses zweiten Chakras.

Das dritte Chakra, *Manipura*, ist von einem Bewußtsein der Sexualität geprägt. Hier schafft die Vereinigung des äußeren Mannes und der äußeren Frau ein Gefühl von Gemeinsamkeit. »Beim Essen nimmt man einfach etwas in sich auf, aber man teilt es nicht mit jemand anderem. Wenn man herrscht, so zerstört man; jedenfalls schafft man nichts Neues. Sex ist das Höchste, was auf der unteren Ebene möglich ist. Du teilst etwas, du teilst deine Energie mit einem anderen Menschen, und du bist kreativ« (*ibid.*, S. 58).

Das vierte Chakra, *Anahata*, das Herz-Chakra, ist geprägt von einem Bewußtsein der Liebe. Es liegt genau in der Mitte der Chakra-Leiter. Hier vereinigen sich die drei niederen und die drei höheren Chakras. »Unterhalb des Herzens ist der Mensch animalisch; oberhalb des Herzens wird er göttlich. Nur im Herzen ist der Mensch menschlich ... Die Liebe hat nichts mit der Polarität zwischen Mann und Frau zu tun. Die Liebe steht jenseits der Gegensätze, deshalb ist ihre Einheit auch von tieferer Art« (*ibid.*, S. 58, 113).

Das fünfte Chakra, *Visuddha*, das Hals-Chakra, ist von einem Bewußtsein des Gebets gekennzeichnet. Hier vereinigen sich Äußeres und Inneres. »Wenn der Gläubige sich vor seiner Gottheit verneigt, verneigt sich das Innere vor dem Äußeren. Wenn jemand der Sonne oder dem Mond ein Lied singt, so singt das Innere dem Äußeren ein Lied« (*ibid*, S. 115–116).

Das sechste Chakra, *Ajna*, das Chakra des dritten Auges, ist geprägt von einem Bewußtsein des Tantra. Hier vereinigen sich Vernunft und Intuition, der innere Mann und die innere Frau. »Beim dritten Chakra trafen sich Frau und Mann auf der grobstofflichen körperlichen Ebene, also äußerlich. Beim sechsten Chakra treffen sich das Weibliche und Männliche wieder, aber diesmal nicht äußerlich, sondern innerlich. Das dritte Chakra ist das Zentrum der Sexualität, das sechste ist das Zentrum des Tantra ... Eine Hälfte deines Wesens ist männlich, die andere ist weiblich. Und im Bereich deines dritten Auges begegnen sich die beiden« (*ibid.*, S. 116).

Das siebte Chakra, *Sahasrar*, das Chakra des tausendblättrigen Lotos, ist das Chakra des »*Samadhi,* der höchsten Ekstase, des totalen Orgasmus. Hier vereinigt sich der Teil mit dem Ganzen, die Seele mit

Fernöstliche Bewußtseinsmodelle

Gott, du mit dem All … du verschwindest im totalen Orgasmus« (*ibid.*, S. 118). Die Öffnung des siebten Chakras schafft das höchstmögliche Gefühl der Einheit, die Verschmelzung mit dem Ganzen des Kosmos. Dies ist die Erfahrung des »Vierten« im Vedanta-Bewußtseinsmodell, die Erfahrung des Grundlegenden Glanzes, der Befreiung von Samsara, dem Rad von Wiedergeburt und Wiedersterben, von dem das Tibetanische Totenbuch spricht. Doch dies sind alles nur Worte für eine »Erfahrung«, die nicht beschrieben werden kann, weil sie nicht einmal eine Erfahrung ist; denn es ist ja kein Raum mehr für die Zweiteilung von Erfahrung und demjenigen, der erfährt. Mystiker haben sie beschrieben als den Augenblick, in dem der Tropfen sich in den Ozean oder der Ozean sich in den Tropfen ergießt.

Hierarchisches Modell
Sieben Ebenen polarisierter Energie

Dürckheim, der sein Leben lang als Vermittler fernöstlicher Spiritualität gewirkt hat, bemerkte einmal, daß alle abendländischen Religionen »von einem Körper sprechen, den man *hat*«, während die Religionen des Fernen Ostens »von einem Körper sprechen, der man *ist*«. Das abendländische Denken hat zu einer begrifflichen Zweiteilung geführt, in der man einen materiellen, »toten« Körper einer lebendigen Seele gegenüberstellt; fernöstliche Religionen hingegen sind von einer a priori gedachten Einheit von Körper und Bewußtsein geprägt. Dieser grundlegende Unterschied läßt sich an zwei zentralen Sätzen aus den beiden religiösen Traditionen verdeutlichen. »Der Geist ist willig, aber das Fleisch ist schwach«, sagt das Christentum; hier wird der Körper als ein Hindernis für geistige Erlösung gesehen. Es hat schon Sekten gegeben, die das Fleischliche durch Selbstkasteiungen, ja sogar Verstümmelungen zu bestrafen suchten, um die Versuchungen des Leibes zu überwinden. Im Gegensatz hierzu sei nun der Ausspruch des japanischen Zen-Meisters Hakuin zitiert: »Hier ist das Lotos-Paradies, dieser Körper ist der Buddha.« Im fernöstlichen Denken wird der menschliche Leib als Tempel gesehen, in den man eintreten kann, um das Geheimnis des Lebens zu entdecken; der Körper ist das Medium, mit dessen Hilfe man Transzendenz und innere Wandlung erreicht, und kein Hindernis auf dem Weg dorthin.

Der Grundgedanke dieses Buches, auf den wir in dieser Darstellung der Bewußtseinsmodelle und auch später, wenn es um praktische Techniken geht, immer wieder zurückkommen werden, ist die Idee, daß Erfahrung viel mehr bewirkt als Glaube. Nur durch Meditation, in der Körper und Bewußtsein als Einheit aufgefaßt werden, kann Bewußtsein transparent werden und schließlich transzendiert werden. Allein dadurch, daß man seine Welt in »Glauben« und »Glaubenden« aufspaltet, philosophiert und rational denkt, kann man einen Menschen nicht innerlich wandeln.

Ken Wilber betont immer wieder in seinem Werk, daß die Ewige Philosophie in all ihren Traditionen Sein und Bewußtsein als Hierarchie von sechs oder sieben Ebenen auffaßt. Im folgenden eine knappe Zusammenfassung dieser Hierarchie: 1. Physisches oder Materielles. 2. Emotionales oder Sexuelles. 3. Mentales. 4. Höhere Stufen des Mentalen oder Psychischen. 5. Subtiles oder Archetypisches. 6. Kausales oder Nicht-Manifestes und 7. Absolutes oder Unbedingtes (*Wilber*, 1985, S. 255).

Eine höchst effiziente Methode, die einem zu einer direkten Erfahrung dieser sieben Ebenen oder Schichten seines Wesens verhelfen kann, ist die Meditationstechnik der Atmungswahrnehmung, die in der Anapanasati-Sutra (der Sutra über vollkommene Bewußtheit beim Atmen) überliefert ist: Diese relativ einfache Technik hat, so sagt man, schon Gautama Buddha selbst eingesetzt und gelehrt; heute wird sie oft zusammen mit *Vipassana* oder Einsicht-Meditation gelehrt. Diese Meditation wird dich von Grund auf verändern. Du betrittst ein existentielles Labor und experimentierst mit dir selbst. Folgst du Wilbers kopflastiger, theoretischer Einteilung, so hast du nichts zu gewinnen; wenn du wirklich *Anapanasati*-Yoga praktizierst, hast du nichts zu verlieren.

Jede der sieben Ebenen hat ihre eigene Polarität der Lebenskräfte. Es scheint, als ob Leben nur möglich wäre, wenn es diese Spannung zwischen zwei Polen gibt. Ich stütze mich hier auf Rajneeshs Kommentare zu dieser Polarität.

Der erste Körper ist der physische, und die erste Polarität, die man entdeckt und auf die man seine Aufmerksamkeit richtet, ist die Polarität zwischen Einatmen und Ausatmen; das Medium dieser Polarität ist natürlich die Luft. Wenn man darüber nachdenkt, fällt einem bald auf, daß keiner der beiden Pole für sich allein stehen kann – der Körper braucht beide, um überleben zu können. Auch steht es nicht zur Diskussion, ob vielleicht einer der beiden Pole gut und der andere schlecht sein könnte. Auf dieser Ebene klingt diese Bemerkung trivial, aber auf der Ebene des zweiten Körpers wird sie schon sehr viel wichtiger sein.

Die Alchemie des *Anapanasati*-Yoga liegt in der reinen, urteilsfreien Betrachtung der Polarität. »In dem Augenblick, in dem du ihrer gewahr wirst, gelangst du über deinen (physischen) Körper hinaus.

Physischer Körper

Fernöstliche Bewußtseinsmodelle

Wenn du über deinen ersten Körper hinauswächst, wirst du deines zweiten Körpers gewahr … Einatmen und Ausatmen sind zweierlei, und wenn du diese Vorgänge wahrnimmst und beobachtest, dann bist du weder das eine noch das andere. Dann ist eine dritte Kraft in Erscheinung getreten« (*Rajneesh*, 1972, S. 192). Sobald wir uns der Polarität der niederen Ebenen bewußt werden und sie transzendieren, offenbart sich uns die Polarität der nächsthöheren Ebene.

Ätherischer Körper

Der zweite Körper ist der ätherische. Seine grundlegende Spannung ist die zwischen Liebe und Haß. Macht und Einfluß ist das Medium oder Material der Lebensenergie in diesem Körper. Es ist unsere Erziehung, unsere religiöse Konditionierung, die uns die Liebe mit dem Guten gleichsetzen läßt und den Haß mit dem Bösen. Tiefere Einsicht durch Meditation zeigt, daß wir den Haß einfach nicht verhindern können, nicht einmal den Haß auf unsere sogenannten Liebsten, selbst wenn wir es versuchen – genau wie unser physischer Leib nicht aufhören könnte auszuatmen, wenn wir die Vorstellung hätten, daß Einatmen gut sei, Ausatmen aber böse.

Ich kann mich noch genau erinnern, wie ich einmal, nachdem ich den physischen Schmerz des langen Sitzens überwunden hatte, ein starkes Haßgefühl auf einen Mitmeditierenden entwickelte, das ungefähr 45 Minuten lang anhielt. Ich hätte diesen Menschen umbringen können. Aber danach schlug die Energie des Hasses in eine Energie der Liebe und des Mitgefühls um. »Wir unterdrücken unsere Liebe zu unseren Feinden, und wir unterdrücken unseren Haß auf unsere Freunde. Wir erlauben immer nur eine Bewegung in eine Richtung … Solange das Pendel in die richtige Richtung schlägt, sind wir zufrieden. Aber das ist ein unbeständiges Gefühl. Es ist nie kontinuierlich. Das kann es gar nicht sein« (*ibid.*, S. 193).

Astralkörper

Sobald du die zweite Ebene des Bewußtseins erfahren hast, überwindest du sie und wirst dir der dritten bewußt, die man im allgemeinen als Astralkörper (Energieleib) bezeichnet. Das Energiemedium, das man auf dieser Ebene erfährt, ist das Medium des Magnetismus, der sich in der Polarität von Kraft und Schwäche ausdrückt, von Selbstvertrauen und Selbstzweifeln, Hoffnung und Verzweiflung, Mut und Feigheit. »Wenn die magnetische Kraft in dir ist, wenn sie in dich einfließt, fühlst du dich großartig. Wenn sie dich wieder verläßt, fühlst du dich, als wärest du ein Niemand; und das wechselt ab wie Tag und Nacht. Es ist ein immer wiederkehrender Zyklus. Sogar ein Mann wie Napoleon hat seine Augenblicke der absoluten Schwäche. Und ein sehr feiger Mensch hat seine heroischen Momente« (*ibid.*, S. 194).

Die vierte Ebene des Bewußtseins ist *mental*. Hier besteht die Polarität darin, daß ein Gedanke in dich eintritt und dich wieder verläßt. Das Medium hier ist also das Denken. Es gibt immer starke Entsprechungen zwischen den Polaritäten der höheren Körper und denen des ersten: dem Ein- und Ausatmen. »Wenn du ausatmest, so ist das immer ein Augenblick der Kraftlosigkeit. In solchen Augenblicken kannst du keinen originellen Gedanken fassen; deshalb hört in den Augenblicken, in denen dir ein origineller Gedanke kommt, das Atmen sogar ganz auf« (*ibid.*, S. 195).

Diese Verbindung zwischen dem Atem und der Kreativität, die zwischen zwei Atemzügen stattfindet, mag uns sonderbar erscheinen, aber nur, weil wir es von unserer Erziehung her nicht gewohnt sind, auf die Veränderung unserer Atmung bei unterschiedlichen Aktivitäten zu achten. Unsere jetzige Kultur interessiert sich nicht sehr für die Tatsache, daß unsere Atmung bei Akten der Liebe ganz anders funktioniert als bei Akten des Hasses. Im Gegensatz dazu wird im Fernen Osten bei allen Techniken der Entwicklung des Selbst – ob Yoga, Tantra, Tai Chi oder Qigong – sehr auf die Atmung geachtet. Bei all diesen inneren Alchemien geht man davon aus, daß die Luft nur das äußere Medium des Atems ist; tief darin verborgen liegt *Prana*, die grundlegende kosmische Energie.

Alle Meditationstechniken schenken dem Atem besondere Beachtung, dem allerersten Akt im Leben; aber hier gleicht das Atmen nicht mehr diesem ersten Atemzug, denn beim Meditieren muß man bewußt atmen. »Ein Mann, der meditiert, wird im Augenblick seines Todes merken, daß er aufgehört hat zu atmen, und er wird sich dessen bewußt sein. Er wird aufmerksam sterben, und einer, der aufmerksam stirbt, stirbt niemals. Er hat das Todlose kennengelernt. Durch die Atmung hat er das innerste Prinzip des Lebens kennengelernt. Das Atmen war nur die äußere Hülle davon« (*ibid.*, S. 379–380).

Sobald du dir des vierten Körpers bewußt geworden bist, wird sich dir der fünfte, der *spirituelle,* offenbaren. Die Erfahrung der Polaritäten, die wir bisher beschrieben haben, ist jedem leicht verständlich, weil hier immer noch das Individuum als solches existiert. Für die Erfahrung der fünften Ebene ist jedoch ein Quantensprung notwendig, denn das grundlegende Energiemedium hier ist das Leben selbst, das sich als Polarität von Leben und Sterben manifestiert. Wie der Atem, der in dich hinein- und wieder aus dir herausströmt, so ist auch das Leben etwas, das in einem Augenblick in dich hineinfließt und dich im nächsten Moment wieder verläßt.

Mentaler Körper

Spiritueller Körper

Fernöstliche Bewußtseinsmodelle

»Wenn dir das bewußt wird, dann weißt du, daß du nicht sterben kannst, weil der Tod kein inhärentes Phänomen ist; und das Leben auch nicht. Leben und Tod sind beides äußerliche Phänomene, die dir widerfahren. *Du* bist niemals lebendig und auch niemals tot gewesen. Du bist etwas, das über Leben und Tod hinausgeht; aber dieses Gefühl der Transzendenz kann nur kommen, wenn du dir der Lebensenergie und der Todesenergie im fünften Körper bewußt wirst« (*ibid.*, S. 196).

Wenn man den Tod nur noch als einen Aspekt einer umfassenderen Polarität von Leben und Tod begreift, so hat das verschiedene existentielle Konsequenzen. Zum Beispiel ist Selbstmord nur sinnvoll, solange einem noch nicht bewußt geworden ist, daß der Tod etwas ist, was einem beständig widerfährt. Die Leugnung des Todes – oder besser gesagt: unser fehlendes Bewußtsein dafür, daß der Tod unser ständiger Gefährte ist, und der Hang, nur den Pol des Lebens zu akzeptieren – das ist es, was es dem Menschen überhaupt erst möglich macht, sich das Leben zu nehmen oder – gewissermaßen als Ersatzhandlung – andere Menschen zu töten. Tiere können das nicht, weil sie sich des Lebens nicht bewußt sind.

Kosmischer Körper

Nur wenn man die beiden Pole des fünften Körpers, Leben und Tod, gelassen und innerlich ungerührt akzeptiert, wird die sechste Ebene des Bewußtseins zum Vorschein kommen. Der sechste Körper ist der *kosmische* Körper. Die beiden Pole hier sind Schöpfung und Zerstörung – und zwar nicht Schöpfung und Zerstörung des Selbst als individueller Wesenheit, die ein Ich besitzt, sondern Schöpfung und Zerstörung des Kosmos als Weltganzem. Das Medium der Polarität ist also die kreative und destruktive Energie des Universums selbst.

Wenn man diese Ebene erreicht hat, hat man das Gefühl, mit dem ganzen Universum und seinen Zyklen von Evolution und Auflösung in Verbindung zu stehen. »Ein Stern wird geboren: Seine Geburt ist *deine* Geburt; ein Stern verlischt: Sein Verlöschen ist auch dein Verlöschen. Deshalb heißt es in der Hindu-Mythologie, daß eine Schöpfung nur ein Atemzug von Brahma ist – nur ein Atemzug! Es ist der Atem der kosmischen Kraft. Wenn sie einatmet, entsteht eine Schöpfung – ein Stern glüht auf, Sterne entwickeln sich aus dem Chaos, alles beginnt zu existieren. Wenn sie wieder ausatmet, erlischt alles, hört alles auf – ein Stern verlischt, Existenz geht über in Nicht-Existenz« (*ibid.*, S. 198).

Nirvanischer Körper

Die siebte Ebene des Bewußtseins nennt man auch die *nirvanische* Ebene oder den Körper der Erleuchtung. Dies geht völlig über das

Ausdrucksvermögen der menschlichen Sprache hinaus. Vielleicht könnten Sein und Nicht-Sein für die Polarität dieser Ebene stehen. »Auf der siebten Ebene bedeutet Schöpfung immer Schöpfung von etwas anderem und nicht von dir. Etwas anderes wird erschaffen und zerstört, nicht du. Sein und Nicht-Sein – das sind die Zustände, die dich betreffen« (*ibid.*, S. 201). Auch hier geht es wieder darum, beides zu akzeptieren. Für Kommunikationszwecke »muß man sich aber zwischen Sein und Nicht-Sein entscheiden, zwischen der Sprache der Negation und der Sprache der Positivität« (*ibid.*, S. 202).

In den vielen volkstümlichen indischen Zeichnungen des feinstofflichen Energiekörpers eines Yogi befinden sich zur Rechten und zur Linken der sitzenden Figur gewöhnlich je eine Sonne und ein Mond (vergleiche Abbildung S. 33). Sonne und Mond sind Symbole für die Polarität der kosmischen Energie, Prana, in den sieben Körpern oder auf den sieben Ebenen des Bewußtseins. In diesen Darstellungen findet man auch immer die sieben Chakras mit den Linien des Energiestroms, die über die Grenzen des Körpers hinausreichen. Über dem Kronen-Chakra befindet sich eine weitere Sonne; sie symbolisiert das Ende der Reise ins eigene Selbst, die letzte Einheit hinter all den Polaritäten im Alltagsbewußtsein. Dieser Sonnensymbolismus ist kongruent mit der Vorstellung von der Grund-Lichtheit oder vom Grundlegenden Glanz im Tibetanischen Totenbuch.

Ich glaube, daß diese Polarität der Lebensenergie in den verschiedenen Schichten des menschlichen Bewußtseins auch durch die beiden Yoginis Dakini und Varnini symbolisiert wird, die zur Linken und zur Rechten der Göttlichen Mutter Chinnamasta stehen, einer Manifestation der Hindu-Göttin Kali. Gewöhnlich wird diese Darstellung der vollbusigen und enthaupteten Gottheit als ein Symbol der allumfassenden Macht von Schöpfung und Zerstörung aufgefaßt. Sie hat die Welt der Begierden überwunden und steht triumphierend auf den kopulierenden Figuren von Rati und Kama, der Göttin sexueller Lust und dem Gott der Liebe, welche natürlich die menschliche Fortpflanzung symbolisieren.

Meine Interpretation dieses Bildes geht weiter: Für mich sagt dieses Bild etwas über den Weg und den Inhalt von Meditation aus – nämlich daß für die Meditation ein Zustand des Nicht-Denkens notwendig ist, welcher hier wortwörtlich als Kopfabschneiden dargestellt wird. Die beiden Figuren zur Rechten und zur Linken symbolisieren für mich die grundlegende bipolare Spannung der kosmischen Kraft, die man erfahren kann, wenn man tiefer in die sieben Körper ein-

Siehe Abbildung auf S. 198

Fernöstliche Bewußtseinsmodelle

dringt. Chinnamasta tanzt triumphierend auf einem Paar, das sich sexuell vereinigt hat. Das heißt, sie hat als Meditierende den Zyklus von
Geburt und Tod überwunden. Die Meditation stellt die höchste Vereinigung und Überwindung aller Polaritäten der Erscheinungswelt
dar. Dies ist durch die einsame Figur des Buddha symbolisiert, der
meditierend über dem kosmischen Drama sitzt, das sich zu seinen Füßen abspielt.

Im hierarchischen Modell erkennen wir Prozesse wieder, die in
verschiedenen in neuerer Zeit erfundenen Meditationstherapien
dazu eingesetzt werden, den modernen Menschen aus seinem Denken herauszulocken, mit dem er sich in erster Linie identifiziert. Die
verschiedenen Techniken und Vokabularien mögen sich dabei im
einzelnen unterscheiden, aber das Ziel ist immer das gleiche. Gewöhnlich beginnen diese Techniken damit, den Menschen aus seinem Denken heraus- und in seinen Körper hineinzulocken; später
führen sie ihn aus dem Denken in sein Herz hinein, dann aus dem
Denken ins Nicht-Denken; Endziel ist dabei immer, Sein und Nicht-
Sein zu überwinden: es in eins hinein aufzuheben und auf diese
Weise zu überschreiten.

Zen-Modell
Von der Unbewußtheit
über das Gewahrwerden
zur Bewußtheit

Wahre Meister lehren keinen religiösen Glauben und auch keine religiöse Doktrin. Sie sind weder Priester noch Professoren. Sie teilen
ihre Erfahrung des Lebens, ihr Sein mit anderen Menschen; sie bela-
sten dich nicht mit Wissen. Das einzige, dem sie sich verpflichtet fühlen, ist das innere Wachstum der Freunde, die sich dazu entschlossen
haben, in ihrer Nähe zu sein. Zu diesem Zweck erfinden sie unent-
wegt neue Methoden und Techniken; denn sie wollen ihre Freunde
erwecken. Auch Lügen können zu diesen Methoden gehören; deshalb
sind wahre Meister sozial geächtet. Einer Mutter Theresa kann man
den Friedensnobelpreis verleihen; ein Meister wird sehr wahrscheinlich niemals solch einen Preis bekommen.

Wir müssen zugeben, daß ein Großteil unserer täglichen Aktivitäten, auch unserer Arbeit, unbewußt abläuft; unbewußt jedenfalls in
dem Sinne, daß uns gewöhnlich nicht bewußt ist, was wir gerade tun
und wer wir eigentlich sind. Wir ertrinken in unserer Arbeit, ja, wir
wollen in ihr ertrinken, denn in unserem tiefsten Inneren haben wir
Angst, mit uns selbst konfrontiert zu werden – darin ähneln wir jedem gewöhnlichen japanischen Angestellten, der Angst vor Feier-
tagen hat. Meister sagen uns, daß wir im normalen, sogenannten
Wachzustand zu 99 Prozent unbewußt sind; unser Bewußtsein ist nur

ein schwaches Fünkchen. In diesem Zustand ist der Mensch in gewissem Sinne auch etwas Ganzes, Ungeteiltes; doch hier ist das Gefühl, ganz zu sein, ein Resultat von mangelndem Bewußtsein.

»Zwischen der gewöhnlichen, unbewußten Aktivität und der Bewußtheit klafft eine Lücke, die man durch Gewahrsein – das heißt, durch bewußtes Wahrnehmen – überbrücken kann«, sagte Osho in seiner Beschreibung eines Weges zur Erweckung in zwei Schritten (*Rajneesh,* 1972, S. 207 und 209).

Bewußtsein ist immer noch durch Dualität gekennzeichnet – durch das Denken, durch die Trennung von Subjekt und Objekt. Dein Denken enthält deine ganze Vergangenheit, alles, was dich konditioniert hat, und bringt so das Vergangene in die Gegenwart mit ein. Beim Gewahrsein dagegen geht es nur um die Gegenwart; es hat die Kraft, dich in die Gegenwart zu ziehen. Es läßt der Vergangenheit keinen Raum. Sitze einfach still und lausche zum Beispiel den Vögeln; die Geräusche der Vergangenheit kann man nicht mehr hören. Ganz gleich, welche Meditationsmethode man praktiziert, das Gewahrsein – das bewußte Wahrnehmen – steht im Zentrum. Es ist, wie Osho sagt, »die Technik der Techniken«.

Mu: das japanische Wort für »nichts« oder »kein«. Kalligraphie im Grasstil von Suzuki Kou, dem Meister des Autors. Die kleinen Schriftzeichen links sind ein Zitat aus dem Herz-Sutra: »Form unterscheidet sich nicht von Leere, Leere unterscheidet sich nicht von Form; Form ist Leere, Leere ist Form.«

Fernöstliche Bewußtseinsmodelle

Worin besteht nun der Unterschied zwischen Bewußtsein und Bewußtheit? »Bewußtheit ist ein Zustand unseres Geistes, aber nicht die Gesamtheit unseres Geistes. Dein Geist kann bewußt oder auch unbewußt sein. Aber wenn du deinen Geist transzendierst, dann gibt es kein Unbewußtsein und auch kein Bewußtsein, sondern nur noch Bewußtheit … Bewußtheit (Bewußtsein, das sich seiner selbst bewußt wird) ist das Ziel der spirituellen Reise; Unbewußtheit ist ihr Anfang« (*ibid.*, S. 208–209).

Meditation oder den Zustand reiner Bewußtheit darf man nicht mit Konzentration oder Kontemplation verwechseln; das sind geistige Aktivitäten, die ihren eigenen praktischen Wert haben. Bei der Konzentration richtet man seinen Geist auf einen bestimmten inneren oder äußeren Gegenstand. Deshalb kann dich dabei sogar ein Hund, der einen Kilometer von dir entfernt bellt, stören. Meditation dagegen ist ein Zustand der »Bewußtheit, die nicht wählt«, um Krishnamurtis treffenden Begriff zu gebrauchen. Wenn du meditierst, kann dich nichts stören. Du erweiterst dein Bewußtsein immer mehr, du nimmst alles an, was in dir und außer dir ist, bis eines Tages nur noch Bewußtheit übrig ist. Einen solchen Zustand kann man aber nicht aus eigener Kraft herbeiführen. Er ist ein Geschenk, eine Offenbarung.

Ryoanji,. »Tempel des Himmlischen Friedens« in Kioto (Japan), Mitte des 15. Jahrhunderts erbaut. An das Hauptgebäude des Zen-Tempels grenzt ein Landschaftsgarten an, der nur aus geharktem Sand und ein paar Steinen besteht. In der kargen, asketischen Stimmung, die er im Winter vermittelt, ist dieser Garten ein Symbol für die buddhistische Erfahrung der Leere in und jenseits aller Form.

The Silent Orgasm

Kokoro, »Das Herz – weitet sich, um die Welt zu umfassen«, eine Kalligraphie des Autors

Das Gewahrwerden – die bewußte Wahrnehmung – ist ein wenig wie Magie; es ist die Alchemie, die die niederen Metalle in Gold verwandelt. Wenn du wütend bist, so verdränge deinen Zorn nicht; versuche ihn einfach wahrzunehmen: Ich bin wütend, ich bin wütend, ich bin jetzt die Wut. Das Wunderbare daran ist, daß Wut und Gewahrsein nicht gleichzeitig existieren können. Die Wut verschwindet. Denn nur wo Unbewußtsein herrscht, kann es Wut geben; das gilt auch für die Mordlust. Es hat sich in den letzten Jahrtausenden gezeigt, daß es nicht viel nützt, den Leuten das Morden abgewöhnen zu wollen, indem man ihnen die Zehn Gebote predigt. Moses hätte seinem Volk lieber Methoden der bewußten Wahrnehmung beibringen sollen, um zu erreichen, daß sie mit dem Töten aufhören. Genauso kindisch und fruchtlos ist es, den Leuten zu predigen, daß sie einander lieben sollen.

Einer der einfachsten Techniken des Gewahrseins bediente sich der historische Buddha. Das ist die bereits erwähnte Technik des *Anapanasati*-Yoga, »des Yoga der Bewußtheit beim Ein- und Ausatmen«. Buddha benutzte die Atmung, eine der unbewußtesten Tätigkeiten des Menschen, um Bewußtheit zu erzeugen. Man muß beim Atmen gar nichts Besonderes tun, sondern nur das eigene Atmen in absoluter Passivität betrachten, das ist die ganze Technik. Du beobachtest, wie der Atem in dich einströmt, dann tritt eine Pause ein, dann beobachtest du den Atem, der aus dir hinausströmt, dann folgt wieder eine Pause. Diese Methode wurde fast im ganzen süd- und ostasiatischen Raum zum Synonym für Meditation.

Fernöstliche Bewußtseinsmodelle

Aber du solltest nicht erwarten, daß es dir mit dieser Methode leichtfallen wird, den Zustand der Erleuchtung zu erlangen. Es ist ein mühsamer Weg. Ich kann mich an einen zweiwöchigen Retreat erinnern, nach dem ich stolz war, sagen zu können, daß ich zwei oder drei Sekunden lang meinen Atem bewußt wahrgenommen hatte. Schon nach dieser kurzen Zeit drängten sich immer Gedanken in mein Bewußtsein und störten meine Betrachtung des Atems, und ehe ich mich versah, hing ich einem Tagtraum nach oder dachte über irgend etwas nach. Alle Meditierenden berichten von ähnlichen Erfahrungen: Man macht nur langsam Fortschritte, zumindest am Anfang. Mir scheint, daß diese Art der sitzenden Meditation – auf japanisch *zazen* – heutzutage nicht mehr die allerbeste Methode ist. Immerhin sind rund 2500 Jahre vergangen, seit der Buddha auf Erden wandelte. Der Mensch hat sich seit dieser Zeit innerlich gewandelt, und auch die Welt um uns herum hat sich verändert.

Normalerweise hinterläßt reine Bewußtheit keine sichtbaren oder hörbaren Spuren. Man kann sie nicht sehen oder von einem Menschen auf den anderen übertragen. Aber im Lauf der Jahrhunderte haben erleuchtete Meister immer wieder versucht, uns etwas davon zu vermitteln. In Japan wird dies mit Hilfe der Zen-Künste versucht. So entstand der Weg des Bogenschießens, der Weg des Blumenarrangements (Ikebana), der Weg der Teezeremonie und der Weg der Tuschmalerei. Diese Wege oder Künste können als Vorläufer der in neuerer Zeit im Westen entwickelten Praxis der Kunst-Therapie gesehen werden. Es sind lediglich Techniken, die uns ganz alltägliche menschliche Aktivitäten wie das Kochen von Tee oder das Malen eines japanischen Schriftzeichens bewußter machen. (In einem anderen Buch habe ich analysiert, wie das im Falle der Teezeremonie geschieht; vergleiche hierzu *Nitschke* 1991, S. 166–175.) Nach meinem Verständnis besteht das Ziel all dieser Techniken darin, äußerste Anstrengung mit äußerster Entspannung und äußerste Aufmerksamkeit mit äußerster Passivität zu kombinieren; dadurch entsteht jene innere Explosion, eine Erfahrung des Nicht-Denkens, eine Erfahrung des eigenen ursprünglichen Selbst, aber – und hierin liegt der Unterschied zu Meditationstechniken, die sich nicht des Hilfsmittels der Kunst bedienen – es bleibt eine sichtbare Spur zurück.

Ein solcher Zustand überkommt uns, wenn wir mitten in äußerster Anstrengung aufgeben, ja, wenn sich die Anstrengung in völliger Kapitulation selbst aufgibt. In diesem Sinne ist die Erfahrung identisch mit Buddhas großem Erweckungserlebnis. Er mußte sechs Jahre intensiver Meditation als sinnlos aufgeben, sein Ich mit all seinen Bemühungen mußte verschwinden, ehe Bewußtheit aufglänzen konnte.

Ich habe den Weg der Kalligraphie selbst praktiziert und war sieben Jahre lang Schüler von Suzuki Kou, einem Meister der Kalligraphie in Tokio. Gegen Ende meiner Lehrzeit lud er mich ein, an einer landesweiten Ausstellung kalligraphischer Werke teilzunehmen, obwohl ich ein Ausländer war. Ich hatte ein Jahr Zeit, meinen Beitrag für die Ausstellung anzufertigen. Anfangs lehnte ich höflich ab, aber schließlich überredete er mich doch. Die Vorbereitung meiner Arbeit erschöpfte mich körperlich und zehrte meine letzten finanziellen Reserven auf. Ich hatte genug Zeit dafür – und doch nicht genug. Ich brauchte nur zwei Schriftzeichen zu malen, doch je mehr ich mich anstrengte, um so schlechter erschienen mir die Ergebnisse meiner Bemühungen.

Eines schönen Tages – der Abgabetermin war schon sehr nahe gerückt – hatte ich fünf Bilder angefertigt. Keines der Resultate meiner Bemühungen hatte irgendeinen Wert, außer vielleicht als Dokument meines eigenen Wahns und Ehrgeizes. Also beschloß ich, nun endgültig die Flinte ins Korn zu werfen. Es war aber noch ein Blatt Papier übrig, das allerdings ein paar kleine Tintenkleckse aufwies und also eigentlich nicht mehr zu gebrauchen war. Ich goß ein wenig Wasser in den Tintenstein, verfluchte meinen Meister, mich selbst und die Kalligraphie und malte noch ein letztes Bild – nur für mich selbst und nicht in der Absicht, es eventuell in die Ausstellung zu schicken. Doch diesmal tanzte der Pinsel geradezu mit mir über das Papier. Ich war völlig erleichtert, high, erfrischt, ich war einfach total happy. Ich wußte gar nicht, warum. Ein paar Minuten später schaute ich mir das Bild an und wußte sofort: *Das ist es.* Dieses Bild war genau das, was ich ein ganzes Jahr lang zu malen versucht hatte, aber es war mir erst gelungen, als ich aufhörte, mir selbst im Weg zu stehen. Ich signierte es mit meinem japanischen Namen. Genaugenommen hätte ich es eigentlich nicht signieren dürfen, denn »ich« war gar nicht anwesend, als das Bild entstand; all meine früheren Versuche hätte ich signieren können, denn ich war viel zu sehr »da«, als ich sie schuf.

Aber die Geschichte ist noch nicht ganz zu Ende. Ich rollte das zwei Meter lange Gemälde auf und übergab es, in zusammengerolltem Zustand, bei unserer nächsten Zusammenkunft meinem Meister. Er rollte nur etwa dreißig Zentimeter davon auseinander und schaute sie sich an; dann rollte er das Bild wieder ganz zusammen und gab es seiner Tochter; sie sollte dafür sorgen, daß es für die Ausstellung ge-

Fernöstliche Bewußtseinsmodelle

Diese Bilder vom Ochsenhirten veranschaulichen ein Zen-Gleichnis. Holzschnitte von Tokuriki Tomikichiro, mit freundlicher Genehmigung des Künstlers hier abgedruckt.

1. Der Hirte sucht nach dem Ochsen.

2. Er entdeckt seine Fußspuren.

3. Er sieht den Ochsen …

4. … und fängt ihn ein.

5. Der Hirte zähmt den Ochsen …

6. … und reitet auf ihm.

7. Der Ochse wird transzendiert.

8. Ochsen und Selbst verschwinden.

9. Rückkehr zum Ursprung

10. Rückkehr in die Welt

The Silent Orgasm

Lotosblütenbild, in den siebziger Jahren bei Kunst-Therapiesitzungen in Poona entstanden

rahmt wurde. Er brauchte sich gar nicht das ganze Bild anschauen. Mir sagte er nur: »Ich wußte, daß du es schaffen würdest.« Dann lächelte er. Er hat sich bei seiner Entscheidung wohl von der Aura leiten lassen, mit der ich an jenem Abend zu seinem Unterricht gekommen war. Allmählich begann ich zu begreifen, daß meine Malkünste ihn nur in zweiter Linie interessierten. Sein hauptsächliches Interesse galt mir. Von diesem Augenblick an wußte ich, daß er nicht nur einer der besten Kalligraphen seiner Zeit war, sondern auch ein wahrer Meister. Was mich anbetrifft, ich habe die nächsten sieben Jahre keinen Pinsel mehr angefaßt.

Meine Erfahrung mit der Kalligraphie hat mir bestätigt, daß es so etwas wie »objektive Kunst« gibt, Kunst als sichtbare Spur der Ich-Überwindung oder des Nicht-Denkens. Man könnte sie auch als transpersonale Kunst bezeichnen. Ich habe durch diese Erfahrung nicht nur gelernt, daß es eine solche Kunst gibt, sondern auch, daß es Wege gibt, den Künstler für diese Art von Kunst zu schulen, ihn dazu zu bringen. Auch konnte ich vor meinem »Mini-Satori« auf dem Gebiet der Kalligraphie (Satori ist im Zen die Erfahrung des Erwachens, der Erleuchtung) bei den Bildern anderer Kalligraphen nicht unterscheiden, welche dieser Bilder Produkte des Ichs waren und welche nicht; jetzt erkenne ich solche Spuren des Zustandes von Nicht-Denken.

Fernöstliche Bewußtseinsmodelle

Um solche Spuren zu hinterlassen, muß man wie ein hohler Bambus werden. Dann wird die Kunst anonym oder transpersonal. Es ist die Kunst der »Lücke«, die Kunst eines Augenblicks der Meditation. Ananda Coomaraswamy hat auf die Existenz »objektiver Kunst« in unserer westlichen Welt und im Orient im Mittelalter hingewiesen. »Die Anonymität des Künstlers ist Teil einer Kultur, die durchdrungen ist von dem Verlangen, sich vom eigenen Selbst zu befreien. Die Philosophie, die dahinter steht, richtet sich mit aller Macht gegen die Illusion des ‚Ich bin es, der etwas tut'. In Wahrheit tue ich gar nichts, in Wahrheit bin ich nur das Instrument; menschliche Individualität ist kein Ziel, sondern nur ein Mittel zum Zweck ... Der Wunsch, daß alle Welt weiß, daß ›ich etwas gemacht habe‹, ist der Wunsch eines Menschen, der noch nicht erwachsen ist« (*Coomaraswamy*, S. 41). Osho geht in seiner Beschreibung von Kreativität noch einen Schritt weiter: »Etwas tun ist nicht Kreativität, nichts tun ist auch nicht Kreativität. Kreativität ist ein sehr paradoxer Bewußtseins- und Seinszustand: Wer kreativ ist, tut etwas, indem er nichts tut. Kreativität ist das, was Laotse *wei-wu-wei* nennt. Es ist kein Tun, sondern vielmehr ein Zulassen. Kreativ sein heißt, eine Öffnung, ein Kanal zu werden, so daß das All durch dich hindurchströmen kann. Es heißt, ein hohler Bambus werden, nichts als ein hohler Bambus« (1980, S. 178).

Das sind große Worte, aber sie füllen sich mit Sinn, wenn man einen solchen Zustand einmal selbst erlebt hat. Doch sollte man nicht

Kunst-Therapie in Poona in den siebziger Jahren: Einswerden mit der Natur

The Silent Orgasm

vergessen, daß die Zen-Künste alle schwierig sind; sie verlangen viel mehr Engagement und Durchhaltevermögen als eine westliche Kunstakademie. Es heißt, daß man für die Zen-Kunst zunächst absolute technische Meisterschaft erlangen muß; und dann muß man sich loslassen, sich auf seine Intuition verlassen, auf die Lücke einlassen.

Der steile und steinige Weg der Zen-Künste läßt sich am besten durch das Bild vom Ochsenhirten veranschaulichen – eine uralte chinesische Bildergeschichte um die Metapher eines Hirten, der sich auf die Suche nach seinem verlorenen Ochsen begibt. Der Ochse steht natürlich für unsere wahre Natur, unser wahres Selbst. Unsere intuitive Erkenntnis, was wir suchen, setzt die Suche in Gang. Die Bilder 1 bis 7 auf Seite 56 zeigen die verschiedenen Stadien der Suche, des Kampfes und geduldigen Ausharrens. Für unser jetziges Thema ist aber das Bild 8 von besonderer Bedeutung. In der Legende zu dem Bild steht: »Ochse *und* Selbst verschwinden.« Das Bild dieses Stadiums der Suche nach dem Ochsen ist ein leerer Kreis. In Ostasien gilt der Kreis vielfach als Symbol der Einheit, der Nicht-Dinglichkeit, des Nicht-Denkens. Der Zustand, den der Kreis symbolisiert, ist kein Zustand der Inaktiviät oder der Unbewußtheit, sondern des Bewußtseins, das sich seiner selbst bewußt geworden ist – der reinen Bewußtheit. Der Suchende ist zum Gesuchten geworden. Er ist nach Hause zurückgekehrt. Der Kreis hat sich geschlossen. Ein wichtiger Schlüssel zum Verständnis des Zen-Buddhismus und der Zen-Künste, zu ihrem Begriff von menschlichem Wachstum, liegt in der Tatsache, daß diese Bildergeschichte nicht mit dem leeren Kreis endet. Es folgen noch zwei Schritte. Sie symbolisieren das Ideal des Bodhisattva, das Ideal des Menschen also, der die Weisheit der Transzendenz erreicht hat und nun in die Welt zurückkommt, um anderen zu dienen und sie zu inspirieren. Bild 9 – »Rückkehr zum Ursprung« – ist einfach nur ein Bild der Natur. Wenn du eine solche Suche, eine solche Therapie einmal abgeschlossen hast, wenn du dich von allen Verdrängungen und Blockaden befreit hast, wirst du nur noch die Natur sehen, wie sie wirklich ist, ungetrübt durch die Projektionen deines Bewußtseins. Bild 10 zeigt den Hirten als Menschen, der in die Alltagswelt zurückgekehrt ist. Die letzten beiden Bilder preisen also das Natürliche, das Alltägliche und Gewöhnliche im Leben. Der westliche Held steht im Rampenlicht, der östliche Held ist unsichtbar, ununterscheidbar von einem gewöhnlichen Menschen. In einem Punkt aber kann man den Menschen, der von der Suche zurückgekommen ist, doch von den anderen unterscheiden: Er trägt eine Flasche Wein in seinem Gepäck. Er ist nicht mehr voller Ernst, sondern spielerisch und heiter.

Fernöstliche Bewußtseinsmodelle

In den späten siebziger Jahren besuchte ich mit einem Freund eine Ausstellung von Tuschezeichnungen japanischer Zen-Meister. Die meisten Bilder waren recht einfach; sie zeigten nur ein paar Grashalme, einen Frosch, ein Insekt oder ein paar kalligraphische Pinselstriche, nichts, was besonders ernst oder schwer zu verstehen gewesen wäre. Als wir die Ausstellung verließen, sagte mein Freund, ein amerikanischer Maler: »Das ist keine Malerei, das ist Erleuchtung.«

Ähnliche Spuren der Erleuchtung begegnen uns auch in anderen Künsten, zum Beispiel in der Poesie. Hier ist eine der berühmtesten Spuren dieser Art, ein Gedicht von Basho:

Handbewegungen von Osho (damals unter dem Namen Bhagwan Shree Rajneesh bekannt) bei einem Darshan im Jahre 1981

The Silent Orgasm

furui ike ya   Der alte Weiher dort
kawazu tobikomu   ein Frosch springt hinein
mizu no oto   Wasser plätschert.

Die Eleganz solcher Spuren ist zeitlos. Ich glaube, es war Hölderlin, der einmal gesagt hat, daß die größte Anmut auf Erden an den beiden äußersten Enden des Bewußtheitsspektrums zu finden ist: in der Welt des Unbewußten, im Tanz des langbeinigen Kranichs zum Beispiel, und in der Welt des vollkommenen Bewußtseins – im Gang oder in den Handbewegungen eines erleuchteten Wesens. Bei so einem Menschen scheint jeder Finger von Bewußtheit erfüllt zu sein.

Fernöstliche Bewußtseinsmodelle

Vajrayana-Mandala
Newari-Thangka von 1989, nach einem tibetischen Vorbild (63 x 91 cm)

Westliche Bewußtseinsmodelle

Die fünf Bewußtseinsmodelle, die ich im letzten Kapitel vorstellte, haben alle eines gemeinsam: Sie sind das Resultat einer zwei Jahrtausende währenden kollektiven Bemühung des indischen Geistes – selbst wenn man Figuren wie Buddha oder Patanjali besondere Bedeutung beim Prozeß der Kristallisation dieses Denkens zubilligt. Bei den Modellen, die im folgenden besprochen werden sollen, ist das anders. Sie sind Ergebnis des Lebenswerks einzelner – in diesem Fall westlicher – Menschen. Außerdem geht es in ihnen um das Denken.

Die Bewußtseinsmodelle der westlichen Religion, Philosophie und Naturwissenschaft schneiden, verglichen mit den alten asiatischen Modellen, kaum besser ab als ein Ochsenkarren im Vergleich mit einer Raumfähre. An Tiefe der Erkenntnis und an Nützlichkeit sind sie ihnen einfach hoffnungslos unterlegen. Im Osten haben Jahrtausende, in denen man geduldig und beständig der Frage »Wer bin ich?« nachging, einen ungeheuren Reichtum an Wissen, Techniken und Literatur geschaffen. Im Westen begann man erst vor etwa hundert Jahren, sich mit dem Thema »Bewußtsein« zu beschäftigen, und die entstandenen Bewußtseinsmodelle sind ziemlich begrenzt, weil die Psychologie – die Wissenschaft vom Bewußtsein – zumeist als Selbstzweck verstanden worden ist, während sie im Osten vor allem die Funktion hat, über die Psyche hinauszugelangen. Die Psychologen des Abendlandes wären arbeitslos, wenn sie das »Nicht-Denken« – das östliche Konzept reiner Bewußtheit oder Überbewußtheit – als Realität akzeptieren würden. Dennoch ist es hilfreich, sich etwas genauer mit einigen zeitgenössischen westlichen Modellen zu beschäftigen, denn sie gehören einfach zum intellektuellen Mobiliar, auf das die meisten von uns sich mehr oder weniger intensiv stützen; in vielerlei Hinsicht passen diese Modelle wohl auch gut zu unseren gegenwärtigen Bedürfnissen.

Ich las Stanislav Grofs Buch *Geburt, Tod und Transzendenz: neue Dimensionen in der Psychologie* – ein Buch, das Pionierarbeit leistete – ungefähr zehn Jahre nach meinen Primal-Therapien- und Herz-Chakra-Erfahrungen; damals hatte ich das Gefühl, daß ich dringend etwas schreiben müsse, um zu zeigen, daß man solche außergewöhnlichen

Transpersonales Modell
Grofs Kartographie der menschlichen Psyche

Bewußtseinszustände, wie er sie in seinen Experimenten mit Halluzinogenen beschrieben hat, auch ohne Drogen erreichen kann – einfach durch entsprechende Atemtechniken. Doch ehe ich dazu kam, veröffentlichte er selbst im Jahre 1988 ein solches Buch: *The Adventure of Self Discovery*. In diesem Buch berichtet er von seinen Erfahrungen mit Patienten, die intensive Atemübungen oder Hyperventilation praktizieren, ein Verfahren, das er »holotropisches« Atmen nennt. »Das ganze Spektrum von Erfahrungen, die in psychedelischen Sitzungen beobachtbar sind, kann man auch durch verschiedene Formen drogenfreier, experienteller Psychotherapien herbeiführen; zum Beispiel durch explorative Hypnose, Primärtherapie, neo-Reichianische Arbeit, Gestalttherapie, Nackt-Marathon und Aqua-Energetik und verschiedene Formen des Rebirthing« (*Grof*, 1988, S. 12). Seine Arbeit stützt meine Ansicht, daß intensives Atmen und halluzinogene Drogen ähnliche biochemische Veränderungen im Blut erzeugen.

Grof sieht die Resultate seiner ungeheuer umfangreichen Forschungsarbeit über die Bandbreite des menschlichen Bewußtseins als einen Beitrag zur Schaffung eines neuen naturwissenschaftlichen Paradigmas, das auf holistischen oder holonomischen Prinzipien fußt. An verschiedenen Stellen erklärt er den zentralen Sinn dieser Prinzipien. So sagt er zum Beispiel: »Diese Erfahrungen legen den Schluß nahe, daß jeder von uns, auf eine Weise, die wir noch nicht erklären können, das ganze Universum oder das Eine und Ganze der Existenz in sich trägt und potentiell experientiellen Zugang zu allen seinen Teilen hat, ja, in gewissem Sinne das ganze kosmische Netzwerk ist ...« (*Grof*, 1985, S. 44). An anderer Stelle heißt es: »Man muß annehmen, daß das Bewußtsein – wenigstens im Prinzip, wenn auch nicht immer in actu – Zugang zu allen Formen der ausgefalteten (explicate) und der eingefalteten (implicate) Ordnung hat« (*ibid.*, S. 90).

An seiner Unsicherheit und Vorsicht in der Wortwahl zeigt sich das Dilemma, in dem er sich befindet. Er benutzt Formulierungen wie »legen den Schluß nahe« oder »man muß annehmen«, weil er sich darüber im klaren ist, daß transpersonale Erfahrungen im Widerspruch zu den Grundlagen und Prinzipien der mechanistischen westlichen Naturwissenschaften stehen; denn in seinen Ansichten über die Naturwissenschaften folgt er Fritjof Capra, der diese als vom »kartesianisch-Newtonschen Paradigma« überformt betrachtet. Meiner Meinung nach baut Grof hier eine Strohpuppe auf – nämlich das Paradigma der westlichen Naturwissenschaften, deren Überzeugungskraft ohnehin ins Wanken geraten ist –, um sie dann mit den Ergeb-

The Silent Orgasm

nissen seiner eigenen Arbeit und den Forschungsergebnissen ähnlich denkender Kollegen unter Beschuß zu nehmen. Ich glaube, daß es gar nicht so schwierig sein wird, die Naturwissenschaftler zu überzeugen. Die nun folgenden Bewußtseinsmodelle von Wilber, Bohm und Charon werden das verdeutlichen.

Die wahre Schuld daran, daß die Entwicklung des Bewußtseins im alten Abendland zurückgeblieben ist, tragen nicht die Naturwissenschaften – die sind relativ unschuldig –, sondern die Religionen. Ich meine damit die Wurzeln der abendländischen Kultur im orthodoxen Judaismus, im Christentum und im Islam. Diese Religionen haben unsere kindischen Vorstellungen vom Bewußtsein geprägt und halten sie nach wie vor aufrecht. An ihnen liegt es, daß die Mehrheit der Menschen heute in spirituellen Dingen im Alter von achtzig Jahren immer noch nicht über die Vorstellungen eines Zwölfjährigen hinausgewachsen ist. Die Religionen haben den Naturwissenschaften gegenüber einen entscheidenden Vorsprung: Sie leisten den wichtigsten Teil ihrer Indoktrinationsarbeit, wenn die Menschen zwischen fünf und zwölf Jahre alt sind; das heißt, sie haben den Hauptteil ihrer Arbeit schon getan, ehe wir damit beginnen können, die Kinder in den Naturwissenschaften zu unterweisen. Nach meiner eigenen Erfahrung und der Erfahrung meiner engsten Freunde, die alle eine christliche Erziehung genossen haben, wird die Suche nach dem eigenen Selbst in späteren Lebensjahren sehr, sehr schwer, wenn einem zuvor diese religiösen Vorurteile injiziert wurden. Denn noch ehe du in deiner Kindheit überhaupt irgendwelche Fragen stellen konntest, wurden dir sämtliche Antworten nicht nur vorgegeben, sondern geradezu eingemeißelt. Dazu gehören die Antworten auf Fragen zum Thema Sexualität, Ehe, Tod, Himmel, Hölle, Seele und Gott. Das ist ein Verbrechen, das die Religionen an der Menschheit begehen: Sie nehmen uns die Chance, uns von einem vorurteilsfreien Ausgangspunkt aus auf eine wahre, spontane Suche nach dem Selbst zu begeben.

Es ist nahezu unmöglich, die höchsten Gipfel des menschlichen Bewußtseins zu erreichen, wenn man mit dem ganzen Ballast von nutzlosem Glaubensabfall zwangsernährt worden ist, ehe man sich dagegen wehren konnte. Es bleibt kein Raum mehr für das »Abenteuer einer Entdeckungsreise zum eigenen Selbst«, wenn man mit einem Glauben aus irgendeiner alten heiligen Schrift indoktriniert worden ist. Man sagt, glauben heißt nicht wissen; ich sage, glauben heißt nicht wissen wollen.

Auch die »globale Zerstörung« durch Krieg und Umweltvernichtung, vor der Grof warnt, kann man den Naturwissenschaften nicht anlasten, wie Grof behauptet. Vielmehr ist diese globale Zerstörung die Folge einer tiefgreifenden religiösen Indoktrination: der Vorstellung eines Dualismus von Geist und Materie, Körper und Seele, Mensch und Gott. Wer in diesem Dualismus denkt, kann fragen: Warum sollte man eigentlich die Materie, die Natur, den Körper nicht ausbeuten? Schließlich sind sie ja etwas anderes als unsere Seele und etwas anderes als Gott; denn die Seele und Gott sind ewig! Solange wir in diesem Glauben verhaftet sind und solange wir die Religionen haben, die ihn aufrechterhalten, werden die Kriege kein Ende nehmen, und die Erde, die wir doch selbst sind, wird weiter ausgebeutet werden.

Ich kann mich nicht daran erinnern, daß der Begriff »Bewußtsein« im Lauf meiner christlichen Erziehung auch nur ein einziges Mal erwähnt worden wäre. Über das »Gewissen« wurde beständig geredet, aber Gewissen ist doch nur ein anderes Wort für die Konditionierung, die man durch seine Eltern und seine Kulturgemeinschaft erfährt. Wer seinem Gewissen folgt, verhält sich wie ein Papagei; er wiederholt nur, was man ihm eingetrichtert hat. Solange man das tut, braucht man kein Bewußtsein. Im Gegenteil: Bewußtsein würde uns sogar einen Großteil dessen, was man Gewissen nennt, austreiben, so wie die Sonne die Nacht vertreibt. Dagegen sehe ich in keiner der alten fernöstlichen Religionen einen Hinderungsgrund, alle Ergebnisse von Grofs Bewußtseinsforschungen zu akzeptieren und in sich aufzunehmen, ja, diese Religionen könnten ihn sogar zum nächsten logischen Schritt führen, nämlich zur Meditation.

Ein Thema kehrt in den Werken von Grof, Bohm, Pribram und Capra immer wieder: nämlich die Behauptung, daß die Entdeckungen der modernen Physik große Ähnlichkeit mit der mystischen Sicht der Realität haben, wie sie von den alten Meistern des Hinduismus, Buddhismus oder Taoismus gelehrt worden ist, daß sie aber den Newtonschen Naturgesetzen und dem cartesianischen Modell der Welt widersprechen. Also wollen wir jetzt, so fahren sie fort, eine Naturwissenschaft mit einem neuen Paradigma verkünden, einem holistischen, holographischen oder ökologischen Paradigma, das auf den allerneuesten Erkenntnissen der Physik basiert, aber irgendwie durch die Vorstellungen des esoterischen Mystizismus legitimiert und gestützt wird. Doch wozu brauchen wir diese Legitimation durch die Mystiker des Ostens und des Westens? Kein Buddha hatte je Probleme mit der Naturwissenschaft seiner Tage, weil die Naturwissenschaft sich nicht mit der Erfahrung der Wahrheit beschäftigt. Die Naturwissenschaft stellt mit Hilfe ihrer empirischen, analytischen Methoden Theorien über die materielle Beschaffenheit des Universums auf; die Wahrheiten, die sie entdeckt, dienen bestenfalls ihrem eigenen Zweck – der Aufgabe, die sie sich gestellt hat. Die Erforschung des Bewußtseins dagegen hat nichts mit dem physischen oder meßbaren Teil des Universums zu tun. Warum also diese Sehnsucht nach Akzeptanz durch die Wissenschaften, seien sie nun alt oder neu?

Die Diskussion scheinbarer Ähnlichkeiten zwischen Quantenphysik und Mystik griff um sich, nachdem Capra im Jahr 1974 sein Buch *Das Tao der Physik* veröffentlicht hatte. Im Verlauf dieser Diskussion wurde seine These heftig kritisiert: Sie stütze sich nur auf eine sprachliche Ähnlichkeit und rücke ungerechtfertigterweise zwei sehr unterschiedliche Bereiche menschlichen Forschens zusammen, nämlich den Bereich der Naturwissenschaften und den der Mystik. Diese Diskussion ist beileibe noch nicht zu Ende, aber wir sollten dabei zwei Dinge bedenken: Erstens mag es tatsächlich höchste Zeit sein, daß die Naturwissenschaften – von der Teilchenphysik bis zur Psychologie – ein neues Paradigma für sich formulieren, und zwar mit ihren ureigenen Werkzeugen, das heißt, mit Theorien, die sich auf das bewußte Denken stützen. Zweitens aber hat die Mystik schon immer Sätze über die Realität aufgestellt, die aus der Sphäre jenseits des Denkens und des »Denkbewußtseins« kommen – nämlich aus dem Bereich der Meditation.

Nachdem dies über Grofs weitschweifige Forderung nach einem neuen naturwissenschaftlichen Paradigma gesagt ist, bleibt immer noch der harte Kern seiner Forschungen – und auf diesem Gebiet ist er ein Titan. Ich bin seinem Werk zutiefst verpflichtet, weil es mir geholfen hat, meine eigenen Erfahrungen und die meiner Klienten zu ordnen und zu nutzen für unser Ziel: nämlich unser Bewußtsein transparenter zu machen. Seine beiden Bücher – sowohl das Buch über seine Forschungen mit Drogen als auch das andere über seine Arbeit mit dem Atem – zeigen uns die gleiche »Kartographie« der menschlichen Psyche auf und unterscheiden vier Ebenen des Bewußtseins. Diese Kartographie hat sich als sehr hilfreich bei der Aufarbeitung meiner eigenen Erfahrungen erwiesen.

Die erste Bewußtseinsschicht, die Grof aus seinen Experimenten ableitet, ist durch *abstrakte* oder *ästhetische* Inhalte charakterisiert, die irgendwie mit der Physiologie der menschlichen Sinnesorgane in Beziehung stehen.

Westliche Bewußtseinsmodelle

Weg durch den Geburtskanal: Skizzen einer Frau nach einer perinatalen Erfahrung bei der mandalischen Sextherapie

Die nächste Bewußtseinsschicht nennt Grof *biographisch* oder *rückerinnernd*. Auf dieser Ebene tauchen aus unserem Unterbewußtsein verschiedene traumatische Erlebnisse auf, deren emotionale Ladung und Bedeutung groß genug ist, uns ein Leben lang zu verfolgen. Wenn man solche Erlebnisse noch einmal neu durchlebt, so hat das ein ungeheures Heilpotential. Man muß sich solche Erlebnisse bewußtmachen, um sie auslöschen zu können. Nichts verschwindet einfach so aus dem Unterbewußtsein.

Um dies mit einer persönlichen Erfahrung zu veranschaulichen: Als ich etwa Mitte vierzig war, ging eine dreijährige Beziehung zu Ende – eine Trennung, unter der ich unendlich litt. Doch ließ der Schmerz sehr plötzlich nach, als ich beim intensivierten Atmen im Rahmen einer Primal-Therapie eine Szene wiedererlebte, die mir widerfahren war, als ich drei oder vier Jahre alt war: Meine Mutter hatte mich in ein Zimmer eingeschlossen und mich dann allein in der Wohnung gelassen. Der Trennungsschmerz von meiner Geliebten, den ich als Erwachsener erlebte, war deshalb so intensiv, weil ich ihn mit einem viel größeren Schmerz in Verbindung brachte, den ich in meiner frühen Kindheit erfahren hatte. Nachdem ich diese Kindheitsszene wiedererlebt hatte, empfand ich überhaupt keinen Schmerz mehr, als ich meine Ex-Freundin am nächsten Tag wiedersah; ich fühlte mich nicht einmal mehr sexuell zu ihr hingezogen.

In der dritten, *perinatalen* Bewußtseinsschicht verbergen sich all die Dinge, die einem von der Zeugung bis zur biologischen Geburt widerfahren, wobei die Geburt selbst schon wieder einem Todeserlebnis nahekommt. An diesem Punkt steht Grofs Kartographie natürlich in totalem Widerspruch zur Hauptrichtung der materialistischen Medizin und Psychologie, die schlicht und einfach leugnet, daß Ereignisse dieser Art erinnert werden können. In diesen Stadien des Lebens gibt es noch keine materielle Basis, kein Gehirn, das als Erinnerungsträger in Frage kommen könnte; deshalb werden Erinnerungen an Geburtserfahrungen und Erlebnisse im Mutterleib als Halluzinationen abgetan. Vielleicht beginnen die Naturwissenschaftler nun, da wir so viele Beweise für solche Erinnerungen haben, zu akzeptieren, daß Bewußtsein ein nicht-physischer Aspekt eines jeden Wesens ist. Es ist nicht einfach nur eine Begleiterscheinung physiologischer Hirnprozesse.

Grof konnte die sehr komplexen Erfahrungen der perinatalen Bewußtseinsschicht in vier Hauptthemen unterteilen. Diese vier Themenkomplexe stehen im Zusammenhang mit den vier biologischen

Hauptstadien von der Zeugung bis zur Geburt. Er bezeichnet diese Komplexe als *perinatale Grundmatrizen:* Die erste dieser Matrizen ist durch ein Gefühl ungestörten intrauterinen Lebens gekennzeichnet, die zweite durch das Gefühl der Bedrohung, das mit den ersten Wehen einsetzt, die dritte durch das Gefühl des Kampfes und Schmerzes beim Ausgang durch den Geburtskanal und die letzte durch das plötzliche Gefühl der Erleichterung, nachdem man in die Welt gesetzt wurde (vgl. *Grof,* 1985, S. 98–127).

Meine eigenen Erfahrungen bestätigen seine Entdeckung, daß diese vier Stadien des perinatalen Bewußtseins nicht unbedingt in dieser zeitlichen Folge auftreten; auch muß ein Mensch sich nicht an alle erinnern. Es kann auch sein, daß eines davon immer wieder in seinem Bewußtsein auftaucht. Dies ist natürlich keine Beschreibung einer individuellen Erfahrung, sondern eine Kartographie, ein Bild, das sich aus vielen möglichen Erfahrungen zusammensetzt. Es soll dem Durchschnitt so nahe wie möglich kommen; in einem Zimmer mit 100 Personen kann die durchschnittliche Körpergröße 1,80 Meter betragen, auch wenn nicht ein einziger Mensch da ist, der genau einen Meter achtzig mißt. So ist es auch mit dieser Kartographie: Sie kann begrifflich korrekt sein, auch wenn die Reise durch die unerschlossenen Meere des Bewußtseins bei jedem Menschen an einem anderen Punkt beginnt, andere Richtungen einschlägt und in einer anderen Reihenfolge abläuft. Ich erlebte meine Existenzen als Pflanzen und Tiere, ehe ich meine biologische Geburt in diesem Leben in der Erinnerung noch einmal durchlief.

Außerdem treten die Elemente der biographischen, perinatalen und transpersonalen Bewußtseinsschicht nicht immer in klarer Trennung in Erscheinung, sondern werden oft in bestimmten dynamischen Konfigurationen erfahren, für die Grof einen neuen Begriff erfand: den Begriff des »Systems kondensierter Erfahrung«.

Die vierte Bewußtseinsschicht nennt er die *transpersonale.* Er teilt sie in seinem zweiten Buch in zwei Erfahrungskategorien ein: Erfahrungen innerhalb der allgemein akzeptierten Realität und ihrer raumzeitlichen Koordinaten und Erfahrungen, die außerhalb dieser Realität stehen. Mir erscheint es eigenartig, daß der Begriff des »Transpersonalen« so weit gefaßt ist, daß er nicht nur Erinnerungen an frühere Leben (als Menschen) und das kollektive menschliche Gedächtnis umfaßt, sondern auch wirklich transpersonale Erinnerungen mit einschließt, zum Beispiel an Existenzen als Tier oder Pflanze. Man könnte Grofs Klassifikationsschema etwas logischer und viel-

Westliche Bewußtseinsmodelle

leicht auch präziser gestalten, wenn man zwischen die Schicht der perinatalen und die Schicht der transpersonalen Erfahrungen eine Schicht der »pränatalen« Erfahrungen einfügte. Aber das ist nur ein Schönheitsfehler in Grofs Werk.

In seinem Katalog von Zuständen transpersonalen Bewußtseins hat Grof praktisch alle Phänomene der Realität aufgeführt, von denen die Menschen je erfahren oder die sie sich eingebildet haben, bis hin zu jener allerletzten Erfahrung der »suprakosmischen und megakosmischen Leere«, welche Grof als die »änigmatischste und paradoxeste aller transpersonalen Erfahrungen« empfindet (*Grof*, 1988, S. 147). Zur Beschreibung dieses Zustandes zitiert er aus der Herz-Sutra, wo es heißt: »Form ist Leere und Leere Form.«

Hierin sehe ich ein ernstes Problem. Die »Erfahrung« der Leere ist ganz und gar nicht zu vergleichen mit den anderen Bewußtseinszuständen, die Grof in seiner Kartographie der menschlichen Psyche aufgelistet hat. Die Leere gehört weder in den Bereich des Wissens noch des Nicht-Wissens, sondern in den Bereich des Nicht-Wißbaren, insofern als ein bewußtes »Ich« verschwinden muß, ehe man diesen Zustand »wissen« kann. Diese Erfahrung setzt einen Quantensprung voraus. Sie kann nicht Teil der Bewußtseinsforschung sein, die Grof als Pionier betreibt. Die Erfahrung der Leere kann überhaupt nicht Teil einer Wissenschaft sein, ganz gleich, ob diese nun nach den alten oder den neuen Paradigmen verfährt. Die transpersonale Psychologie und Therapie haben viel zur Entwicklung von Meditationstechniken beizutragen, aber sie können die Meditation als »Erfahrung« der Leere überhaupt nicht erfassen.

Alles Wissen und Beschreiben ist in bezug auf diese Erfahrung vollkommen zwecklos – es ist nicht einmal ganz zutreffend, von der »Leere« zu sprechen. Denn es geht hier ja nicht um eine Abwesenheit, sondern eher um eine Bewußtheit ohne Inhalt, ein Niemandsland des klaren Lichtes (wie Trungpa das Tibetanische Totenbuch interpretiert), einen Sprung aus dem Rad der Existenz. Auch erhebt Grof die »Erfahrung« der Leere dadurch, daß er sie »supra«- oder »metakosmisch« nennt, auf ein so hohes Podest, daß sie unerreichbar erscheint. Aber sie ist nicht unerreichbar. Sie ist nur nicht in der menschlichen Sprache kommunizierbar. Die Leere ist die Leere, ganz gleich, ob sie nun metakosmisch, kosmisch oder regional begrenzt ist oder sich nur im eigenen Kopf befindet. Vielleicht ist die ganze westliche Bewußtseinsforschung, so wertvoll und nützlich sie sich auch für die Heilung von Körper und Seele erweisen mag, nur ein weiterer

Trick dessen, was Ken Wilber das Atman-Projekt nannte – also der uralte menschliche Drang, sich der Notwendigkeit zu entziehen, daß das »Ich« verschwinden muß, ehe der Mensch ganzheitlich sein kann. Früher hieß das, was unseren allerletzten Untergang – den Tod – überleben konnte, Seele; bei Grof wird dies durch ein neues Phänomen von besonderer Feinstofflichkeit, Immaterialität und Transpersonalität ersetzt: das Bewußtsein.

Um all diese Beschreibungen des Unbeschreiblichen wieder in die menschliche Sphäre zurückzuholen, will ich hier eine Meditationstechnik weiterempfehlen, welche Osho denen empfohlen hat, die einen »Geschmack« von der Leere bekommen wollen. Es handelt sich dabei um eine der 112 Meditationstechniken aus dem Vigyana Bhaira Tantra. Ich zitiere aus Paul Reps' Übersetzung: »Im Augenblick des Einschlafens, wenn der Schlaf noch nicht gekommen ist, aber das äußere Wachsein verschwindet, an diesem Punkt offenbart sich das Sein« (*Reps*, 1961, S. 167).

Kurz bevor du beim Einschlafen das Bewußtsein verlierst, gibt es eine ganz feine »Lücke« – und eine ebensolche Lücke tritt ein, kurz bevor du am nächsten Morgen wieder ganz zu Bewußtsein kommst und erwachst. Versuche dir ihrer bewußt zu werden. In dieser »Lücke« bist »du« verborgen.

Ich habe diese Technik oft versucht, aber ich bin immer nur eingeschlafen, und am nächsten Morgen war ich dann schon vollkommen wach, ehe ich daran dachte, auf die »Lücke« zwischen Bewußtsein und Unbewußtsein zu achten. Mir scheint es schwierig, bei dieser Technik mit ganz normalen Bemühungen zum Erfolg zu gelangen. Später öffnete sich mir die »Lücke« ein klein wenig; aber das geschah natürlich auf völlig unerwartete Weise. Das Schicksal hatte mich in eine kafkaeske Situation geworfen; ich wurde für schuldig befunden, allerlei »Verbrechen« begangen zu haben, an denen ich in Wirklichkeit unschuldig war. Je mehr ich mich verteidigte, um so mehr bemühten sich meine »Richter«, mir meine Schuld nachzuweisen. Sie hatten absolute Macht über mich, und ich hatte das Gefühl, daß ihr Hauptmotiv Rachsucht war; hätte ich meine Unschuld bewiesen, wären sie als die Schuldigen dagestanden. Unter den gegebenen Umständen war ich bei der Beweisaufnahme, Befragung und Verteidigung meiner Person auf eine öffentliche Telefonzelle angewiesen. Das Ganze spielte sich zwischen Mitternacht und ein oder zwei Uhr morgens in einer Winternacht ab. Ehe ich zwischen vier und fünf Uhr morgens zu Bett ging, arbeitete mein Gehirn mit Lichtgeschwindig-

Westliche Bewußtseinsmodelle

keit, um einen Ausweg aus meiner mißlichen Lage zu finden. Aber es gab keinen. Das ging einige Tage so weiter. Manchmal fand ich in den frühen Morgenstunden vor lauter Erschöpfung ein wenig Schlaf; doch sobald ich erwachte, fingen meine Gedanken sofort wieder an, wild zu kreisen.

Und dann erlebte ich es plötzlich an zwei aufeinanderfolgenden Morgenden: Ich war in der »Lücke«. Ich trat aus dem Schlaf hervor und war plötzlich bei Bewußtsein, aber ich hatte keine Gedanken, es gab keine Bewußtseinsinhalte; es gab nur noch Bewußtheit. All die tausend Radiosender in meinem Kopf hatten den Betrieb eingestellt. Da war nur noch Stille, aber das hinderte mich nicht daran, das Gezwitscher der Vögel und andere Geräusche in der Umgebung wahrzunehmen. In dieser »Lücke« ist die Form Leere und die Leere Form, Laut ist Stille und Stille Laut. Es ist ein Zustand, der Nagarjunas paradoxer Beschreibung der Realität sehr nahe kommt: weder Sein noch Nicht-Sein, auch nicht beides zusammen oder keins von beidem. Ganz gleich, was man darüber zu sagen versucht, man wird es im nächsten Moment wieder leugnen müssen. Nach einer Weile konnte ich sogar genau beobachten, wie mein Denken mit der unaufhaltsamen Macht einer alten Gewohnheit wieder in Gang kam. Ich versuchte – erfolglos – dagegen anzukämpfen. Schon bald befand ich mich wieder in meinem Gedankenkarussell. Aber sogar als Erinnerung wird dieses Erlebnis der »Lücke« mich bis an mein Lebensende begleiten.

Das unlösbare kafkaeske Dilemma in meinem Leben hatte mich in dieselbe Situation gebracht, in die der Zen-Schüler durch das Koan gerät. Das Koan ist ein Rätsel, das der Zen-Meister einem Schüler aufgibt; das Rätsel ist unlösbar, muß aber gelöst werden. Man könnte das Koan auch als künstlich geschaffenes Dilemma bezeichnen. Das bekannteste Koan lautet: »Beschreibe das Geräusch einer Hand, die klatscht.« Man wird bald merken, daß jede Antwort falsch ist, aber der Meister wird seinen Schüler trotzdem Monate, ja sogar Jahre an der Antwort arbeiten lassen. Doch wenn du dich intensiv genug konzentrierst und ein bißchen Glück hast, dann wird in deinem Denken eines Tages ein Kurzschluß eintreten – das Denken wird einfach aufhören. Das ist der Augenblick, in dem du dich selbst ohne »Denken« erfährst: eine »Erfahrung« des Nicht-Denkens, der Leere.

Ganz gleich, wie du diese Erfahrung hinterher beschreibst – deine Beschreibung wird die eigentliche Erfahrung nicht recht treffen. Sie wird immer paradox sein, es wird aber irgendwie die Empfindung der Leere darin mitschwingen, wenigstens für diejenigen, die ein Ohr dafür haben. Ein gutes Beispiel hierfür ist das Gedicht, das eine japanische Nonne namens Chiyono vor einigen Jahrhunderten aufgezeichnet hat. Sie hatte jahrelang meditiert, ohne Erleuchtung zu finden. Eines Abends trug sie einen alten Eimer voll Wasser. Dabei betrachtete sie den Vollmond, der sich im Wasser des Eimers spiegelte. Plötzlich brach der Eimer auseinander. Das Wasser strömte heraus, das Spiegelbild des Vollmonds verschwand. Dieser kleine Schock löste die Erleuchtung in ihr aus. »Auf diese und auf jene Art wollte ich den Eimer zusammenhalten, hoffend, der schwache Bambus werde nie reißen. Plötzlich fiel der Boden heraus. Kein Wasser mehr – kein Mond mehr im Wasser. Leere in meiner Hand« (zitiert nach *Rajneesh*, Kein Wasser, kein Mond, 1981, S. 4).

Osho benutzte bei seinen vielen Reden noch eine andere Art »Lücke«, ein unerwartetes Loch im Gewebe, das uns in die Meditation stürzen lassen kann. Er hatte eine eigentümliche Art zu reden, und einmal (am 28. August 1987 – es gibt eine Videokassette mit dem Titel »The Invitation« davon) erklärte er diese Vortragsweise: Er sagte, seine Vorträge hätten zwei Seiten. Der erste Aspekt sei der Inhalt, und dieser sei nicht besonders wichtig; er könne ebensogut Witze erzählen, denn er sei kein politischer Redner, und es gäbe nichts, wovon er andere Leute überzeugen wolle. Der andere Aspekt aber seien die »Lücken« oder Pausen, die er bei seinen Vorträgen an den überraschendsten Stellen macht und die den Zuhörer zwingen, im Denken innezuhalten. Einige von Oshos alten Freunden ließen sich bewußt in diese »Lücken« fallen und konnten nachher nicht mehr sagen, wovon er überhaupt gesprochen hatte. Ich persönlich halte diesen Weg des Nicht-Hörens für eine leicht zugängliche und äußerst effektive Meditationstechnik. Am besten eignen sich hierfür seine Videos; bei den gedruckten Protokollen seiner Vorträge geht diese Wirkung völlig verloren.

Der größte Wert von Grofs Kartographie des menschlichen Bewußtseins scheint mir darin zu liegen, daß sie den Menschen, die ähnliche Erfahrungen gemacht haben, Bestätigung und geistige Stütze gibt und daß sie diese Erfahrungen rationalisiert. Erstaunlich ist jedoch, daß Grof trotz seiner originellen, bahnbrechenden Forschungen oft zu Schlüssen kommt, die seinen eigenen Glauben an seine Forschungsergebnisse in Frage stellen. Mehrfach unterscheidet er zwischen zwei Formen des menschlichen Bewußtseins, »dem hylotropischen Modus – also das normale Wachbewußtsein, das man von Augenblick zu Augenblick erfährt – und dem holotropischen Modus,

Westliche Bewußtseinsmodelle

außergewöhnlichen, nicht alltäglichen Bewußtseinszuständen, die einem einen Zugang zu allen anderen Aspekten der Existenz vermitteln« (*Grof*, 1988, S. 41). An anderer Stelle gibt er zu, daß im holotropischen Bewußtseinsmodus »die Erfahrung einer fundamentalen Einheit mit dem Rest der Schöpfung die Toleranz und die Geduld anderen Menschen gegenüber erhöht, die Aggressionen verringert und die Fähigkeit zur Synergie und zur Kooperation vergrößert« (*Grof*, 1988, S. 272).

Ich finde aber: Wenn die »Erfahrung der fundamentalen Einheit« nicht dazu führt, daß man das ganze dualistische Modell des menschlichen Bewußtseins zum Fenster hinauswirft, dann war sie eben keine Erfahrung der fundamentalen Einheit. Diese Erfahrung der fundamentalen Einheit *ist* die Transzendenz. Worauf warten wir dann noch? Wir sollten deshalb versuchen, das Bewußtsein immer transparenter zu machen, ohne uns weiterhin an dualistische Beschreibungsmodelle zu klammern.

Schließlich möchte ich noch davor warnen, daß die Sehnsucht nach transparenten Bewußtseinserfahrungen – die oft als »spirituelle

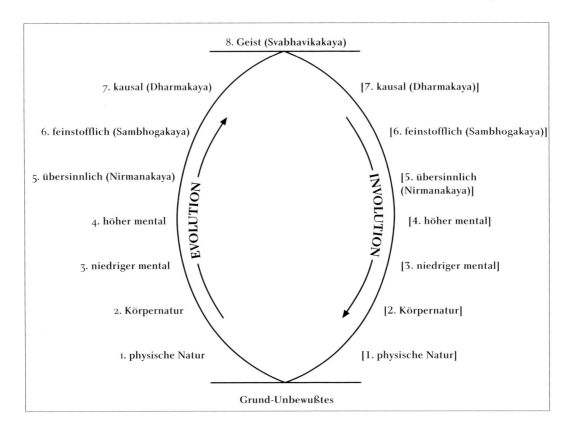

Involution und Evolution, reproduziert aus: Wilber, Up from Eden

The Silent Orgasm

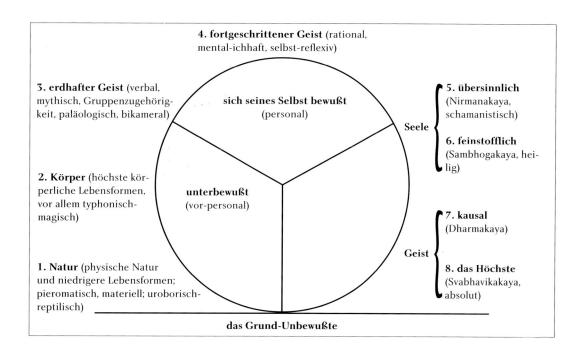

Die Große Kette des Seins, reproduziert aus: *Wilber, Up from Eden*

Erfahrungen« bezeichnet werden – zur Obsession wird. Für mich ist der Begriff »spirituelle Erfahrungen« ein Widerspruch in sich. Wenn man eine Geburt oder einen Tod nacherlebt, ist daran nichts Spirituelles. Umgekehrt ist die »Erfahrung« der Leere zwar spirituell, aber eben keine Erfahrung.

Unter den verschiedenen naturwissenschaftlichen Modellen des menschlichen Bewußtseins greife ich hier eines auf, das Ken Wilber in seinem Buch *Halbzeit der Evolution* vorgestellt hat, weil er darin den derzeitigen Forschungsstand in der Anthropologie, Psychologie, Philosophie und in interdisziplinären Studien hervorragend zusammenfaßt. Wilbers Modell ist, im Gegensatz zu dem vorliegenden Buch mit seiner Orientierung an persönlichen Erfahrungen, zu hundert Prozent akademisch. Das heißt, es fußt nicht auf persönlichen Einsichten oder auf der persönlichen Entdeckung von bislang unbekannten Schichten des menschlichen Bewußtseins, sondern auf Aussichten, das heißt, auf der Interpretation von Daten, die ihm andere zur Verfügung gestellt haben.

Ganz gleich, wie tief die Bewußtseinsstrukturen sind, die er da freilegt, seine Theorie der Entwicklung des menschlichen Bewußtseins wird immer einer köstlichen Mahlzeit gleichen, die nur gemalt ist. Man kann sie anschauen und die Brillanz der malerischen Technik bewun-

Evolutionäres Modell
Gebser, Wilber und die Epochen der Bewußtseinsentwicklung

Westliche Bewußtseinsmodelle

dern, aber solch eine Kontemplation kann deinen Hunger nach einer eigenen Erfahrung innerer Wandlung nicht stillen. Und das ist der Maßstab, nach dem Bewußtseinsmodelle hier bewertet werden.

Wilbers zentrale Hypothese erinnert an die alte indische mytho-philosophische Vision des Universums als eines dualen Prozesses von gleichzeitiger Expansion und Reabsorption oder gleichzeitiger Evolution und Involution. Dem hat er ein wichtiges Element hinzugefügt, nämlich Jean Gebsers These, die er in seinem zwischen 1949 und 1953 erstmals erschienenen Werke *Ursprung und Gegenwart* formulierte, daß nämlich das menschliche Bewußtsein sich historisch in fünf aufeinanderfolgenden Strukturen (von Gebser archaisch, magisch, mythisch, mental und integral genannt) entwickelt. Diese Kombination aus westlichem und östlichem Gedankengut legt den Schluß nahe, daß das westliche Denken mit wissenschaftlichen Methoden Anschluß an das zu gewinnen versucht, was offenbar schon vor mehreren Jahrtausenden von indischen Weisen intuitiv erfaßt wurde.

Wilber faßt seine Hypothese gegen Ende seines Buches noch einmal in einigen Diagrammen zusammen, von denen zwei hier abgebildet sind (siehe Abbildungen auf S. 74 und 75). Die erste Abbildung zeigt die Bewegungen vom Geist zur Physis und wieder zurück, das heißt, die Prozesse von wachsendem und abnehmendem Dualismus, als Involution und Evolution. »Involution ist also das *Einfalten* der höheren Strukturen in jeweils niedere, während Evolution das sukzessive *Entfalten* dieses eingefalteten Potentials in die Aktualität ist ... Sobald die Involution abgeschlossen ist, kann also die Evolution beginnen ... Dabei ist es nicht so, daß das Höhere tatsächlich aus dem Niederen kommt wie eine Wirkung aus ihrer Ursache. Das Niedere kann niemals das Höhere erzeugen. Vielmehr kommt das Höhere aus dem *Ursprung,* wo es bereits als Potential existiert ... Das Höhere kommt nur in die Existenz, indem es durch das (Niedrigere) hindurchgeht« (*Wilber* 1984, S. 344).

Dieses Schema kann man auch auf die Evolution der Menschheit als Gattung übertragen oder auf ein einzelnes Menschenleben von der Zeugung bis zum Tode, wie sich aus dem zweiten Diagramm ersehen läßt, das die »Große Kette des Seins« darstellt. Wilber bemerkt dazu: »Die Evolution ist holistisch, weil ›evolvieren‹ einfach bedeutet, das zusammenzufügen, was vorher auseinandergebracht wurde, das zu vereinen, was getrennt war, das wieder einzusammeln, was verstreut war. Evolution ist das Wiederzusammensetzen dessen, was während der Involution getrennt und entfremdet wurde, und zwar sukzessiv zu immer höheren Einheiten. Das geht so weiter, bis es *nur Einssein* gibt und *alles* als *Geist* vom *Geist* erinnert und zusammengefügt ist« (*Wilber* 1984, S. 348). (Der Begriff Geist mit all seinen judäochristlichen Konnotationen ist hier unglücklich. Was bedeutet er? Vergeßt Laotse nicht: »Das Tao, das man mit Namen nennen kann, ist nicht das ewige Tao.«)

Auf Wilbers erster Ebene der Bewußtseinsevolution steht der Mensch noch im Einklang mit der Natur, ist in sie eingebettet, geht in ihr auf; noch *ist* er die Natur. Gebser nennt diese erste Ebene »archaisch«, Wilber nennt sie »uroborisch«.

Auf der nächsten Ebene, die Gebser »magisch« nennt und Wilber »typhonisch«, tritt zum erstenmal ein »Ich« zutage, das sich als etwas von der Natur Unterschiedenes betrachtet. Diese Ebene orientiert sich vornehmlich am Körper und an Emotionen.

Auf der dritten Ebene, die Gebser »mythisch« nennt und Wilber als »Ebene der Gruppenzugehörigkeit« bezeichnet, wird das Gefühl des »Ichseins« dadurch verstärkt, daß sich erste verbale Bewußtseinsstrukturen bilden und daß Gruppen entstehen, denen das Individuum sich zugehörig fühlt.

Auf der vierten Ebene, die Gebser »mental« und Wilber »ichhaft« nennt, entwickelt sich der Mensch als ein komplettes mentales »Ich«, das sich nicht nur im Gegensatz zu seinem Körper sieht, sondern diesen sogar unterdrückt. Wilber bringt die magische Bewußtseinsstruktur mit der »Emotion« in Verbindung und die mythische Bewußtseinsstruktur mit der »Imagination«; Hauptcharakteristikum der mentalen Struktur ist für ihn die »Abstraktion« (*Gebser,* Bd. 2, S. 696).

Auf der fünften und letzten Ebene, die Gebser »integral« nennt, ist das Bewußtsein durch eine »Restauration des ungebrochenen Ursprungszustandes mit der bereichernden Integration aller voraufgegangenen Leistungen« geprägt (*Gebser,* Bd. 2, S. 167). Das heißt für Gebser, daß die voraufgegangenen Bewußtseinsebenen für den Menschen transparent geworden sind. Er glaubt, daß diese »integrierende Diaphanisierung« das zentrale Charakteristikum des zukünftigen Bewußtseins sein wird.

Dieses Modell der Ausfaltung des Bewußtseins in einzelnen Epochen erhellt recht schön, wie die menschliche Vorstellung vom Göttlichen sich im Laufe der Jahrtausende wandelte. Das magisch strukturierte Bewußtsein schuf *Idole* und *Rituale.* Das mythisch strukturierte Bewußtsein glaubte an *Gottheiten (Polytheismus)* und *Mysterien;* das mental strukturierte Bewußtsein schließlich war von der Vorstellung

Westliche Bewußtseinsmodelle

Stupa in Bodnath in der Nähe von Kathmandu, zwischen dem 5. und 8. Jahrhundert n. Chr. erbaut. Der Stupa ist nicht nur Grabhügel für eine Buddha-Reliquie, sondern auch ein riesiges, dreidimensionales Mandala, das das Gefüge des Mikrokosmos und des menschlichen Makrokosmos im Prozeß der Emanation und Reabsorption darstellt.

The Silent Orgasm

eines Gottes (*Monotheismus*) und von *Zeremonien* geprägt. Die integrale Bewußtseinsstruktur, auf die der Mensch in unserer Zeit zusteuert, orientiert sich auf das Bewußtsein und seine *Diaphanisierung (Transparentmachung)* hin. Parallel zu dieser Evolution verläuft eine Entwicklung des Gottesverständnisses, die mit der Großen Mutter beginnt, über die Große Göttin bis zu Gottvater fortschreitet und sich zur gesichtslosen Gottheit oder der Leere, der Transparenz hin orientiert. Auf intellektueller Ebene zeigt uns dieses große Schema also, welche Religionen in ihren Botschaften und Techniken regressiv sind und welche uns auf dem Weg zu größerer Transparenz weiterhelfen.

Der Stupa als Symbol der Erleuchtung, dargestellt in einem Thangka

In der magischen Epoche nahm der Mensch die Natur zum erstenmal als etwas wahr, in das er nicht einfach unterschiedslos eingefügt war, sondern das getrennt von seinem eigentlichen Ich existierte. Die Vorstellung einer eigenständigen menschlichen Seele hat ihre Wurzeln in der mythischen Epoche. Auf dem Höhepunkt der mentalen Epoche wurde Gott für tot und der Mensch für frei erklärt; das heißt, daß der rationale Verstand, der Geist des Menschen, seine Seele ersetzte. Wenn wir heute von transpersonalem oder transparentem Bewußtsein sprechen, sollten wir uns aber hüten, die vorausgegangenen Stufen der Bewußtwerdung abzulehnen oder zu verurteilen; wir verurteilen ja auch unsere Kindheit nicht, wir sind nur über sie hinausgewachsen.

Wilber glaubt, daß die Menschheit als Ganzes sich in unserem Jahrhundert allmählich von der primären Identifikation mit Denkprozessen befreit und anfängt, in transpersonale oder super-bewußte Bereiche vorzudringen.

Außer der These von der Entfaltung des Bewußtseins in fünf Ebenen oder Stadien gibt es noch eine weitere Grundthese Gebsers, die Wilbers Schema von der Evolution zutiefst geprägt hat. Diese These ist im ersten und letzten Satz von Gebsers Buch *Ursprung und Gegenwart* zusammengefaßt: »Der Ursprung ist immer gegenwärtig... Doch nur wer um den Ursprung weiß, hat Gegenwart und lebt und stirbt im Ganzen.« Eine Formulierung, die an Laotse erinnert.

Wilber glaubt, daß wir Menschen uns intuitiv nach jener Ganzheit sehnen, die er »Atman-Bewußtsein« nennt; doch alles, was wir in den verschiedenen Stadien unserer Entwicklung als eigenständiges Ich getan haben, war von der Suche nach einem Ersatz für diese Ganzheit geprägt. Wilber nennt diese ewig weitergehende Suche das »Atman-Projekt«. »Das einzige, was der Mensch will, ist Ganzheit, aber zugleich fürchtet er sich vor ihr und wehrt sich gegen sie (weil Ganzheit den

Westliche Bewußtseinsmodelle

‚Tod' seines eigenständigen, von allem anderen getrennten Ichs bedeuten würde). Und darin liegt das Dilemma ...« *(Wilber, 1986, S. 13)*.

Dies ist gewiß eine ungewöhnliche Sichtweise der Entwicklung der menschlichen Kultur. Jede Bewußtseinsstufe wird hier als eine Transfomation und Integration der vorangegangener Stufen gesehen, wobei mit jedem Fortschreiten die Möglichkeit der Ganzheit, einer immer größeren Transparenz des Bewußtseins wächst. Aber zugleich wird die Kultur rückblickend lediglich als Spur der menschlichen Flucht vor der Realität gesehen. »Im Grunde ist die Kultur die Art und Weise, wie sich das separate Ich zum Tod verhält – jenes Ich, das dazu verdammt ist zu sterben, dies auch weiß und sein Leben lang bewußt oder unbewußt versucht, es zu leugnen. Zu diesem Zweck konstruiert es sich ein subjektives Leben, manipuliert es und schafft ‚dauerhafte' und ‚zeitlose' kulturelle Objekte als äußere und sichtbare Zeichen einer erhofften Unsterblichkeit« *(Wilber, 1984, S. 31–32)*.

Selbst auf der Ebene des rein Intellektuellen kann man nicht sagen, daß dieses evolutionäre Modell als eine Art Straßenkarte taugt, von der wir ablesen können, wo das menschliche Bewußtsein heute

Tantrisches Schema der kosmischen Evolution und Involution durch Verinnerlichung der Symbolik eines Mandalas. Reproduziert aus: *Khanna, Yantra*

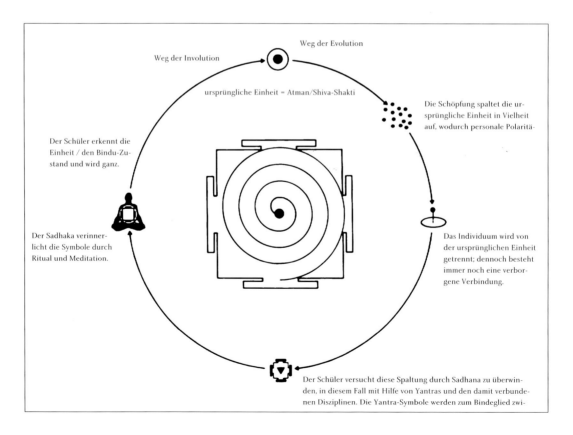

steht oder wohin es sich in Zukunft entwickeln wird. Schließlich hat Buddha schon vor 2500 Jahren ein transpersonales Bewußtsein besessen; und dabei war er nicht einmal der Meinung, er sei der erste oder der letzte erleuchtete Mensch. Nur die abendländischen Religionen kennen solche kindischen Ansprüche, der »erste oder der einzige« zu sein; nur hier spricht man von »Gottes eingeborenem Sohn« oder dem »einzigen Propheten«. Diese Art von Dogma hat die spirituelle Entwicklung des Menschen ungeheuer verzögert, und zwar bis zum heutigen Tag. Der Osten ist in seiner Vorstellung von Erleuchtung viel großzügiger; er kann die Existenz von Hunderten, ja Tausenden von Buddhas akzeptieren.

Der positivistische Glaube an den Fortschritt des menschlichen Bewußtseins, der in den Denkmodellen von Gebser und Wilber impliziert ist, ist meiner Ansicht nach ein Webfehler in der ganzen Konstruktion. Gibt es heute mehr erleuchtete Wesen als vor 2500 oder 5000 Jahren? Haben sich im Laufe der Jahrtausende die Chancen, zur Erleuchtung zu gelangen, für die Menschen erhöht?

Die alte hinduistische Vorstellung von der kosmischen Einfaltung und Ausfaltung hat Ähnlichkeit mit Wilbers Modell; aber es gibt einen entscheidenden Unterschied zwischen den beiden: Die hinduistische Vorstellung ist nichts Intellektuelles, sondern verfolgt einen didaktischen Zweck. Zu dem alten hinduistischen Modell gehörten Karten, Mandalas und Yantras, welche die Botschaft von der Ureinheit und ihrer stufenweisen Desintegration im Laufe der kosmischen Evolution beleuchten. Dieses Modell hatte Methoden der Visualisierung und der Identifikation entwickelt, mit deren Hilfe der Suchende wieder in den *bindu,* in die ursprüngliche Einheit, den »Ursprung« zurückgelangen konnte. Khannas Diagramm dieses gleichzeitig ablaufenden dualen kosmischen Prozesses, das wir hier auf S. 80 abbilden, ist in der Tat dem Diagramm von Wilber (siehe Abbildung S. 74) sehr ähnlich; nur die Begriffe »Involution« und »Evolution« sind vertauscht.

Im Gefolge von Giuseppe Tuccis bahnbrechendem Buch über das Mandala, das er 1961 veröffentlichte, hat man Mandalas und Yantras im Westen vornehmlich als geometrische Diagramme verstanden, die das Universum im Prozeß der Emanation und Reabsorption zeigen. Die Bewegung vom zentralen Punkt, dem »Bindu«, nach außen ist eine visuelle Darstellung des evolutionären Modus des Kosmos, und die Bewegung in die umgekehrte Richtung stellt die Involution dar, den Modus der Auflösung des Selbst in die ursprüngliche Ganzheit hinein (vergleiche hierzu das Yantra auf S. 80).

Westliche Bewußtseinsmodelle

Khanna führt dazu aus: »Einfaltung (Involution) ist ein Zwang zum Spirituellen. Sie verlangt, daß man gegen den Strom des Lebens schwimmt. Vom Standpunkt des Subjekts aus gesprochen, heißt das, daß man ein unstillbares Verlangen nach einem höheren Bewußtsein hat, daß man das niedrigere unterdrückt und die Leiter von der Vielfalt zur Einheit hinaufsteigt; diese spirituelle Reise nimmt die Form einer Rückkehr zur kosmischen Fötalisation an, einer Rückkehr in den Zustand des absoluten *a priori* vor aller Erfahrung ... Ein Yantra zeichnet also den Weg der ewigen Wiederkehr auf und den Weg zu innerer Ganzheit. Wenn der spirituell Suchende alle Symbole des Kosmos verinnerlicht hat und sein Körper ›zum Yantra wird‹, dann ist er der Wahrheit dieser Symbole nicht mehr entfremdet, sondern verwandelt sich in die Wahrheit, die er sucht« (*Khanna*, S. 80).

Offenbar ist die Quintessenz von Wilbers Theorie des Atman-Projekts in der Symbolik des Yantra enthalten. »Genau wie die Ureinheit sich zuerst in zwei Teile aufteilt, so teilt sich auch unser Bewußtsein im Verlauf der Entwicklung vom prä-kreativen zum nachgeburtlichen Stadium in zwei Teile: Der erste Teil (Atman) ist ein stummer, unbeteiligter Zuschauer, der andere bildet das ›Ich‹, in der Welt der Erscheinungen, das sich dem schöpferischen Spiel der Lebenskräfte hingibt ... Der Atman kennt keine Grenzen und Einengungen. Er bleibt in alle Ewigkeit ganz und rein. Er ist total. Der Mensch aber steht im Bann des schöpferischen Spiels der Höchsten Energie; er mißversteht sein ›Ich‹ als Realität und identifiziert es mit Atman. Das ›Ich‹ der Welt der Erscheinungen aber zerstört unsere innere Ganzheit und läßt uns das Leben als eine Anhäufung unzusammenhängender Bilder verstehen« (*ibid.*, S. 79–80).

Vieles in Wilbers Büchern entspricht den alten hinduistischen und buddhistischen Glaubenssätzen, neu verpackt in den Begriffen von Gebsers evolutionärer Bewußtseinstheorie und in modischer »transpersonaler« Sprache. Dennoch ist die Brillanz und Klarheit dieses hermeneutischen Modells der Evolution des menschlichen Bewußtseins bewundernswert.

Holographisches Modell

Charon, die neognostischen Physiker und das Bewußtsein der Materie

Eines der einflußreichsten Realitätsmodelle, die im Zuge der noch nicht überwundenen Geburtswehen des Paradigmenwechsels in den westlichen Naturwissenschaften vorgetragen wurden, ist das holographische Modell. Im Jahre 1947 entwickelte Dennis Gabor – wobei er sich auf Leibniz stützte – einen Calculus, mit dessen Hilfe er die Holographie mathematisch beschreiben konnte; Holographie ist eine Art dreidimensionaler Fotografie. Das este Hologramm wurde im Jahre 1965 produziert; dazu mußte eine fotografische Platte mit einem darauf aufgenommenen Lichtmuster durch einen Laserstrahl geführt werden. 1969 schlug der Neurochirurg Karl Pribram vor, das Hologramm als neues Modell für im Gehirn ablaufende Prozesse einzuführen; 1971 verfocht der Physiker David Bohm die These, daß das ganze Universum nach den Prinzipien der Holographie strukturiert ist oder, um den von ihm geprägten Begriff zu benutzen, nach den Prinzipien des »Holomovement«. Die Frage nach dem Für und Wider dieser neuen Weltsicht ist noch lange nicht endgültig beantwortet. Den besten Überblick über die Diskussion um diese Fragen bietet der von Ken Wilber herausgegebene Band *Das Holographische Weltbild: Wissenschaft und Forschung auf dem Weg zu einem ganzheitlichen Weltverständnis – Erkenntnisse der Avant-Garde der Naturwissenschaften.*

Hologramme sind inzwischen ja den meisten Menschen bekannt; es handelt sich um zweidimensionale Objekte, auf denen Bilder in drei Dimensionen erscheinen, wenn man sie schräg neigt. Bemerkenswerter ist aber, daß jeder kleinste Teil des Bildes das ganze Bild in kondensierter Form enthält. Wenn man ein Hologramm in Stücke bricht, kann jedes einzelne Bruchstück das ganze Bild ersetzen; allerdings wird das Bild dabei etwas unschärfer als in der ursprünglichen Version. »Jeder Teil ist im Ganzen, und das Ganze ist in jedem Teil ... Der Schlüssel liegt einfach darin, daß der *Teil* Zugang zum *Ganzen* hat« (*Wilber*, Hrsg., S. 2). Pribram entdeckte durch klinische Experimente mit Menschen und Tieren, daß Erinnerungen niemals völlig verschwinden, wenn man Hirngewebe selektiv zerstört oder wegschneidet. Aus der Tatsache, daß es so schwierig ist, Erinnerungsinformationen zu zerstören, schloß er, daß Sinneseindrücke über das ganze Gehirn verteilt werden, wie bei einem Hologramm. Er stellte auch die Hypothese auf, daß jeder Teil des Gehirns wie ein Hologramm die Information des ganzen Gehirns enthält.

Zu ungefähr der gleichen Zeit kam Bohm durch seine Arbeit auf dem Gebiet der Teilchenphysik auf den Gedanken, daß das ganze Universum mit einem Hologramm vergleichbar ist: daß jeder Teil das Ganze enthält und umgekehrt. Bald darauf bekamen die Naturwissenschaftler und Intellektuellen der Welt eine plausible neue Interpretation der Welt präsentiert, die sich auf neue Entdeckungen der Hirnforschung und der theoretischen Physik stützte: Darin wurde das menschliche Gehirn als ein Mikro-Hologramm betrachtet, das in das Makro-Hologramm des Universums eingebettet ist. Dies war eine ho-

Westliche Bewußtseinsmodelle

listische Vision von solcher Tragweite, daß sie mit der uralten, von den Mystikern aufgestellten Behauptung von der ursprünglichen und ewigen Einheit des Universums vergleichbar ist.

Bohm ging sogar noch einen Schritt weiter. Ihm war Hologramm-Analogie zu statisch, weil ein Hologramm nur eine Fotografie enthält, einen Schnappschuß der Realität. Diese aber ist in ständigem Fluß. Deshalb erfand er den Begriff des *Holomovement,* eine dynamische Version des Hologramms, als grobes Modell für das Universum. In *Wholeness and the Implicate Order* definiert Bohm Holomovement als eine »unzerteilte Ganzheit in fließender Bewegung … Es gibt einen allumfassenden Fluß, den man nicht explizit definieren kann, aber den man implizit kennen kann, und zwar durch die explizit definier-baren – teils stabilen, teils flüchtigen – Formen und Gestalten, die sich aus dem allumfassenden Fluß abstrahieren lassen. In diesem Fluß sind Geist und Materie keine voneinander getrennten Substan-zen. Sie sind eher verschiedene Aspekte einer ganzheitlichen und un-gebrochenen Bewegung« (*Bohm,* S. 11).

Bohm glaubt, daß es eine *ausgefaltete (explicate)* Ordnung des Uni-versums gibt, in der wir voneinander getrennte Gegenstände und Er-eignisse erleben, und eine *eingefaltete (implicate)* Ordnung, welche die ungeteilte Einheit des Ganzen ist; und der implicate Bereich der Ganzheit ist in jeden explicaten Teil *eingefaltet.* Für ihn »ist die Grundbewegung des Holomovements eine Bewegung des Einfaltens und Ausfaltens« (*Wilber,* Hrsg., S. 51). Er meint deshalb, »daß diese im-plicate Ordnung eine Realität impliziert, die weit über das hinaus-geht, was wir Materie nennen. Materie ist nur eine kleine Welle in diesem Teich (*ibid.,* S. 56).

Bohm schenkt der Identität des Bewußtseins innerhalb dieses gro-ßen neuen Realitätsschemas besondere Beachtung. »Bewußtsein ist im Grunde die eingefaltete (implicate) Ordnung, ebenso wie die gesamte Materie, und deshalb kann man nicht sagen, daß Bewußtsein ein Ding sei und die Materie ein anderes, sondern eher, daß Bewußtsein ein ma-terieller Prozeß ist und – ebenso wie die Materie – in die implicate Ordnung hineingehört; und daß Bewußtsein sich genau wie alle Mate-rie in einer ausgefalteten (explicaten) Ordnung manifestiert … Bewußt-sein ist möglicherweise eine feinstofflichere Form von Materie und Be-wegung, ein subtilerer Aspekt des Holomovement« (*Wilber,* Hrsg., S. 62).

Obgleich Bohm es für »närrisch« hält, seine Thesen durch die my-stische Tradition zu stützen, so ist doch klar, daß er die mystische Weltsicht teilt, derzufolge die Absonderung, die Getrenntheit einer

Person oder eines Gegenstandes vom Weltganzen letzten Endes immer nur eine Abstraktion des menschlichen Denkens ist (um es in seiner Terminologie auszudrücken: eine Erscheinung auf der ausgefalteten – explicaten – Ebene der Manifestation). Für ihn sind Gedanken nichts anderes als »Wellen« auf dem Ganzen der Bewußtseinsenergie. Wir halten diese Wellen für Realität, weil wir sie objektiv wahrnehmen können.

Die Frage ist, wie man zur reinen Bewußtheit jenseits des Denkens gelangt. Darauf gibt Bohm für einen Naturwissenschaftler eine erstaunlich klare Antwort. Er drückt sich aus wie ein fernöstlicher Mystiker, vielleicht rein intuitiv oder aber in Anlehnung an J. Krishnamurti, dessen Denken ihn, wie er selbst sagt, beeinflußt hat. »Wir könnten erst wahrnehmen, was jenseits des Denkens ist, wenn *kein* Denken mehr da wäre. Solange Denken da ist, können wir nicht erfassen, was jenseits davon liegt« (*ibid.,* S. 66).

Diese gleichzeitige Revolution in der Physik und in der Bewußtseinsforschung, für die das Bewußtsein und die materielle Welt ihrem Wesen nach gleich sind, läßt sich seiner Meinung nach auf dem direktesten Weg verwirklichen, indem man die Gedanken völlig transzendiert und ganz Leere *wird*. Ich möchte anfügen, daß dies nur durch Meditation möglich ist. Nur die Meditation kann Bewußtsein mit Inhalt – also Denken – in reine Bewußtheit verwandeln, in Leere. Ich fühle mich nicht dazu qualifiziert, die Holomovement-Analogie in Bohms Modell zu kritisieren, aber ich zweifle an seiner Gründlichkeit und Konsequenz; das Modell erscheint mir nicht komplett. Warum schlägt er lediglich vor, man solle meditieren? Warum tut er es nicht selbst, wenn es doch nötig wäre, um sein Modell auf der Basis eigener Anschauung zu verifizieren? Oder weiß er einen anderen Weg? Warum folgt er nicht seiner eigenen Hypothese und umfaßt das ganze Spektrum menschlicher Möglichkeiten, vom Wissenschaftler zum Künstler und schließlich zum Mystiker? Ist das auch wieder die Angst vor dem Verschwinden des Selbst, vor dem Tode des »Ichs«, mit anderen Worten, eine weitere moderne Version von Wilbers Atman-Projekt?

Die Schriften von Bohm und Karl Pribram über die holistische Natur des Universums und die Identität von Bewußtsein und Materie scheinen mir nicht mehr als Modelle zu sein. Ein weiterer Physiker, der Franzose Jean Charon, formulierte in seinem Buch *Der Geist der Materie* mit diesen Begriffen eine ganze Theorie.

Charon rechnet sich selbst zur Gruppe der neognostischen Physiker, einer Bewegung, der es um eine Neuorientierung des naturwis-

Westliche Bewußtseinsmodelle

senschaftlichen Denkens geht. Ihre Ahnen, die Gnostiker des ersten Jahrhunderts nach Christus, behaupteten, daß der Schlüssel zum Verständnis der Realität in naturwissenschaftlicher Erkenntnis liege und nicht im Glauben. Sie spekulierten, daß es kleinste Partikel gäbe, die sie »Äonen« nannten und die, weil sie die Träger des Bewußtseins seien, die Materie und die Evolution determinierten.

Charon meint nun, das Äon gefunden zu haben; es sei das Elektron. »Das Elektron bildet ein selbständiges kleines Universum, dessen Raum vom ihn umgebenden Raum völlig isoliert ist. Nichts kann diesen Raum verlassen oder betreten; es ist ein sogenannter *geschlossener Raum*« (Charon, S. 83). Nun spekuliert Charon, daß »unser Geist, unser Ich als *Ganzes in jedem einzelnen Elektron unseres Körpers enthalten ist*« (ibid., S. 139).

Anfangs unterteilt Charon den Raum-Zeit-Komplex des Universums in zwei Teile, die nebeneinander existieren, nämlich in die Raum-Zeit der Materie und in die Raum-Zeit des Bewußtseins. Er glaubt, daß letztere sich nur deshalb naturwissenschaftlicher Erkenntnis entzieht, weil sie in winzig kleinen Partikeln der Materie verborgen ist. Später beschreibt er die physikalischen Eigenschaften von schwarzen Löchern und stellt fest: »Denn wie wir noch sehen werden, weist eines der Elementarteilchen – nämlich das Elektron – eine Struktur auf, die es wie ein Mikro-Schwarzes Loch erscheinen läßt; das heißt, es verfügt über eine Geometrie, die eine ganz ähnliche Raum-Zeit enthält wie die des Schwarzen Loches: eine Raum-Zeit des Bewußtseins« (ibid., S. 73). Nachdem er die Eigenschaften des Elektrons noch einmal mit den Methoden der Mathematik ausgeleuchtet hat, schließt er, »daß das Mikro-Universum eines Elektrons einen Raum einschließt, dessen Informationsinhalt *sich nicht vermindern kann*« (ibid., S. 100). Das bedeutet, daß jene Materie, die am Aufbau einer lebenden und denkenden Struktur beteiligt war und während der relativ kurzen Lebenszeit dieser Struktur deren Bewußtseinsqualitäten besaß, nach dem Absterben dieser Struktur nicht einfach zu ihrer ursprünglichen, diffusen Minimal-Psyche zurückkehren kann. Die einmal erworbene Information, das einmal erworbene ‚Bewußtsein‘, kann *nie wieder* verlorengehen.« (ibid., S. 100) Und wenig später fügt er hinzu: »Erst wer diesen Standpunkt eingesehen und akzeptiert hat, beginnt auch zu verstehen, wie das geistige Niveau des *gesamten* Kosmos sich progressiv erhöht: Das geschieht, indem die Elementarmaterie viele aufeinanderfolgende *Lebenserfahrungen* durchläuft. Die Elementarteilchen können für mehr oder weniger kurze

The Silent Orgasm

Zeitspannen einmal dem Mineralischen, dann wieder dem Lebendigen oder dem Denkenden angehören, und den im Zuge dieser sukzessiven Lebenserfahrungen angesammelten Informationsschatz können sie *nie wieder* verlieren« (*ibid.*, S. 101).

Als geschlossener Mikrokosmos inmitten der Raum-Zeit der Materie kann das Elektron laut Charon seine Qualitäten und Fähigkeiten in vier möglichen Wechselbeziehungen mit der Welt oder dem Bewußtsein eines anderen Elektrons manifestieren. Er nennt diese Beziehungen »Reflexion«, wenn sie sich im Elektron selbst abspielen, »Erkenntnis« und »Tat«, wenn es sich um Beziehungen zur Raum-Zeit normaler Materie handelt, und »Liebe«, wenn das Elektron mit anderen Elektronen kommuniziert. Dazu bemerkt er: »Im Unterschied zur Reflexion und zur Tat bringen *Erkenntnis* und *Liebe,* die beiden anderen Fähigkeiten des Elektrons, eine *Zunahme* der Negentropie des Elektronenraumes mit sich, das heißt, eine Vermehrung der dort enthaltenen Information« (*ibid.,* S. 181).

In bezug auf die Liebe führt er weiter aus: »Man kann also sagen, daß Liebe der einfachste und wirksamste Prozeß zur Vermehrung der Negentropie im Universum ist ...« (*ibid.,* S. 183, 185). (Ich habe bei meiner eigenen Arbeit mit Primal-Therapie, die ich im nächsten Kapitel beschreiben werde, gelernt, daß Liebe eine Vorbedingung für den Therapeuten ist, der die Gedanken seiner Patienten lesen und ihnen auf ihrer Reise ins Innere Hilfestellung leisten will.)

Charons Theorie stellt das traditionelle anthropozentrische Verständnis von Bewußtsein in Frage. In einer Art Appell an seine Leser sagt er: »Wenn du verkündest ›Ich denke‹, so solltest du eigentlich richtiger sagen: ›Es denkt‹, so wie du sagst: ›Es regnet‹. Denn was in dir denkt, das sind jene Milliarden von Elektronen, die *als einzige* eine Raum-Zeit einschließen, in der sich geistige Phänomene abspielen können« (*ibid.,* S. 193).

In bezug auf die Evolution bemerkt er: »Das Ziel der ganzen Stufenleiter des Kosmos besteht darin, die Negentropie des gesamten Universums soweit wie möglich zu erhöhen – das heißt, seine Ordnung, seine Wirkung (im physikalischen Sinn), sein Bewußtsein« (*ibid.,* S. 193).

Wenn das stimmt – wenn jedes Elektron in meinem Körper die gesamte Information, die ich während meines jetzigen Lebens gesammelt habe, und die Information aller früheren Existenzen, zu denen es im Lauf der Evolution gehört hat, in sich birgt; wenn es wahr ist, daß es die Elektronen sind, die denken, die *mich* denken, und wenn

Westliche Bewußtseinsmodelle   87

ich Trost in der Tatsache finden kann, daß es eigentlich keinen Tod gibt, weil mein Bewußtsein, also meine Elektronen, nicht zerstört werden können, sondern nach meinem Tod in Milliarden von anderen Konfigurationen weiterleben werden, in denen das Intelligenzniveau ständig steigen wird – wenn das also alles zutrifft: Habe ich dann in irgendeiner Weise Zugang zu der ungeheuren Information, die ich bin? Gibt es eine Chance, daß das Bewußtsein transparenter wird, sich seiner selbst bewußt wird, ehe es den Endpunkt der Evolution erreicht? Charon hat keine Methode hierfür zu bieten; offenbar ist er nicht einmal an der Frage interessiert. Seine Theorie impliziert, daß mein vages Gefühl der Zuneigung und Einfühlung gegenüber, sagen wir, einem Grashalm, der sich im Morgentau der Sonne entgegenreckt, vom Gedächtnis eines oder zweier Elektronen ausgelöst wird, die irgendwann einmal zum Organismus eines Grashalms gehörten; aber das hilft bei der Suche nach einer adäquaten Meditationstechnik nicht weiter, es macht das Bewußtsein um keinen Deut transparenter. Es folgt aber aus seiner Theorie, daß ich letztlich nur das bin, was ich denke – oder, um es in der Terminologie des Vedanta auszudrücken, daß ich nur mein Wachbewußtsein bin. Und dieses Wachbewußtsein wiederum entspricht dem Bewußtsein der Elektronen in mir. Darüber hinaus enthält jedes Elektron seine eigene Information, die es im Laufe der Evolution gesammelt hat; diese Information könnte man den Inhalt meines Unterbewußtseins nennen.

Zwei Dinge scheinen klar: Erstens läßt Charons Theorie keinen Raum für Bewußtsein ohne Inhalt (reine Bewußtheit), zweitens werde ich nach seiner Theorie nie Zugang zu diesen Informationen in meinem Unterbewußtsein bekommen. (Worin besteht dann aber der besondere Wert des Menschgewordenseins? Oder sollen wir den buddhistischen Schriften keinen Glauben schenken, die sagen, daß es die erste der sieben großen Segnungen des Menschen ist, als Mensch geboren worden zu sein?) Für mich bietet Charons Theorie der Äonen nur eine rationale Erklärung des Bewußtseins als eine Art Begleiterscheinung der Materie, als Begleiterscheinung der physikalischen Eigenschaften subatomarer Teilchen.

Wilber hat das holographische Holomovement-Bewußtseinsmodell recht scharf kritisiert. Für ihn stellt die siebte Ebene seiner Hierarchie zwar die letzte Stufe, das Ziel der Evolution dar, aber zugleich ist sie paradoxerweise immer schon und auf jeder Ebene der Evolution gegenwärtig. »Jede Ebene der Evolution transzendiert die vorausgegangene, schließt sie aber zugleich mit ein… Keine höhere Ebene kann vollkommen in den Begriffen einer niedrigeren Ebene ausgedrückt und erklärt werden. Jede höhere Ebene hat Kapazitäten und Eigenschaften, die auf den Ebenen darunter nicht zu finden sind« (*Wilber*, Hrsg., S. 257). Seine grundlegende Kritik an dem »Pop-Mystizismus, der neuen Physik und der holographischen Mode« besteht darin, daß sie diese Hierarchie zum Einsturz bringen. Er ist der Meinung, daß jede Ebene ihre eigene unnachahmliche Sprache entwickelt hat, um zu einem tieferen Verständnis ihrer selbst zu kommen und dieses Verständnis auch anderen zu vermitteln. So gehört die empiristisch-materialistische Sprache und Denkweise zur grobstofflichen materiellen Realität der ersten Ebene, während man sich einer paradoxen Sprache bedienen muß, wenn man Aussagen über die reine Bewußtheit der siebten Ebene zu machen versucht. Wilber meint, daß die zeitgenössische Naturwissenschaft die wechselseitige Abhängigkeit von Materie und Energie auf den ihr eigenen Ebenen und mit den ihr eigenen (empirisch-analytischen) Methoden entdeckt hat und nun – ausgehend von der Tatsache, daß alle Realität letztlich aus subatomaren Teilchen besteht – zu dem reduktionistischen Schluß gekommen ist, alle Realität von der materiellen Ebene bis hinauf zur Ebene der reinen Bewußtheit lasse sich mit denselben Methoden erklären.

Schließlich ist das physikalische Verständnis von Holographie und Holomovement ein Resultat des Denkens, des bewußten, »normalen« Wachverstandes und insofern etwas völlig anderes als das mystische Realitätsverständnis, welches ein Resultat der Meditation ist, das Resultat eines transmentalen Bewußtseinszustands. Um das noch etwas pointierter auszudrücken: Die theoretische Physik geht die Frage des Bewußtseins ungefähr so an wie ein Liebender, der versucht, die Trauer seiner Geliebten zu verstehen, indem er ihre Tränen unter dem Elektronenmikroskop betrachtet.

Nach seiner scharfen Kritik von Pribrams und Bohms holographischem Realitätsmodell gelangt Wilber jedoch zu einem Schluß, den er mit Bohm teilt: Auch er ermutigt seine Leser zur Praxis der Meditation. Auch ihm ist klar, daß man mit einem rein rationalen Verständnis dieses neuen Paradigmas nichts transzendieren kann und sein Bewußtsein kein bißchen transparenter machen wird. Zum Schluß möchte ich den letzten Satz aus Wilbers Buch über das holographische Modell zitieren: »Die einzige Möglichkeit, das Transmentale zu erfahren, besteht darin, sich selber zu transformieren.« Eigentlich müßte nun noch ein Satz folgen – nämlich der Satz, der uns sagt, *wie* man sich transformieren kann.

Westliche Bewußtseinsmodelle

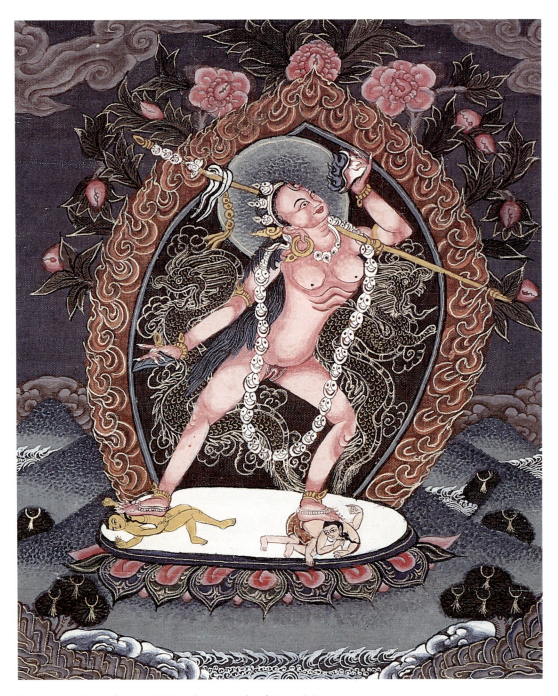

Vajrayogini allein, auf einem Ur-Menschenpaar stehend (21 x 26,5)

Die Meditationstechnik der Jagd

Nach meiner Erfahrung kann man die Techniken zur Transzendenz des gewöhnlichen Bewußtseins nicht aus Büchern lernen. Anstelle eigener, persönlicher Erfahrungen wird man lediglich Phantasievorstellungen haben, die auf den Schilderungen anderer Menschen basieren. Aber nur durch eigene Erfahrung kann man sich selbst heilen und zur Ganzheit kommen. Ich erzähle nur deshalb ein wenig über die Ergebnisse meiner eigenen Meditationsbemühungen, um den Leser vielleicht dazu zu verführen, einige dieser Techniken einmal selbst auszuprobieren; aber ich will damit keineswegs sagen, daß sie bei ihm die gleiche Wirkung haben werden.

In diesem Kapitel geht es um drei Typen der Meditation, mit denen sich transpersonale Bewußtseinszustände erzeugen lassen; sie unterscheiden sich zwar in der Technik, ähneln sich aber in der Bandbreite ihrer Anwendungsmöglichkeiten. Der erste Meditationstyp stützt sich auf Hypnotherapie, der zweite auf Halluzinogene und der dritte auf verschiedene Arten modifizierten Atmens. Es gibt darüber hinaus auch noch eine Form der Erfahrung, die solche Zustände auslösen kann, die man aber nicht als Meditationstechnik bezeichnen kann, weil sie sich nicht kontrolliert praktizieren läßt: Das sind Situationen, in denen man dem Tode nahe ist. Deshalb kann man die praktizierbaren Meditationstechniken als künstliche oder simulierte Versionen der eigentlichen Erfahrung des Todes des »Selbst« oder des »Ichs« charakterisieren.

Nur dieser Tod des »Ichs« wird dir einen echten Vorgeschmack der Unsterblichkeit geben. Es gibt kein schlimmeres Leid als das Leid, dich nicht selbst zu kennen, nichts von deiner eigenen Unsterblichkeit zu wissen; all unser Leiden entsteht aus dieser Wurzel. Daß Meister in den Gesellschaften, in denen sie lebten, niemals geliebt waren, liegt daran, daß Meister töten; sie lehren den Tod des »Selbst« oder helfen sogar, ihn herbeizuführen, obwohl das Selbst für unsere gesellschaftliche Identität von zentraler Bedeutung ist.

Es gibt eine klassische Anekdote von einem Zen-Meister, der einen seiner Schüler »umbringt«: Der Schüler läutete frühmorgens die Tempelglocke, um die anderen Mönche zu wecken. Da lenkte ihn der Anblick eines schönen Mädchens ab, das einen Bergpfad hinabstieg, so

Die Meditationstechnik der Jagd

daß der Glockenton nicht so rein klang wie sonst. In diesem Moment gab ihm der Abt, der hinter dem Schüler stand, mit seinem Stab einen Schlag über den Schädel, woraufhin dieser tot zu Boden fiel. Später kamen die Eltern des Schülers und dankten dem Abt für sein Mitgefühl.

Ich möchte nun eine (Oshos) Interpretation der Geschichte referieren: Zunächst einmal ist zu sagen, daß der Meister nichts hinter dem Schüler zu suchen hatte. Er war da, weil er den bevorstehenden Tod des Schülers gespürt hatte. Oft sind sexuelle Vorstellungen das letzte, was uns kurz vor dem Tode noch erscheint, was gewissermaßen den Kreis schließt, denn wir kommen ja auch durch Sex in die Welt. Das Mädchen, das der Mönch sah, war deshalb wohl eine Halluzination. Der Abt schlug ihn, um ihn zum Bewußtsein zu bringen, denn volle Bewußtheit im Augenblick des Todes ist Erleuchtung.

Dehypnotherapie
Erwachen aus dem Hypnosezustand des normalen Wachbewußtseins

Hypnotherapie ist eine bekannte und effektive Methode zur Entspannung und zur Erinnerung lang vergessener oder verdrängter Episoden im Leben eines Menschen. Man benutzt sie häufig, um Kindheitstraumata aufzuspüren und zu beheben, die sonst unbewußt geblieben wären und das Verhalten des betreffenden Menschen im Alltagsleben beeinflußt hätten.

Einige Psychiater und Therapeuten sind bei Hypnotherapiesitzungen mit Patienten auf das Phänomen lebhaft erinnerter pränataler Erfahrungen gestoßen; einige dieser Erlebnisse kann man nur verstehen, wenn man sie als Erfahrungen aus einem früheren Leben betrachtet.

Ein prominenter Psychiater, Brian L. Weiss, schrieb ein Buch mit dem Titel *Many Lives, Many Masters* über einen Fall, der sich zu verselbständigen schien und zu einem dramatischen Beispiel für »Past Life Therapy« wurde. Das Leben von Patientin und Arzt veränderte sich dadurch, und Weiss' konventionelle naturwissenschaftliche Weltanschauung wurde durch seine persönliche Erfahrung mit transpersonalem Material erschüttert. Der Erfahrungsbericht, demzufolge die Patientin sich an mehrere vergangene Leben erinnern konnte, und ihre Wiedergabe von Stimmen aus weit entfernten raumzeitlichen Koordinaten klingt im Grunde wahr. Aber die Geschichte hat einen offenkundigen Webfehler. Einmal berichtet die hypnotisierte Patientin: »Hier gibt es kein Wasser. Es ist 1863 vor Christi Geburt. Das Land ist unfruchtbar, heiß und sandig« (*Weiss*, S. 27). »Vor Christi Geburt« – das ist ziemlich unglaubwürdig. Kannten die alten Ägypter etwa schon den christlichen Kalender? Außerdem können Menschen bei ihren Erinnerungen aus vergangenen Leben so gut wie nie genaue Daten angeben.

Einmal bittet Weiss seine Patientin, sich ein Tonband anzuhören, das sie während einer vorangegangenen Hypnotherapiesitzung in Trance besprochen hatte. Sie bat ihn, das Tonband abzustellen, weil »es ihr zu befremdlich vorkam und sie beunruhigte« (*Weiss*, S. 91). Jeder, der wirklich versteht, was hier vor sich geht, hätte diese Beunruhigung vorhersehen können. Verglichen mit dem überwältigenden Gefühl, das Subjekt der wiedererlebten Episode zu *sein*, ist es natürlich ein schales Erlebnis, darüber nur durch Hören oder Lesen zu *erfahren*. Dies ist ein ganz wichtiger Punkt. Ich habe sowohl als Patient wie auch als Therapeut die Erfahrung gemacht, daß der Patient sich immer genau an alles erinnern kann, was er in Hypnose erlebt hat. Aber ein unbewußtes Ereignis bewußtzumachen, reicht nicht aus, um eine echte Einsicht oder innere Wandlung herbeizuführen. Das totale, schutzlose Wiedererleben oder Durchleben der Episode *ist* der Sinn der Sache. Die Episode stieg in der Hypnose deshalb wieder in der Erinnerung des Menschen auf, weil sie beim erstenmal nicht voll durchlebt wurde; darüber hinaus symbolisiert sie gar nichts. Deshalb ist es nicht die Aufgabe der Hypnotherapie, Episoden aus früheren Leben zu interpretieren, sondern dem Patienten zu helfen, eine Beziehung zu ihnen herzustellen und sie bewußt zu erleben.

Eine der einfachsten Formen der Hypnose ist unter dem Begriff »guided dream« (gelenkter Traum) bekannt. Man kann sie in Gruppen ebensogut einsetzen wie bei Einzelpatienten. Man bittet die Patienten, jeden Körperteil vom Scheitel bis zu den Zehenspitzen zu entspannen; dabei wird leise Musik gespielt, und der Gruppenleiter oder Therapeut schlägt einen bestimmten Rahmen für eine Geschichte vor. Dabei werden zentrale Teile der Geschichte ohne klare inhaltliche Füllung belassen. An diesen Stellen wird das Unterbewußtsein der Therapieteilnehmer sofort seine jeweils eigene, präzise inhaltliche Füllung einklinken. Es ist wie Zauberei: Das Unterbewußtsein läßt immer nur solches Material in der Erinnerung des individuellen Patienten aufsteigen, das für seine Lebensgeschichte von zentraler Bedeutung ist. Es ist, als ob das Unterbewußtsein dem bewußten Verstand eine Botschaft übermitteln wollte.

Ich will dies mit einem Handlungsrahmen illustrieren, den ich selbst schon oft bei solchen Sitzungen verwendet habe. »Du liegst an einem schönen Strand und genießt den Sand, die Wellen und den blauen Himmel. Nach einer Weile stehst du auf und wanderst einen Pfad entlang, der in einen Wald führt; du betrittst den Wald; um dich herum wird es immer dunkler; schließlich endet der Weg auf einer

Die Meditationstechnik der Jagd

Lichtung, auf der ein altes Haus steht; eigentlich ist es nur noch eine Ruine. Zögernd betrittst du das Haus. Drin ist es sehr dunkel. Überall hängen Spinnweben. In der Küche fällt dir ein riesiger alter Kalender auf; als du das Datum darauf siehst, bist du überrascht. Dann betrittst du ein Hinterzimmer, in dem du eine sehr alte Person siehst; irgendwie glaubst du, daß du diese Person kennst; die Person liegt auf einem Bett. Du hast Angst, aber du gehst weiter auf das Bett zu, und die Person bittet dich, dein Ohr nahe an ihren Mund zu legen. Was du nun hörst, bestürzt dich. Dann gibt dir die Person ein hübsch eingewickeltes Päckchen; es ist ein Abschiedsgeschenk. Du hast das Gefühl, jetzt gehen zu müssen. Also kehrst du durch den dunklen Wald zurück an den Strand, wo du dich wieder hinlegst und entspannst. Plötzlich fällt dir das Geschenk wieder ein; du wickelst es sorgsam aus, und als es schließlich vor dir liegt, bist du völlig überrascht, daß du ein solches Geschenk erhalten hast.« So endet der gelenkte Traum. Nach einer Weile läßt man seine Patienten wieder aus ihrem hypnotisierten Zustand herauskommen.

Aus den Prinzipien der Hypnotherapie und der Selbsthypnose entwickelte Osho eine Technik, die er Dehypnotherapie nannte. Sie soll uns von der Hypnose befreien, in der wir uns in unserem normalen Wachbewußtsein befinden. Dehypnotherapie fußt auf der These, daß das Programm oder die Software unseres erwachsenen Biocomputers schon im Alter von vier Jahren praktisch vollkommen entwickelt ist. Bis zu diesem Lebensalter reagierst du noch frisch und unvoreingenommen auf jede neue Lebenssituation. Doch verhärten sich diese allerersten, noch nicht programmierten Reaktionen später zu bestimmten Reaktionsstrategien, die das Verhalten deiner erwachsenen Persönlichkeit ausmachen. Natürlich sind diese erlernten Strategien der Lebenssituation des Erwachsenen nur selten angemessen, aber trotzdem haben sie bei deinen allerwichtigsten Entscheidungen Macht über dich, beispielsweise bei der Partnerwahl oder bei deinen Reaktionen auf Partnerschaftsprobleme.

Durch Dehypnotherapie kannst du diese Strategien, die du vor deinem vierten Lebensjahr entwickelt hast, unmittelbar und direkt erfahren; damals, das sei hier angefügt, waren sie vermutlich überlebensnotwendig, aber heute beherrschen sie dich immer noch. Schon allein das Wissen um solche früh erlernten Strategien kann befreiend sein, aber oft reicht es noch nicht aus. Oft bedarf es noch weiterer Bemühungen und Bewußtwerdungen. Wenn du wieder einmal unbewußt mit deiner alten und nutzlosen Strategie reagieren willst, erinnere dich daran, daß sie nicht mehr auf deine Lebenssituation paßt und daß andere, bewußte Reaktionsweisen möglich sind. Du mußt einfach bewußt die Entscheidung treffen, eine neue Strategie auszuprobieren, die besser auf die Situation paßt.

Dehypnotherapie kann aber auch tiefer gehen; sie kann dich mit Inhalten deines verborgenen Bewußtseins in Berührung bringen, die zur kollektiven oder kosmischen Ebene gehören. Ich will dies an einem Beispiel aus meiner eigenen Erfahrung in Oshos Ashram in Poona verdeutlichen. Nach 45 Minuten tiefer Entspannungssuggestion in einer Dehypnotherapie-Gruppe richtete der Gruppenleiter die Aufmerksamkeit derjenigen, die noch nicht in Tiefschlaf gesunken waren (diese Gefahr besteht bei der Hypnotherapie immer), auf ihr Nabelchakra (Sakralchakra) etwa drei Zentimeter unterhalb des Nabels. Dann forderte er uns auf, immer daran zu denken, daß »es keine Angst gibt«. Nach dieser Suggestion ließ er uns aus der Hypnose erwachen und schlug vor, daß jeder für sich einen kleinen Spaziergang im Garten oder im Park machen solle.

Was ich im Lauf der nächsten Stunde erlebte, ist schwer in Worte zu kleiden, weil ich nichts Vergleichbares kenne – nichts, was ich selber erfahren hätte, aber auch nichts, was ich in Berichten über die Erfahrungen anderer gelesen habe. Die Blätter an den Bäumen, an denen ich vorbeispazierte, schienen in Flammen zu stehen; Büsche, Blätter und Wiesen waren wild zuckende Energiemuster. Die ganze Natur sah aus, als habe van Gogh sie in den letzten Jahren seines Lebens gemalt. (Vielleicht lebte er beständig in einem Zustand, in dem es keine Angst gab.) Ich setzte mich ans Ufer eines Flusses und bemerkte eine Libelle, die sich auf einem Felsen in meiner Nähe niedersetzte. Als ich die Libelle betrachtete, sah ich mich gleichzeitig selbst durch die Augen dieser kleinen Kreatur. Sehen und Gesehen-Werden waren zu ein und demselben Akt geworden. Noch nie hatte ich ein solches Gefühl von Einheit und Ganzheit gehabt. Auf dem Rückweg zum Ashram sah ich einen Fahrradfahrer auf mich zukommen, und wieder sah ich mich gleichzeitig durch seine Augen.

Offenbar ist eine solche Erfahrung im alten Indien wohlbekannt: »Im Himmel des (vedischen Gottes) Indra befindet sich angeblich ein Netz aus Perlen, das so arrangiert ist, daß, wenn du eine Perle anschaust, in dieser Perle die Spiegelbilder aller anderen Perlen zu sehen sind. So ist es mit allen Dingen dieser Welt: Sie sind nicht nur sie selbst, sondern in ihnen sind alle anderen Dinge, ja, sie selbst sind alle anderen Dinge« (Rigveda, zitiert nach *Grof*, 1985, S. 75–76).

Die Meditationstechnik der Jagd

Ist Angst, eine verborgene, tiefsitzende Angst, die letzte Ursache dafür, daß wir uns selbst als getrennt von allen anderen Menschen und Dingen sehen? Weckt Angst die Illusion, daß alle Dinge räumlich voneinander getrennt sind und feste Körper haben? Hinter aller Angst steht die Furcht vor der Auslöschung, vor dem Tode. Aber ich war nicht gestorben, und auch die Welt um mich herum war nicht verschwunden. Nur die Angst war gestorben.

Im Therapieraum hatte ich noch ein letztes Erlebnis von unerwarteter Schönheit. Ich saß lange Zeit in Meditation versunken da, als befände ich mich in einer Glocke aufwärtsströmender Energie; dabei spürte ich keinerlei Schmerzen, auch mein Geist war frei von Denk-Inhalten; aber ich war hellwach. Dies erlebte ich, ohne es bewußt herbeizuführen; deshalb ist die Meditation für mich ein Geschenk. Es war einfach ein Hindernis aus dem Weg geräumt worden, und dieses Hindernis hieß Angst.

Eine andere Art der Dehypnotherapie nannte man in Poona *yogischen Schlaf*. Was zu Beginn einer typischen Hypnotherapie-Sitzung geschieht, nämlich das Herbeiführen einer immer tieferen Entspannung von Körper und Geist, ließ sich auch durch das passive Hören der täglichen Vorträge des Meisters auslösen. Man mußte nur aufhören, sich im Geiste argumentativ mit dem auseinanderzusetzen, was man gerade hörte, und statt dessen einfach ohne inneren Widerstand auf seine Stimme hören. Dann war es leicht, in einen Zustand zu verfallen, der einer hypnotischen Trance glich.

Eines Morgens war ich in eine solche Trance verfallen, und als ich aus ihr »erwachte«, glaubte ich, taub geworden zu sein. Es schien, als würden meine Ohren nichts mehr wahrnehmen. Dann bemerkte ich, daß ich Oshos Stimme sehr klar vernahm und auch den Gesang der Papageien auf dem Dach. Noch nie hatte ich diese Geräusche so klar und bewußt gehört. Dabei umgab mich gleichzeitig immer noch totale Stille. Mein Geist hatte einfach sein beständiges Geplapper aufgegeben. Alles, was um mich herum geschah, war mir vollkommen präsent.

Ich musterte ein paar Freunde, die in der Nähe saßen, und konnte aus ihren Gesichtern auf einen Blick ihre psychologischen Verhaltensmuster und Lebenssituationen ablesen. Sie oder ich oder wir alle waren transparent geworden. Das war ein ganz neues Gefühl. Dann beschloß ich, die Augen zu schließen und meine eigenen psychologischen Muster, mein eigenes Leben zu betrachten. Was ich da sah, faszinierte mich: nichts als ein paar Augenblicke, in denen ich von Liebe überwältigt gewesen war. Der Rest meines Lebens war farblos und leer, als ob es nie existiert hätte. Aber irgendwie erschreckte mich das nicht. Es war das Gefühl einer leeren, alles durchdringenden Gegenwart.

Nach Oshos Vortrag traf ich einen engen Freund, der nur einen Blick in mein Gesicht warf und sagte, ich sähe aus, als sei ich verrückt. Ich verbrachte den Rest des Tages allein in meinem Zimmer; ich war völlig überwältigt von dieser Stille meines Geistes, die mich so wunderbar mit allen Dingen um mich herum in Berührung brachte. Ich mußte sogar die Fenster schließen, denn die Gegenwart der lebendigen Bäume war mehr, als ich verkraften konnte.

Später begann mir klarzuwerden, daß die Vorstellung von der Meditation als bloßer Erfahrung totaler Stille nicht ganz richtig ist. Rein logisch betrachtet mag es plausibel erscheinen, daß totale Stille gleichbedeutend mit Meditation ist, weil Stille irgendwie die Idee vom absoluten Fehlen eines jeglichen Dualismus impliziert. Die Erfahrung lehrt uns jedoch, daß die Meditation sowohl von Stille als auch von Geräuschen geprägt ist; sie steht jenseits von Kategorien wie Geräusch und Stille. Ähnliches gilt wohl auch für die Erfahrung des Grundlegenden Glanzes, von der das Tibetanische Totenbuch spricht: Man sollte sie nicht als Gegenteil einer Erfahrung absoluter Dunkelheit mißverstehen, denn dieses Erlebnis umfaßt die Polarität von Licht und Dunkel und transzendiert sie zugleich. In vielen indischen Bildern, die die Chakras zeigen, sieht man eine Sonne und einen Mond links und rechts des dargestellten Körpers und noch eine weitere Sonne in der Mitte über dem Kopf (vergleiche die Abbildungen auf S. 33 und 35). Diese Sonne jenseits von Sonne und Mond, dieses Licht jenseits der Polarität von gewöhnlichem Licht und gewöhnlicher Dunkelheit, ist das letzte Ziel des Yoga.

In einem Zeitalter, da man in Drogenfragen immer noch mit zweierlei Maß mißt, ist es schwierig, für ihren Einsatz bei der Bewußtseinsforschung zu werben oder Verständnis dafür zu wecken, daß man mit ihnen über das Alltagsbewußtsein hinausgelangen kann. Während allgemein akzeptiert ist, daß man den Sterbeprozeß und den Tod mit Drogen manipulieren darf, beginnen unsere religiösen Wachhunde sofort zu kämpfen, wenn wir die Geburt durch Drogen manipulieren, wie zum Beispiel im Falle der Abtreibung. Nur wenige religiöse Organisationen protestieren gegen das Hinauszögern des Todes durch Medikamente oder medizinische Geräte mit der Begründung, es sei ein *Eingriff in den Willen Gottes.*

Die Regierungen, Pädagogen und Massenmedien der westlichen

Therapie mit psychedelischen Drogen
Wie man sich durch Drogen aus dem Rausch befreit

Welt werfen psychedelische Drogen gewöhnlich mit süchtigmachenden Drogen wie Heroin und Kokain in einen Topf, die den Geist benebeln. Wir haben fast völlig vergessen, daß in allen alten Kulturen an den heiligsten Orten und in den heiligsten Augenblicken psychedelische Drogen verwendet wurden, um religiöse Bewußtseinszustände herbeizuführen und Einsichten in die Realitäten und Ideale dieser Weltanschauungen zu gewinnen.

Man kann die Grundbedürfnisse der Menschen als eine Art Hierarchie betrachten. Offensichtlich ist das erste Grundbedürfnis der Wunsch nach Nahrung, Behausung, Kleidung und Liebe. Aber ein gefüllter Magen und die Geborgenheit eines Zuhauses allein sind nicht genug; der Mensch braucht auch noch eine ästhetische Dimension des Daseins: Er will musizieren oder Musik hören, er möchte in einem schönen Haus wohnen, er wünscht sich einen Garten. Diese beiden Bedürfnisebenen sind in den reichen Gegenden der Welt – also auch in den meisten westlichen Ländern – mehr oder minder befriedigt. Doch gibt es darüber hinaus auch noch spirituelle Bedürfnisse, die dann auftreten, wenn einem die materiellen und ästhetischen Dinge nicht mehr genügen. Dann wird die Frage nach dem Sinn des Lebens, die Frage »Wer bin ich?«, so dringlich wie die Frage nach Nahrung auf der Ebene des physischen Überlebens. In diesem Sinne ist die wahre Religion eine absolute Seinsnotwendigkeit. Nur die gefälschte, unehrliche Version von Religion ist das Opium des Volkes.

Es war aber wohl falsch, zu erwarten, daß die in materieller und ästhetischer Hinsicht fortschrittlichsten Länder des Westens auch Wege finden würden, mit Hilfe psychedelischer Drogen neue Einsichten ins menschliche Bewußtsein zu gewinnen. Irgendwie ist der Quantensprung des Bewußtseins, den der materielle Fortschritt möglich gemacht hätte, ausgeblieben. Es stellt sich nun die Frage, warum man überhaupt reich werden will, wenn man diesen Reichtum nicht als Sprungbrett für eine Überwindung des Alltagsbewußtseins nutzen möchte. In den reichen Ländern wurden Drogen zu einem Mittel der Flucht aus der Realität in die Besinnungslosigkeit und keine Hilfe auf dem Weg in eine Trans-Bewußtheit. Die Revolution der Blumenkinder der sechziger Jahre, in der versucht wurde, eine Alternative zum materialistischen amerikanischen Traum zu finden, hat sich in nichts aufgelöst wie Tau an der Morgensonne. Der erfolgreiche japanische Traum eines globalen Kommerzialismus, der in den neunziger Jahren auf breiter Front nachgeahmt wird, verspricht noch weniger, einen bewußteren Menschen hervorzubringen, denn er basiert auf der ameisenhaften Sklaverei des Menschen zum Wohle der Firmen. Es gibt keine nennenswerte Gegenbewegung gegen die vorherrschende Massenkultur in Japan. Die industriell erfolgreichen Nationen haben nichts mit dem hart erarbeiteten Reichtum anzufangen gewußt. Sie haben die Hierarchie menschlicher Bedürfnisse und die innere Logik ihrer sinnvollen Erfüllung gar nicht erkannt.

Es gibt nur einige wenige mutige Ausnahmen vom weitverbreiteten Mißbrauch psychedelischer Drogen in der westlichen Welt. Stanislav Grof und Joan Halifax beschreiben ihre Experimente mit Drogen in dem Buch *Die Begegnung mit dem Tod*; Grof allein schrieb ein weiteres Buch zu diesem Thema mit dem Titel *Geburt, Tod und Transzendenz*. Beide Bücher dokumentieren ausführlich ihre Therapien mit psychedelischen Drogen an unheilbar kranken Patienten, die kurz vor dem Tode standen, und an gesunden Menschen, die unter klinisch kontrollierten Bedingungen ein Vorgefühl vom Sterben erleben wollten, ehe sie wirklich starben. Dabei stellten die Autoren und ihre Patienten fest, daß psychedelische Erfahrungen eine sehr gute Vorbereitung darauf sind, das Leben loszulassen, um es zu gewinnen.

Sie fassen ihre Forschungsergebnisse folgendermaßen zusammen: »Nach unseren Beobachtungen zeigen Personen, die in LSD-Sitzungen die Erfahrung von Tod und Wiedergeburt gemacht haben, spezifische Veränderungen ihres Selbstbildes und ihrer Auffassung von der Welt, ihres Wertesystems, ihres allgemeinen Verhaltens sowie ihrer gesamten Weltanschauung... Die Patienten erklären, daß sie sich wie neugeboren und geläutert vorkommen; ein tiefes Gefühl des Einsseins mit der Natur und dem Weltganzen tritt an die Stelle ihres früheren Gefühls der Entfremdung. Oft beherrschen eine große Heiterkeit und Freude ihre geistige Verfassung. Damit verbunden ist gewöhnlich eine allgemeine Steigerung der Lebensenergie, das Gefühl körperlicher Gesundheit und physiologischen Wohlbefindens« (*Grof, Halifax*, 1978, S. 249). So gesehen hatten diese Patienten Drogen benutzt, um sich vom Drogenrausch der physischen und geistigen Konditionierung durch ihre jeweilige Kultur zu befreien.

Aber mit all dem will ich nicht sagen, daß psychedelische Drogen allein den Quantensprung im Bewußtsein der Menschheit in der zweiten Hälfte des zwanzigsten Jahrhunderts hätten bewirken können. Ich meine nur, daß trotz der ehrlichen und mutigen Bemühungen von Aldous Huxley, Timothy Leary, Metzner, Alpert und Grof eine große Chance verpaßt worden ist, als man den Einsatz psychedelischer Drogen als Technik zur Herbeiführung von transpersonalen

Die Meditationstechnik der Jagd

Bewußtseinszuständen auf breiter Front abwehrte. Ich finde es wirklich schade, daß Experimente mit diesen Drogen unter kontrollierten Bedingungen weitgehend aufgegeben wurden. Heute sind Drogen und Kriminalität für uns zu Synonymen geworden.

Die Anwendungsmöglichkeiten für Grofs psychedelische Therapie sind durch seine Kartographie der menschlichen Seele, die er in seinen Büchern immer weiter verfeinert hat, gut dokumentiert. Das Spektrum dieser Kartographie ist jenem Spektrum sehr ähnlich (wenn nicht gar mit ihm identisch), zu dem (unabhängig von Grof) andere Therapeuten gelangten, die keine Drogen einsetzten, sondern intensive Formen des Atmens, beispielsweise bei der Primärtherapie, beim Rebirthing und verschiedenen anderen humanistischen Wachstumstherapien. Das ist eine Entdeckung von unabsehbarer Tragweite für die Entwicklung des menschlichen Bewußtseins im 21. Jahrhundert. Denn bislang haben sich psychedelische Drogen als zu gefährlich für abendländische Kulturen erwiesen; man kann sie zu leicht zur Regression in noch größere Besinnungslosigkeit mißbrauchen, statt mit ihrer Hilfe zu größerem Bewußtsein fortzuschreiten. Für Atemübungen gilt das hingegen nicht.

Es besteht aber die Gefahr, daß westliche Gesellschaften nun womöglich auch noch die Atemtechniken kriminalisieren werden, wenn sich erst einmal herumspricht, daß Therapien, die mit intensiver Atmung arbeiten, genau solche transparenten Bewußtseinszustände herbeiführen können wie psychedelische Drogen – und das wird in diesem Buch ebenso bestätigt wie in Grofs letztem Buch. Wir sollten nicht vergessen, daß (wie Wilber sehr schön zeigte) bisher alle Gesellschaften versucht haben, das Atman-Bewußtsein, also holistisches Bewußtsein, zu unterdrücken, und lediglich verschiedene Formen des Atman-Projekts, also einer Ersatzbefriedigung zugelassen haben.

Encounter- und Primal-Therapie
Wie man ungelöste Dinge aus der Vergangenheit in die Gegenwart projiziert, um wieder mit ihnen in Berührung zu kommen

In der Encounter-Therapie und der Primal-Therapie werden teilweise identische Techniken eingesetzt; und obwohl sie von unterschiedlichen Ansätzen ausgehen, erzielen sie häufig sehr ähnliche Ergebnisse. Die Encounter-Therapie arbeitet mit sozialer Isolation, extremen, ausgedehnten Formen der Konfrontation in Marathonlänge und gelegentlich auch mit verschiedenen Formen intensiven Atmens, um die Abwehrmechanismen eines Menschen aufzubrechen. Der Patient wird jeglicher individueller Privatsphäre beraubt. In der Primal-Therapie geht man laut Arthur Janov davon aus, daß Abwehr echter Gefühle neurotische Züge trägt. Wenn man alle Abwehrmechanismen

zerbricht, wird der Mensch wieder natürlich und lebt ganz und gar im
Augenblick.

Ich möchte im folgenden ein Beispiel für Primal-Therapie geben
und zeigen, wie leicht eine Encounter-Technik dabei helfen kann, ein
Resultat in der Primal-Therapie zu erzielen. Zu diesem Zweck werde
ich eine Sitzung beschreiben, die ich Anfang der achtziger Jahre leitete. Damals lebte ich mit sieben anderen Leuten in einer großen
Kommune. Einer der Mitbewohner, ein Mann von knapp dreißig Jahren, hatte sehr ungewöhnliche Verhaltensmuster und wurde von den
anderen Hausbewohnern ausgeschlossen. Er lebte in zwei Welten.
Die eine Welt war sein Zimmer, das schwere, dunkle Vorhänge hatte,
viele Kissen und ein rötliches Dekor; kurz: Das Zimmer war eine Art
Mutterbauchersatz. In dieses Zimmer zog er sich zurück und wollte in
Frieden gelassen werden. Jedesmal, wenn er aus diesem Zimmer in
die Außenwelt trat, gab es Ärger. Er knallte die Türen zu, schlug mit
der Faust gegen den Kühlschrank und verhielt sich fast allen Menschen gegenüber sehr aggressiv. Die Spannungen im Hause nahmen
noch mehr zu, als man feststellte, daß er einer älteren Mitbewohnerin
einige Stücke Unterwäsche von der Wäscheleine gestohlen hatte. Als
er mich bat, mit ihm eine private Primal-Therapie durchzuführen,
lehnte ich zunächst ab; ich wollte sein Verhalten noch etwas länger
beobachten und einen günstigen Moment für die Therapie abwarten.
Ich sprach mit ihm, so oft ich konnte, denn ich hatte großes Mitleid
mit ihm wegen seines neurotischen Verhaltens, das ihm selbst genauso rätselhaft war wie mir.

Ich hatte keine Strategie für meine Therapiestunde mit ihm geplant, das tue ich in der Primal-Therapie nie. Ich fühlte mich eher als
Detektiv und nicht so sehr als Heiler. Immerhin schien die gestoh-
lene Unterwäsche eine Spur zu sein. Ich beschloß, dieser Spur zu folgen und eine Encounter-Technik anzuwenden; ich stellte ihn der
Frau gegenüber, der er die Unterwäsche gestohlen hatte. Ich bat sie,
sich so aggressiv und provokativ wie nur möglich zu verhalten. Ich
setzte die beiden, nur eine Kissenbreite voneinander entfernt, einander gegenüber und ließ sie Blickkontakt halten. Sie beschimpfte
ihn, aber er blieb kühl und beherrscht. Nach etwa einer halben
Stunde wurde er langsam wütend, verhielt sich aber nicht besonders
aggressiv. Ich achtete auf seine Körpersprache, fand aber keinen Hinweis, wie ich weiter verfahren sollte. Mir fiel nur auf, daß er mehrfach
denselben Satz sagte; offenbar war ihm das selbst gar nicht bewußt,
aber er sagte dreimal: »Für mich ist ja nie irgendwo Platz.« Zum Bei-

Die Meditationstechnik der Jagd

spiel sagte er das, als das Gespräch auf Situationen kam, in denen alle Hausbewohner mit dem Auto in den Wald oder an den Strand gefahren waren; es war mehrfach vorgekommen, daß bei solchen Fahrten in keinem der Autos ein Platz für ihn frei war. Also fühlte er sich ausgeschlossen und ausgestoßen.

Als ich das Gefühl hatte, daß die ältere Mitbewohnerin ihre Funktion erfüllt hatte, bat ich sie, das Haus zu verlassen, und ließ den Mann etwa zehn Minuten intensiv atmen. Dann legte ich meine Hand sanft auf sein Herz-Chakra und forderte ihn auf, zu flüstern: »Für mich ist kein Platz.« Das zerstörte seine Abwehrmechanismen in kürzester Zeit; nun stand für ihn die Tür offen, seine Primal-Spaltung zu spüren. Bald schluchzte er wie ein kleines Kind. Ich fragte ihn, wo er sei und was für Emotionen er habe. Er erzählte, daß er das Gefühl habe, in einer kalten, unwirtlichen und sehr kleinen Kiste zu liegen; die Kiste habe oben ein kleines Fenster, durch das verschiedene Leute hineinspähten. Er haßte das. Diese emotionale Szene dauerte eine Weile; dann verkehrte sie sich plötzlich in ihr Gegenteil, und er befand sich in einer warmen, freundlichen, rötlich-dunklen Umgebung und hörte sanfte Trommelschläge. Mehrfach pendelte er im Lauf der Sitzung zwischen dem kalten, unwirtlichen Ort und der warmen, freundlichen Umgebung hin und her. Die Gefühle, die er während dieser Zeit durchlebte, müssen überwältigend intensiv gewesen sein, denn es dauerte ungefähr zwanzig Minuten, ehe er am Ende der Sitzung wieder aus der Primal-Trance erwachte.

Er hatte die schmerzlichsten Szenen seiner ersten Lebensjahre wiedererlebt, jene Szenen, die Janov als Grundlegende Urszenen bezeichnet: Szenen also, »in denen etwas so Erschütterndes geschieht, daß das kleine Kind nicht damit umgehen kann und sich deshalb von dieser Erfahrung abtrennen muß. Ein solches Ereignis schafft einen irreparablen Bruch, der so lange bestehen bleibt, bis er in seiner ganzen Intensität nacherlebt wird« (*Janov*, 1970, S. 30).

Als wir hinterher miteinander Tee tranken, versuchte ich nicht, ihm eine Interpretation dessen zu geben, was vorgefallen war. Ihm war ohnehin klar, was es zu bedeuten hatte. Er wußte bereits, daß er kurz nach seiner Geburt adoptiert worden war; er hatte seine leibliche Mutter vor ein oder zwei Jahren das erstemal getroffen. Ein Wahrsager hatte seiner Mutter seinerzeit den Rat gegeben, sich des Kindes zu entledigen. Es ist deshalb sehr wohl möglich, daß er noch im Mutterleib die Botschaft verspürte: »Für mich ist kein Platz« in der Welt. Nach seiner (vermutlich verfrühten) Geburt wurde er in ein

Atemgerät gelegt. All das wußte er schon seit einiger Zeit auf rein intellektueller Ebene, aber erst jetzt wußte er auch, wie sich ein solches Wissen anfühlt. Ihm wurde klar, daß er noch immer in einer zwiegespaltenen Welt lebte und zwischen warmem, freundlichem Mutterschoß und kaltem Atemgerät hin und her pendelte.

Seine neurotische Verfolgung einer älteren Frau war seine Art, nach einer Mutter zu suchen, nach einer Liebe, die er nie gekannt hatte, nach der Befriedigung seiner ureigensten kindlichen Bedürfnisse. Janov erklärt dazu: »Alle Verhaltensweisen in der Gegenwart, die sich auf unbewußte, verleugnete Gefühle aus der Vergangenheit beziehen, sind *symbolisch*. Der Betroffene versucht, mittels einer gegenwärtigen Konfrontation ein altes Bedürfnis zu stillen…« »Primär-Therapie funktioniert, weil der Patient endlich die Chance erhält, zu fühlen, was er während seines ganzen Lebens auf unzählige Arten ausagiert hat… Ich behaupte, daß die Leugnung der Gefühle die Krankheit ist und daß ihre Heilung im Auskosten der Gefühle besteht« (*Janov*, 1970, S. 50, 385). Wie das Leben so spielt, habe ich den Mann danach nie wieder gesehen. Ich kann nur hoffen, daß er, nachdem er einmal wieder in enge Berührung mit seinen frühesten Leiden gekommen war, sich ihrer bewußt blieb, so daß sie ihn nicht mehr unbewußt manipulieren konnten.

In der Primal-Therapie benutzt man eine sehr einfache Technik, eine intensive Form des Atmens: die Hyperventilation. Viele Psychotherapeuten haben festgestellt, daß tiefes Atmen ein Wundermittel ist, um uns mit unseren tiefsten Gefühlen und Ur-Leiden in Berührung zu bringen; flaches Atmen fungiert als Abwehrmechanismus, der uns hilft, sie zu verdrängen. In der Primal-Therapie wird tief durch die Nase eingeatmet; dann folgt ein natürliches Ausatmen durch Mund und Nase. Nach zehn oder fünfzehn Minuten verfällt man in einen trance-ähnlichen Zustand, der gelegentlich als »bewußtes Koma« bezeichnet wird. Wenn das tiefe Atmen eingestellt wird, weil der Therapeut es so anordnet oder weil der Patient nicht mehr kann, steigen unbewußte Inhalte an die Oberfläche, und der Patient verbalisiert sie. Wenn nichts Unbewußtes mehr hochkommt, fängt man wieder mit dem Atmen an. Die Augen hält man während des ganzen Vorgangs geschlossen, und der Patient wendet sich völlig seinem Inneren zu, obwohl er noch ohne Schwierigkeiten mit seinem Therapeuten kommunizieren kann. Nach der Sitzung erinnert er sich mühelos an alles, was vorgefallen ist.

Das Selbstheilungspotential des menschlichen psychosomatischen Systems ist eine geheimnisvolle Sache. Es scheint eine Art ein-

Die Meditationstechnik der Jagd

gebautes Auto-Focus-System zu haben, das nach intensiviertem Atmen die wichtigsten Traumata auf einen Schlag klar ins Bild bringt, selbst wenn sie Jahrzehnte oder sogar mehrere Leben zurückliegen. Indem diese Traumata bewußt noch einmal durchlebt werden, befreit man sich von ihnen. In gewisser Hinsicht also repariert das System sich selbst, um intensiver im Hier und Jetzt leben zu können.

Um den Lesern einen konkreten Eindruck davon zu vermitteln, was jemandem passiert, der eine Primal-Therapie mitmacht, will ich hier von den Erfahrungen berichten, die ich 1977 in Poona machte. Ich begann die Therapie, ohne genau zu wissen, was dabei passieren könnte; ich hatte keine Bücher darüber gelesen und auch niemanden danach gefragt. Ich war aber sehr verängstigt, weil ich schon oft Schreie aus den kleinen Fenstern der stark gepolsterten Primal-Therapie-Räume hatte dringen hören; es hatte sich angehört, als ob hier Menschen gefoltert würden. Osho hatte mir schon zwei Jahre zuvor geraten, die Therapie mitzumachen, aber ich hatte das Abenteuer aus Angst immer wieder verschoben. Schließlich bekam ich in einer Phase so starker Eifersucht, daß ich beinahe einen Mord begangen hätte, starke Schmerzen im Brustbereich. (Ich hatte gerade gehört, wie gut meiner Geliebten ein tantrischer Sex-Workshop gefallen hatte …) Ich litt psychisch und körperlich so sehr, daß ich zu allem bereit war, um mich von dieser Qual zu befreien – sogar zu einer individuellen Primal-Therapy. Jetzt bin ich psychisch weit genug von den Ereignissen dieser Zeit entfernt, um Teile meines gewissenhaft geführten Tagebuches aus dieser Zeit zu veröffentlichen.

Erster Tag
Zehn bis fünfzehn Minuten Primal-Atmen. Als einer der beiden Therapeuten mein Herzchakra berührt, überwältigt mich ein starkes Gefühl der Liebe. Das Gefühl erfüllt mich ganz und gar, und ich weine bitterlich. Nach einer Weile schlägt dieses Gefühl in Hilflosigkeit um, und ich wiederhole dieses Wort immer wieder. Nachdem ich wieder eine Weile geatmet habe, sage ich Sätze wie »Ich bin keine Metallkiste« oder »Ich bin kein Zinnsoldat«, und vor meinem geistigen Auge sehe ich, wie mich meine Mutter in eine Hose zwängt, die ich als Kind überhaupt nicht ausstehen konnte. Ich trample mit den Beinen auf den Fußboden.

Ich berichte meinen Therapeuten von meinem Eifersuchtsanfall gegenüber meiner Geliebten. Ich atme wieder eine Weile, dann sage ich zu meiner Geliebten: »Wenn ich nicht ehrlich mit dir sein kann, geh!« Das aber wandelt sich schnell in »Bitte bleib« und »Ich liebe dich«. Als man mich auffordert, mir ihr Gesicht genau vorzustellen, beginne ich ihren Namen zu rufen, lauter und immer lauter, bis ich einfach zusammenbreche.

Langsam verschwindet ihr Gesicht wieder, und ich sehe eine Reihe von Totenköpfen, die mich anzustarren scheinen. Als man mich fragt, was das ist, antworte ich, daß die Köpfe Tod für mich bedeuten. Sie scheinen mit unsichtbaren Armen auf mich zu weisen.

Dann beginnen meine Knie zu zittern, später auch mein Becken. Auf die Fragen meiner Therapeuten antworte ich, daß ich nicht weiß, warum ich so zittere. Man fordert mich auf, es einfach nur zu fühlen und nicht zu versuchen, es zu erklären. Das Zittern wird immer stärker; ich zittere jetzt am ganzen Körper. Plötzlich schaue ich in die Augen eines Arztes mit einer Reihe glitzernder Instrumente, einer Zange und einer Schere in der Hand; ich komme gerade aus einer Vagina; ich schreie, unendliche Angst überkommt mich; ich versuche in den Mutterleib zurückzukehren und schreie noch lauter. Der Arzt fummelt in der Gegend meines Nabels herum; ich bin geboren. Ich erzähle den Therapeuten diese Ereignisse und erkläre ihnen, daß mir eigentlich gar nichts weh tue, daß es einfach ein solcher Schock und eine solche Überraschung gewesen sei und daß ich nur Angst vor der Schere des Arztes gehabt hätte.

Wenig später sehe ich das Gesicht meiner Mutter vor mir und trinke an ihrer Brust; dazu sage ich: »Komisch, meine Mutter ist ziemlich liebevoll.« Während einer Kundalin-Meditation am Abend und einer dynamischen Meditation am nächsten Morgen steigen wilde Sexphantasien in mir auf. Dergleichen ist mir während dieser Meditationen noch nie zuvor passiert. Tief in meinem Inneren hat sich etwas geöffnet.

Zweiter Tag

Nach einer Weile, während der ich wieder holotropisch atme, erlebe ich das nächste Geburtstrauma; ich arbeite mich aus der riesigen Vagina einer Frau mit dickem Bauch hervor; dabei habe ich keine Schmerzen (Abbildung 1).

Die Therapeutin fragt mich, was ich fühle. Ich sage, daß ich es komisch finde, daß ich aus dem Schoß hervorgekommen bin, aber der Bauch der Frau trotzdem noch immer so groß ist. Doch dann kommt noch ein Kopf aus der Vagina hervor. Allmählich erkenne ich, daß es der Kopf von Osho ist, aber ohne Körper, nur der Kopf mit einer Na-

Abbildungen 1–20
Skizzen, die der Autor von seinen Erlebnissen bei Einzelsitzungen in Primal-Therapie in Poona (1977) angefertigt hat

Abbildung 1

Abbildung 2

Abbildung 3

Abbildung 4

belschnur. Die Frau wird zum Körper der Therapeutin, und Osho lehnt sich ans Knie der Therapeutin (Abbildung 2).

Nachdem ich wieder eine Weile geatmet habe, rudere ich mit den Armen; mir ist, als ertränke ich in einem schwarzen Teich. Ich rufe um Hilfe. Am Rand des Teiches steht K. M. (ein indischer Sannyasin und Freund von mir); er hält mir eine Angelrute hin, zieht sie aber immer wieder weg. Er hilft mir nicht, aus dem Teich herauszukommen (Abbildung 3). Also ertrinke ich, aber es tut nicht weh. Dann sehe ich mich an einem riesigen eisernen Haken baumeln, der an einer langen Eisenkette hängt. Als ich gefragt werde, warum ich schreie, antworte ich: »Ich will nicht sterben.« Die Therapeutin sagt darauf: »So ein intellektuelles Gewichse.« Sie provoziert mich und sagt mir, daß meine Geliebte vielleicht gerade mit jemand anderem ins Bett geht. Ich rufe mehrmals »nein, nein, nein«. Als sie mich fragt, wo das Gefühl des Nein sitzt, deute ich auf meine Bauchregion. Als ich »nein« schreie, steigt ein Bild in mir auf: Ich wehre mich gegen einen Speer, mit dem K. M. auf meinen Bauch zielt. Ich schreie immer weiter »nein, nein, nein«, und allmählich richtet sich der Speer auf meine Brust. Ich versuche ihn zur Seite zu schieben; dann verblaßt die Szene langsam. Mir wird klar, daß das Gesicht des Arztes, der gestern bei meiner Geburt assistierte, und das Gesicht von K. M., als er mich vorhin mit dem Speer zu erstechen versuchte, identisch sind (Abbildung 4).

Ich atme wieder eine Weile, dann beginne ich wild mit den Armen zu rudern; ich habe das Gefühl, in einer warmen, dunkelroten Flüssigkeit zu schwimmen. Plötzlich wird mir klar, daß ich an einem Ort bin, der einem Mutterbauch gleicht; ich versuche mich mit den Händen herauszuziehen. Dann ziehe ich meine Knie an die Brust und schlinge die Arme fest um sie; ich drücke meinen Kopf hinunter zu den Knien. Als ich meinen Hals so verrenke, überwältigt mich plötzlich das eigenartige Gefühl, mit dem Kopf nach unten im Mutterbauch zu hängen. Ich bekomme Angst, daß ich herausfallen könnte. Also halte ich mich an der Nabelschnur fest und fühle mich in Sicherheit. Das Gefühl, in Gefahr zu sein, läßt nach, als der Mutterleib, in dem ich mich befinde, eine horizontale Position einnimmt.

Abbildung 5

Abbildung 6

Ich pendle ungefähr dreimal zwischen dem Gefühl der Gefahr und dem Gefühl, in Sicherheit zu sein, hin und her. Ich rufe immer wieder: »Ich will hier heraus.« In einem Moment, in dem der Schoß in horizontaler Stellung ist, beginne ich kräftig mit den Beinen zu stoßen und drücke auch mit Armen und Händen gegen den Geburtskanal. Dabei rufe ich: »Hinaus, ich will hinaus.« Schließlich gelange

The Silent Orgasm

ich ins Freie. Während ich mich aus dem Mutterschoß hervorarbeite, habe ich gleichzeitig die Vision eines sehr alten Mannes mit runzeligem Gesicht in einer Felshöhle. Ich erkenne mich selbst in dem alten Mann. Er hat chinesische oder japanische Gesichtszüge. Er nimmt einen letzten Schluck Wasser und faltet dann die Hände wie zu einem indischen Gruß. Dann legt er sich in ein sargähnliches Bett neben eine sehr alte Frau, die ihre Arme öffnet, um ihn willkommen zu heißen. Ich habe das Gefühl, daß ich nun sterbe (Abbildung 5).

Nachdem ich wieder eine Weile geatmet habe, fühle ich mich wie ein kleines Baby, das unter schweren Decken in einer Wiege liegt; meine Arme ruhen auf der Bettdecke. Meine Mutter schaut mich vom Fußende des Bettes her an (Abbildung 6).

Die Therapeutin fordert mich auf, mich aufrecht hinzusetzen und die Augen zu öffnen. Sie fragt mich, was das für ein Gefühl war. Ich sage, es war eine Art Wut, und langsam wird mir klar, daß es Trotz war. Wir arbeiten dann ein wenig an diesem Gefühl, eine Liebe abzulehnen, die man eigentlich will. Bei diesem Spiel breche ich jedesmal in Tränen aus, wenn ich mich auf die Worte *Liebe mich* konzentriere; ich sehe dann die Gesichter meiner Mutter und meiner Geliebten vor mir und spüre, wie dringend ich diese Liebe brauche. Jedesmal, wenn ich mich auf die Worte *Liebe mich nicht* konzentriere, empfinde ich Wut, Haß und Trotz. Das Gesicht, das mir dann immer erscheint, ist das Gesicht meiner Ex-Frau. Ich schäme mich. Während der Kundalini-Meditation um fünf Uhr nachmittags erlebe ich eine weitere Geburtserfahrung. Ich unterdrücke den Wunsch, zu schreien, als ich aus der Vagina hervorkomme, weil andere Leute in der Nähe sind. Im dritten Stadium der Meditation erlebe ich in meiner Phantasie mit beiden Therapeutinnen wilde Sexszenen.

Abbildung 7

Dritter Tag
Gestern nachmittag habe ich mir in der Stadt einen Teddybären gekauft, der jetzt neben mir im Massageraum sitzt; ich brauchte einfach einen Freund. Nachdem ich eine Weile geatmet habe, erfaßt mich ein Gefühl der Furcht. Als die Therapeutin mich fragt, wovor ich Angst habe, antworte ich: »Vor euch beiden.« Sie fordern mich auf: »Gehe in diese Furcht hinein.«

Ich ziehe langsam die Knie an die Brust, um meine Bauchregion zu schützen; dabei halte ich meine Füße mit den Händen fest, denn eine Figur, die K. M. ähnelt, versucht meine Därme mit einem riesigen Dreizack zu durchbohren. Ich schreie: »Nein, nein!« Ich setze

Abbildung 8

Die Meditationstechnik der Jagd

Abbildung 9

Abbildung 10

Abbildung 11

Abbildung 12

Abbildung 13

mich aufrecht hin, um mich mit den Händen besser gegen den Dreizack wehren zu können, und schreie: »Halt!« (Abbildung 7).

Jetzt mache ich wieder Atemübungen; ich sitze mit angewinkelten Knien da und habe die Arme um die Knie geschlungen; ich habe das Gefühl, mich in einem warmen, dunkelroten Mutterbauch zu befinden. Der Dreizack ist jetzt auf meinen Nacken gerichtet, und unter mir befindet sich ein Loch, durch das ich den Himmel sehen kann; über den Rand des Loches blicken ein paar Gesichter, die ich nicht kenne. Ich klammere mich an der Nabelschnur fest, denn ich habe Angst, herauszufallen. Ich schaue nach unten auf das Loch und sage: »Ich will hier raus« (Abbildung 8).

Die Therapeutinnen ermutigen mich; ich beuge den Kopf auf den Fußboden hinab, um hinauszukommen, aber dann bekomme ich Angst und wehre mich dagegen. Immer wieder versuche ich, den Kopf hinunterzubeugen; schließlich greift mich eine Hand beim Nakken und schiebt mich nach vorne; ich mache eine Rolle vorwärts: Ich bin draußen (Abbildung 9).

Die Therapeutinnen ziehen mich auf die Matratze zurück. Ich zittere und weine. Ich spüre die frische Luft und den freien Raum um mich herum; es ist so ein gutes Gefühl. Tiefe Dankbarkeit steigt in mir auf; ich sage mehrmals einfach »Danke, danke«. Auf die Frage, wem ich denn dankbar sei, antworte ich: »Euch beiden.«

Ich berühre mein Herzchakra, als sei es eine Schatztruhe; auf die Frage, was in der Schatztruhe ist, antworte ich, daß sie alle Dinge und Menschen enthält, die ich liebe; sie sind darin in Form eines mittelalterlichen Bildes mit vielen Gesichtern; dann beschreibe ich die Gesichter (Abbildung 10). Die Therapeutinnen lassen mich nun über meine Gefühle gegenüber meinem Vater sprechen, über meine Mutter, meine Ex-Frau, meine Geliebte und die Menschen, die ich für meine Feinde halte. Schließlich spreche ich von dem Therapeuten, der die Encounter-Gruppe leitete, an der ich zwei Jahre zuvor teilgenommen hatte. Ich habe sehr herzliche Gefühle ihm gegenüber. Eine Vision des Herzchakras erscheint mir – diesmal ist sie ein bißchen anders als die Vision, die ich zuvor hatte: Es ist ein kleiner, glühend roter Ball gleich neben dem physischen Herzen vor einem dunkelblauen Hintergrund (Abbildung 11).

Diese Vorstellung verwandelt sich langsam in ein Bild, auf dem Osho in helles Licht getaucht auf einem Stuhl sitzt und langsam levitiert. Rings um ihn ist klares, helles Licht. Ich weine (Abbildung 12; vergleiche dazu auch Abbildung 4).

108 **The Silent Orgasm**

Nachdem ich wieder eine Weile geatmet habe, mache ich Handbewegungen, als wollte ich eine Fliege vor meinen Augen verscheuchen. »Ich will weg davon«, sage ich. Die Therapeutin fragt: »Weg wovon?« Ich antworte: »Weg von diesen Augen, diesen Falkenaugen.« Meine Hände verwandeln sich in Klauen. Ich bin ein Falke, der mit seiner Beute auf einem Felsen sitzt und sie in Stücke reißt (Abbildung 13).

Ich nehme ein Kissen zwischen meine Beine, trample mit den Füßen darauf herum und zerreiße es mit den Händen. In diesem Moment kann ich die Augen und den Schnabel des Falken genau sehen. Auf die Frage nach meinen Gefühlen antworte ich: »Ich will morden.« – »Wen?« – »Dich, dich, du Hure.« Ich rufe das mehrmals, solange ich ihr Gesicht vor meinem geistigen Auge sehe.

Abbildung 14

»Wen willst du noch töten?« Ich sehe das Gesicht meines Vaters; ich setze mich aufrecht hin, die Krallen ausgestreckt, bereit, ihn zu töten; ich ergreife ihn mit meinen Krallen beim Nacken. Dann stoße ich wieder Protestrufe aus: »Nein, nein, nein.« Auf die Frage, was ich denn da verneine, kommt die Antwort: »Nein zu Latein, nein zu Griechisch, nein zu Mathematik.« Ich mache einen weiteren Versuch, meinen Vater zu töten, aber ich bin zu erschöpft. In diesem Augenblick empfinde ich plötzlich eine große Liebe zu ihm. Ich pendle mehrfach zwischen intensivem Haß und Liebe hin und her. Ich öffne die Augen und spreche mit meinen Therapeutinnen über den Gott und den Falken in mir. Mir wird klar, daß ich den Falken in mir stets unterdrücke und den anderen immer als guter Junge erscheinen will.

Abbildung 15

Auf dem Weg aus dem Ashram fühle ich mich frisch und verjüngt. Während der Kundalini-Meditation will mein Körper sich in die Position eines Menschen begeben, der gekreuzigt wird. Der Kopf hängt herab, um im nächsten Augenblick abgeschlagen zu werden (Abbildung 14). Spät abends meditiere ich, indem ich einfach mein Gesicht im Spiegel anstarre. Ich entdecke zu meiner Überraschung, daß die Falkenaugen von heute früh meine eigenen Augen sind. Das stört mich aber jetzt nicht mehr (Abbildung 15).

Vierter Tag
Der Falke – das Gefühl von Wut, Haß und Mordlust – hat mich auch heute morgen bei der dynamischen Meditation verfolgt. Das Gefühl verstärkt sich sogar, als eine der Therapeutinnen mich auffordert, die bioenergetische Position des Reiters einzunehmen. Meine Beine zittern, und ich schreie. Dann kommt die andere Therapeutin herein und beschimpft mich. Sie befiehlt mir, gegen die Wand zu drücken,

Die Meditationstechnik der Jagd

erst mit der Brust, dann mit dem Rücken; dabei soll ich die Arme über dem Kopf verschränkt halten. Dann soll ich mich hinsetzen und mit dem Rücken gegen die Wand drücken. Sie fragen: »Wen schiebst du?« Ich sage: »Meine Geliebte.« Dann fange ich an, mich bei ihr zu entschuldigen. Da beschimpfen mich die Therapeutinnen noch mehr, gehen fort und knallen die Tür hinter sich zu. Sie bestehen darauf, daß ich den ganzen Tag einen Heiligenschein aus Draht und Silberpapier auf dem Kopf trage, damit ich nie vergesse, daß ich immer den netten Menschen und den Heiligen spielen will.

Als ich wieder im Hotel bin, koche ich vor Wut und Mordlust. Ich fange an, mir den Bauch mit Essen vollzuschlagen. Mir wird auch klar, daß dieses Gefühl der Aggression einem anderen Gefühl sehr nahe verwandt oder mit diesem vermengt ist: mit dem Gefühl von Sexuallust, Lust nach anonymem Sex, Sex, bei dem man seinen Partner nicht sieht. Den größten Teil des Abends bringe ich damit zu, meiner Geliebten einen Brief zu schreiben (den ich aber nie abschicke). Doch mir wird bewußt, daß das Spiel, das ich mit ihr gespielt habe, ein Spiel des Trotzes war; dieses Spiel war eines der Grundverhaltensmuster in meinem bisherigen Leben. Das deutet, glaube ich, auf eine Angst vor der Liebe hin, eine Angst, sich an eine andere Person zu verlieren, eine Angst vor dem Verschwinden, vor dem Tod des Selbst.

Fünfter Tag
Nachdem ich eine Weile tief geatmet habe, schlage ich auf die Kissen ein und bringe in meiner Phantasie beide Therapeutinnen um. Plötzlich ändert sich das Bild. Ich sehe meinen Vater vor mir liegen. Wie ein Irrsinniger schlage ich ihm den Kopf ab. Ich beschuldige ihn, mich immer zu irgend etwas gedrängt zu haben. Plötzlich merke ich, daß er tot ist (Abbildung 16). Ich empfinde große Reue und breche in Tränen aus. Jetzt wiederhole ich ständig, daß ich ihn immer geliebt habe, seine Augen, seine Hände und seinen Gang. Dabei sehe ich vor mir, wie er neben mir herging und meine Hand hielt, als ich noch ein Kind war. Es ist ein so warmes, gutes Gefühl.

Die Therapeutin fragt mich, ob ich meine Mutter auch sehen kann. Ich habe das Gefühl, daß sie nie wirklich für mich da war. Unsere große Wohnung erscheint mir jetzt völlig dunkel, was verwunderlich ist, denn sie war in Wirklichkeit sehr offen und hell. Nachdem ich wieder eine Weile intensiv geatmet habe, mache ich Handbewegungen, als ob ich einen Vorhang öffnen wolle, der mich von meiner Mutter trennt. Je mehr ich versuche, nach ihr zu greifen, desto weiter

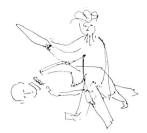

Abbildung 16

Abbildung 17

The Silent Orgasm

weicht der Vorhang zurück (Abbildung 17). Ich springe auf und rufe nach meiner Mutter. Schließlich erscheint sie und nimmt mich an ihre Brust. Das gibt mir ein ungeheures Gefühl des Trostes. Ich wälze mich hin und her und betrachte entzückt ihren nackten Körper von allen Seiten.

Abbildung 18

Wieder atme ich intensiv und fange an, laut zu schreien. Ich kämpfe und schlage heftig mit den Beinen um mich, um aus dem Bauch meiner Mutter herauszukommen; als der Arzt die Nabelschnur durchschneidet, springe ich mit einem lauten Schrei auf.

Plötzlich erscheint Oshos Gesicht vor mir. Er ruft: »Nur noch einmal; du hast deine Meditationstechnik gefunden.« Ich bekomme Krämpfe vor lauter Anstrengung, und mir läuft eine Menge Schleim aus dem Mund. Eine der Therapeutinnen hilft mir und steckt mir einen Finger tief in den Mund. Es tut sehr weh. Oshos Gesicht steht vor meinem geistigen Auge; er gibt mir Mut, weiterzumachen. Als es vorbei ist, ist schon das Gefühl, die Luft in diesem stickigen, stinkenden Massageraum zu atmen, eine reine Freude.

Ich beginne wieder intensiv zu atmen und schlage auf die Matratze ein; dabei schreie ich, daß ich völlig erschöpft bin. Sie fragen mich, wie sich diese Erschöpfung anfühlt, und ich sage, daß sie wie ein Schutz ist, ein Selbstschutzmechanismus, eine Flucht vor einer schrecklichen Szene, die sich jetzt in mein Bewußtsein drängt. Ich liege auf dem Operationstisch in einem medizinischen Vorlesungssaal, und der Professor erscheint mit einem riesigen Messer, um mir die Brust aufzuschneiden und mein Herz herauszunehmen. Ich lasse es schließlich geschehen; doch ich schreie furchtbar dabei (Abbildung 18). Abends habe ich die Selbstbetrachtungs-Meditation im Spiegel wieder gemacht, und mir wurde erneut bewußt, wie sehr der Falke in meinen Augen gegenwärtig ist – jederzeit bereit, zu töten. Er ist die andere Seite meines Ichs, die Seite, die hervorkommt, wenn ich nicht in einem Raum der Liebe bin.

Abbildung 19

Sechster Tag

Schon während der dynamischen Meditation am Morgen erscheinen mir viele Bilder von mir selbst als kleinem Jungen, mit meinen beiden Eltern in verschiedenen Kuschel-Situationen. Alles erscheint mir so groß, mir wird bewußt, daß ich ihre Berührung und Nähe brauche.

Einmal vergraben die Therapeutinnen meinen Kopf unter Kissen, als wollten sie mich ersticken. Ich schreie, aber das Eigenartige ist, daß ich auf dem Höhepunkt der Schreie, im Zentrum eines jeden

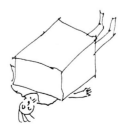

Abbildung 20

Die Meditationstechnik der Jagd

Schreis, eine tiefe Stille wahrnehme; es ist ein völlig befreiendes Gefühl. Den Rest der Sitzung verbringen wir mit einem Gespräch über die Frage, warum ich in meinem Leben immer relativ flachbrüstige asiatische Frauen als Lebensgefährtinnen gewählt habe. Dann sagen mir die Therapeutinnen, ich solle versuchen, eine Frau, die meiner Mutter ähnelt, dazu zu überreden, mit mir eine Nacht zu verbringen – ein bißchen wie ein Versuchskaninchen. Eine Frau ließ sich schließlich aus reinem Mitleid überreden, aber die Übung half mir nicht besonders weiter.

Siebter Tag

Nach einer beinahe schlaflosen Nacht komme ich in das Therapiezimmer und beginne mit dem intensiven Atmen. Auf Bitten meiner Therapeutinnen beschreibe ich die Szene, in der ich mich gerade befinde: Ich liege auf den Matratzen und halte die beiden Fäuste meines Vaters, der an den Füßen von der Decke hängt (Abbildung 19). Ich sage, daß sich das schwer anfühlt. Das Gefühl der Schwere steigert sich; schließlich verändert sich das Bild, und ich sehe mich unter einem großen Quader aus Eisen oder Stein, der auf meine Brust drückt (Abbildung 20). Ich beklage mich, daß ich beinahe ersticke.

Dann atme ich wieder weiter, und langsam läßt der Druck auf meiner Brust nach. Ich fühle mich voller Energie, die Energie fließt von meinem dritten Auge durch das Hals- und Herz-Chakra bis zum Solarplexus. Ich werde zu einem einzigen Energiefluß und gebe mich diesem kräftigenden Gefühl völlig hin. Es ist die klarste Wahrnehmung meines dritten Auges, die ich ohne äußere Stimulation je gehabt habe.

Das ist die ganze Geschichte, alles Wesentliche über meine Primal-Therapie. Gewiß liest sich das nicht wie die Erinnerungen eines Helden. Aber was in dieser Geschichte passiert, ist vermutlich repräsentativ für jeden typischen Menschen der abendländischen Zivilisation, also einer Kultur, die vornehmlich auf das Denken und auf Wettbewerb hin orientiert ist und nicht auf Liebe. Die Therapie hatte drei wichtige Ergebnisse für mich, die mein Leben fortan geprägt haben: 1. Die Stimme meiner Eltern in meinem Innern wurde völlig zum Verstummen gebracht. Schon das allein war den ganzen Schmerz wert. Ich begann zu verstehen, warum sowohl Buddha als auch Jesus das »Töten« der Eltern für eine Voraussetzung der Jüngerschaft erklärten. Die tausend Gebote und Verbote von Eltern und Lehrern müssen zertrümmert werden.

The Silent Orgasm

2. Ich war von der Faszination befreit, die Ostasien auf mich ausübte, die Weltgegend, in der ich schon seit mehr als einem Jahrzehnt lebte – und zwar, weil ich meinen letzten Tod in einer chinesischen oder japanischen Umgebung neu durchlebt hatte. Daß man das nicht wissenschaftlich beweisen kann, beunruhigt mich ganz und gar nicht; ein wissenschaftlicher Beweis hätte auch nicht denselben befreienden Effekt wie diese Erfahrung. Hier gilt wieder, daß nur die Erfahrung, nicht aber das theoretische Wissen den Menschen befreit.

3. Die schmerzhafte Vision, in der ich zusehen mußte, wie mir das Herz aus der Brust gerissen wurde, befreite mich ein für allemal von der romantischen Liebe, dieser meist egoistischen, von der Körperchemie getriebenen Liebe, die durch Eifersucht und Besitzansprüche immer mit ihrem Gegenteil verquickt ist: mit dem Haß. Nur wenn man sich von dieser Liebe befreit, entsteht eine nicht-egoistische, eine vom Ich befreite Liebe, die so total und allumfassend ist, daß Liebe einem als der Klebstoff erscheint, der das Universum zusammenhält. Die romantische Liebe sitzt im physischen Herzen, die größere, nicht-egoistische Liebe sitzt im metaphysischen Herz-Chakra.

Astralprojektion

Reisen des Bewußtseins in Raum- und Zeit-Tunnel

Einige Teile des menschlichen Bewußtseins können unseren Körper verlassen und in Raum und Zeit vorwärts und rückwärts reisen. Dies ist in klinischen Berichten von Todeserfahrungen, von Träumen und Hypnosen festgehalten. Auch gibt es Berichte über Reisen, die durch bestimmte spirituelle Methoden hervorgerufen wurden oder durch Drogen, die einen in Trance versetzen. Diese Reisen in die Welt jenseits der dreidimensionalen Realität (auf der Astralebene, um einen theosophischen Terminus zu gebrauchen) verändern unser Gefühl für Raum und Zeit zutiefst, denn während der Reise verschmelzen alle raumzeitlichen Trennungen: Das *Ein-Ereignis-nach-dem-anderen* der Zeit und das *Ein-Gegenstand-neben-dem-anderen* des Raumes verschmelzen zu einem riesigen Spektrum des Hier und Jetzt.

Obwohl es eine umfangreiche Literatur zum Thema *Astralreisen* gibt, verdanke ich meine Ansichten zu diesem Phänomen hauptsächlich meiner eigenen Erfahrung und dem, was ich in dieser Hinsicht miterlebt habe. Einige moderne Forscher teilen meine Ansicht, daß man astrale Erfahrungen als eine Ebene der Transparenz innerhalb eines einzigen, integrierten Bewußtseinsmodells erklären kann.

Astralprojektion widerfährt den Menschen oft unerwartet und unbeabsichtigt im Traum. Zum Beispiel sah ich einmal eine meiner Katzen wie ein Stück Stoff mit dem Kopf nach unten von einem Stuhl

Die Meditationstechnik der Jagd

herabhängen; es war ein komischer Anblick, beinahe sah die Katze aus wie eines der halbgeschmolzenen Objekte in einem Gemälde von Dali. Ungefähr drei Stunden später, nach einem langen morgendlichen Bad, trat ich vor die Tür, um die Katzen zu füttern, und eine von ihnen hing in der Tat von einem Stuhl herab, genau wie ich es in meinem Traum gesehen hatte. Die Katze war sehr krank. Entweder war die Zeit in sich zusammengefallen, und ich hatte in meinem Traum eine Präkognition von einem Ereignis, das in der »wirklichen« Zeit erst später eintreten würde, oder der Raum war in sich zusammengefallen, und ein Teil meines Bewußtseins war von dem Bett, auf dem ich träumend lag, fortgegangen und hatte an einem anderen Ort etwas *gesehen*. Oder vielleicht hatten sowohl Zeit als auch Raum in meinem Traum die normalen Grenzen überschritten.

In der ersten Nacht nach meiner Ankunft in einer fremden Großstadt träumte ich einmal, daß ich erschossen worden sei. Ich sah Blut aus einem kleinen Loch in der Brust meines gelben Pullovers tropfen. Ich stand auf, um Hilfe zu holen; als ich an der Tür stand, blieb ich stehen und blickte zurück. Da sah ich, daß ich noch auf dem Bett lag. Ich war plötzlich verwirrt und wußte nicht mehr, ob ich stand oder lag. Dann fiel mir ein, daß ich die Tür wohl gar nicht zu öffnen brauchte, da ich nicht mehr in meinem Körper war. Ich konnte einfach durch die Tür hindurchgehen, was ich dann auch tat. Ich war froh, jemanden den Korridor entlanglaufen zu sehen, denn ihn konnte ich um Hilfe bitten. Doch zu meinem Entsetzen lief ich schnurstracks durch ihn hindurch. Als ich merkte, daß ich keine Chance hatte, gehört oder gesehen zu werden, war ich zugleich frustriert und amüsiert. Ich begann zu lachen, und das weckte mich auf.

Man kann solche Zustände transpersonaler Bewußtheit auch absichtlich durch bestimmte Meditationstechniken herbeiführen. In Poona nahm ich in den späten siebziger Jahren einmal an einem dreiwöchigen Meditations-Workshop teil, der es sich ausdrücklich zum Ziel gesetzt hatte, daß seine Teilnehmer ein wenig Astralprojektion lernen sollten. Der Workshop hieß Soma, nach dem berühmten magischen Pilz der Veden; aber in dem Kurs wurden keine Drogen benutzt. Die Vorbereitung für die Out-of-body-Erfahrung bestand in zwei intensiven Wochen gelenkter Meditation, wobei wir uns ganz auf die Chakras und phantasiertes Licht konzentrierten.

Es heißt, daß das größte Hindernis für Astralreisen in der Angst liegt, in der Angst vor dem Tode, denn gemeinhin wird das Verlassen des Körpers mit dem Tode gleichgesetzt; Angst davor, nicht mehr in

Abbildungen 1–7
Körperpositionen bei der »Breath of Fire«-Mediationen, bei der man sich mit Hilf von sieben verschiedenen Atemtechniken und Bewegungen auf die sieben Chakras konzentriert.

den Körper zurückkehren zu können; und dann ist da natürlich auch noch die grundlegende Angst vor allem Neuen (vgl. Monroe, S. 205). Die langen Soma-Meditationen bewirkten, daß ich mein Selbst als immer weniger scharf umgrenzt empfand, immer weniger abgetrennt von der Umwelt, immer weniger als einen abgegrenzten, festen physischen Körper. So erschien mir die Möglichkeit der astralen Projektion zusehends weniger als ein Heraustreten aus dem Körper und immer mehr als eine Reise in unerforschte Regionen meines Bewußtseins. Mit anderen Worten, der Gedanke an Astralprojektion flößte mir keine Todesangst mehr ein.

Abbildung 1

Eine der Meditationsübungen, die wir in der Soma-Gruppe machten, heißt »Breath of Fire«. Es ist eine besonders wirkungsvolle Methode, in der spezielle Körpertechniken mit intensiviertem Atmen kombiniert werden, wobei man sich der Reihe nach auf jedes der sieben Chakras konzentriert. Ehe ich berichte, was in der letzten Woche des Workshops geschah, möchte ich die sieben Stadien der »Breath of Fire«-Meditation beschreiben (vergleiche hierzu auch die Illustrationen auf Seite 115–116).

Abbildung 2

1. Konzentration auf das Wurzel-Chakra:
Setze dich in den Lotussitz, hebe die Arme hoch und richte die Daumen nach oben. Atme tief und kräftig aus, wobei die Geschwindigkeit sich langsam steigern sollte. Zum Schluß atme ein, presse, atme wieder kräftig aus, und wiederhole das Ganze. Dann entspanne dich.

Abbildung 3

2. Konzentration auf das Sakral-Chakra (knapp unterhalb des Nabels):
Lege dich auf den Rücken, hebe die Arme und Beine ungefähr 20 Zentimeter vom Boden, atme zweimal kräftig aus dem Bauch heraus aus, ruhe dich kurz aus, dann wiederhole das Ganze so lange, bis du erschöpft bist.

Abbildung 4

3. Konzentration auf das Solarplexus-Chakra:
Knie dich hin, und setze dich auf deine Unterschenkel. Atme kräftig aus, und biege dein Rückgrat im Rhythmus deines Atems.

4. Konzentration auf das Herz-Chakra:
Setze dich in den Lotussitz, und verschränke die Hände in Schulterhöhe; atme kräftig aus der Brust heraus aus.

Abbildung 5

Die Meditationstechnik der Jagd

Abbildung 6

Abbildung 7

5. Konzentration auf das Hals-Chakra:

Setze dich in den Lotussitz, und lege deine Hände auf deine Füße; atme zweimal tief durch den Mund aus, dann atme zweimal durch die Nase ein. Tu das alles ziemlich schnell.

6. Konzentration auf das Stirn-Chakra (das dritte Auge):

Nimm nacheinander die folgenden drei Haltungen ein: Arme nach beiden Seiten ausgestreckt, die Hände zeigen nach oben; dann hebe die Arme ein wenig an, und richte die Daumen nach oben; schließlich recke die Arme ganz nach oben. Atme aus dem oberen Brustkorbbereich, flach, schnell und unregelmäßig.

7. Konzentration auf das Kronen-Chakra:

Knie dich hin, und setze dich auf die Unterschenkel, strecke die Arme über den Kopf, und falte die Hände, nur die Zeigefinger sollen aufgerichtet sein. Atme tief und schnell aus dem Bauch heraus.

Nach zwei Wochen meldete ich mich mit Feuereifer als Freiwilliger zu einer ersten »Versuchsreise«. Ich wurde gebeten, mir zwei Helfer auszusuchen, zu denen ich besonderes Vertrauen hatte. Ich legte mich hin, während der erste Helfer sich neben meinem Kopf niederließ und der andere zu meinen Füßen. Dann begannen wir alle drei im Einklang miteinander sehr sanft zu atmen, als ob wir ein einziger Körper wären. Die Gruppenleiterin sagte mir, ich müsse nun eine klare Entscheidung darüber treffen, wohin ich reisen wolle und in welcher Dimension, ob im Raum oder in der Zeit. Ich beschloß, in der Zeit zu reisen, und zwar soweit wie möglich zurück. Dann benutzte sie Suggestionstechniken und brachte mich ganz vorsichtig dazu, aus meinem Körper herauszutreten. Ich ging auf eine Reise durch die Darwinsche oder die hinduistische Evolution der Tierarten; es war eine Reise in drei Dimensionen und in leuchtenden Farben. Eigentümlicherweise ging diese Reise rückwärts durch die Zeit, und seltsamerweise erlebte ich sie zweimal. Außer fürchterlichen Schmerzen im oberen Teil meines Rückgrats, die ich auch durch leichte Bewegungen meines Körpers nicht lindern konnte, verspürte ich während der ganzen Reise ein Gefühl ungeheurer Freiheit.

Zu Anfang sah ich mich als Kuh, die grasend Schritt für Schritt über eine Wiese ging; in der Nähe hüpften ein paar Vögel herum. Ich fühlte mich so, wie sich eine Kuh fühlt. Ich hatte ein überwältigendes Gefühl ungestörter Ruhe; ein Gefühl, hundertprozentig in der Gegenwart zu sein und nicht durch die Hintergrundgeräusche meines

Denkens gestört zu werden. Danach sah ich mich als adlerartiger Vogel, der hoch am Himmel flog; ich hörte den Luftzug und hatte eine wunderschöne Panoramasicht auf das Land unter mir. Dann sah ich mich plötzlich als Katzenfisch, der durch schlammiges Wasser schwamm; das Atmen fiel mir schwer, und ich begann zu weinen. Diese Sequenz endete damit, daß ich einen Busch mit tausend roten Blüten vor mir auftauchen sah; der Busch stand auf einem hohen Gipfel inmitten anderer Berge. Ja, ich hatte das Gefühl, daß die Blüten sehen und fühlen konnten; ich *war* die Blüten. Bienen kitzelten mich, die leichte Brise streichelte mich, und die Sonne liebte mich. Der Busch sah einen Menschen, der im Schatten meditierte; dann wurde der Mensch eins mit dem Busch und allen seinen Blüten. Ich hatte das Gefühl, zugleich der ganze Busch und nur eine einzige seiner Blüten zu sein. Die anderen Blüten nahm ich nun als all die Menschen wahr, die sich gerade in Poona im Ashram eingefunden hatten.

Nach etwa einer halben Stunde oder vielleicht auch einer Stunde merkte ich, daß man versuchte, mich wieder zurückzurufen. Ich bekam wieder die schrecklichen Rückenschmerzen und verspürte gar kein Verlangen danach, zurückzukehren. Man drehte mich vorsichtig auf den Bauch; mein Bauch war eiskalt. Nur mein Rückgrat war glühend heiß. Die Gruppenleiterin kühlte es mit einem Schwamm, den sie in warmes Wasser getaucht hatte. Dann kam der Moment, in dem ich feststellen mußte, daß ich wieder zurückgekehrt war. Diese Erfahrung der Astralprojektion hinterließ aber bei mir ein Hochgefühl, das viele Wochen anhielt; in gewissem Sinne sogar Jahre. (Dieser Trip hatte ganz andere Nachwirkungen als die wenigen Trips mit Halluzinogenen, die ich ohne Begleitung und Führung gemacht habe; letzteren folgte immer nur entweder eine Depression oder gar nichts Besonderes.)

Im Japanischen bedeutet Wohlbefinden »gen-ki«, ein Wort, das man mit dem Schriftzeichen für »Ursprung«, gefolgt von dem Schriftzeichen für *Energie* wiedergibt. Hier fühlt man sich an Gebsers Diktum erinnert, demzufolge der »Ursprung immer gegenwärtig« ist. Nur ist es eben so, daß wir diese Gegenwart oft nicht zulassen, und deshalb »fehlt uns« auch oft etwas. Natürlich ist sich der durchschnittliche Japaner der tieferen Bedeutung dieses Wortes gar nicht bewußt.

Die Wahrheit meiner Geschichte kann man keinem Skeptiker beweisen; ich kann sie niemandem beweisen, nicht einmal mir selbst. Bei dieser Erfahrung erhielt ich keinen wissenschaftlichen Beweis für andere Existenzformen. Was ich aus der Erfahrung der Astralprojektion gelernt habe, ist eher ein besseres Gespür für die seltsame

Die Meditationstechnik der Jagd

Wahrheit, daß ich um so mehr Energie habe, je tiefer ich mir meiner Identität bewußt bin, und das heißt, je transparenter mein Bewußtsein ist. Irgendwann einmal wird jemand Einsteins berühmte Gleichung von Energie, Masse und Lichtgeschwindigkeit verbessern müssen, denn sie ist nur eine Formel für ein totes Universum. Was in der Gleichung fehlt, ist der Faktor des Bewußtseins. Die Relativitätstheorie ist das Produkt eines Zeitalters, das von abstrakten Gedankenkonstruktionen geprägt war, von dualistischen Visionen lebloser Materie, die von einem todlosen Schöpfergeist beaufsichtigt wird.

Energie ist direkt proportional zur Transparenz des Bewußtseins. Osho hat ein Modell vorgeschlagen, das die drei Schichten des Bewußtsein-Energie-Konglomerats beschreibt; es ist ein einziges, unteilbares Modell, aber wir können es in drei Schritten kennenlernen. Die erste Schicht dieses Bewußtsein-Energie-Modells kennen wir aus dem Alltagsleben; hier befindet sich die Energie, die wir bei der Arbeit brauchen; wenn wir erschöpft sind, ist sie aufgebraucht. Wenn wir in großer Gefahr schweben, steht uns noch eine zweite Energie-Ebene zur Verfügung; wir können selbst dann noch fliehen oder kämpfen, wenn die Energie der ersten Schicht aufgebraucht ist. Die dritte Schicht wird angezapft, wenn sogar die Reserven der zweiten Schicht aufgebraucht sind; auf diese Schicht stützen wir uns auch bei der Meditation. Wenn man diese Schicht erreicht, hat man das eigenartige Gefühl, unendliche Energie und ein unendlich transparentes Bewußtsein zu besitzen. Deshalb hat sogar eine Millisekunde der Meditation, eine Millisekunde, in der man der immer gegenwärtige Ursprung *ist,* kraftspendende und transformierende Wirkung.

Wenn man dir wissenschaftlich beweist, daß du ein Samurai oder ein Leibeigener gewesen bist oder, wie Jean Charon es ausdrücken würde, daß dein Körper sehr wahrscheinlich Elektronen enthält, die einst Teil der Existenz eines Pharaos waren, und daß du deshalb alle Erfahrungen seines Lebens in dir birgst – wenn man dir das wissenschaftlich beweist, bist du immer noch genauso unberührt und tot wie vor dem Beweis. Hier liegt der Unterschied zwischen Wissenschaft und Meditation. In der Meditation ist der Forschende zugleich das Versuchskaninchen. Nach wissenschaftlichen Experimenten weißt du mehr, nach der Meditation *bist* du mehr.

Natürlich gibt es keinen inneren Lotsen, der dir einen bekannten Kurs durch den wilden und grenzenlosen Ozean deines Bewußtseins weisen kann. Was als Astralprojektion im Raum geplant war und auch als solche anfing, kann zu einer Sequenz perinataler Erfahrungen

Abbildungen 1–15
Eine Reihe von Visionen nach mandalischer
Sextherapie

Die Meditationstechnik der Jagd

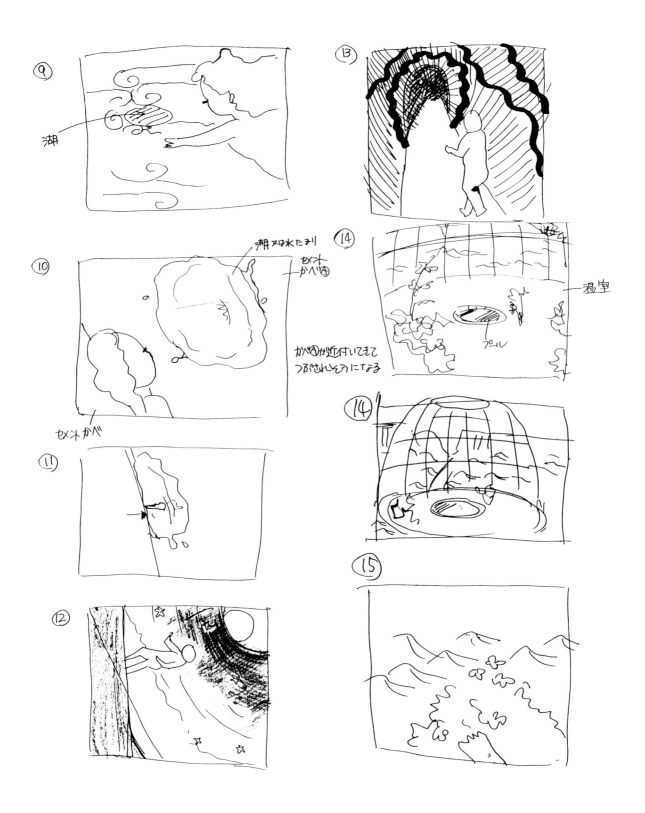

The Silent Orgasm

werden oder ganz andere unerwartete Wendungen nehmen. Sobald du den Teil des Eisbergs betrittst, der unter Wasser liegt, oder dich sogar in den Ozean stürzt, in dem dieser Eisberg schwimmt, gibst du alle Kontrolle darüber auf, was an die Oberfläche kommt und was nicht; hier ist alles mit allem vernetzt und besteht aus ein und derselben Substanz.

Ein Beispiel dafür, wie eine solche Projektion plötzlich zu etwas völlig Unerwartetem werden kann, ist der folgende Bericht einer Frau, die durch Suggestion dazu gebracht worden ist, nach mandalischem Sex aus ihrem Körper herauszutreten (vergleiche die Abbildungen auf S. 119–120). Nachdem sie über einem Haus in Kioto emporgestiegen ist und einen Blick auf die Stadtlandschaft aus der Vogelperspektive (1, 2, 3) geworfen hat, klettert sie an einem Seil aus Schlingpflanzen durch die Wolken (4, 5, 6), schaut den Mond an und überlegt kurz, ob sie zu ihm hinüberfliegen soll; doch dann entschließt sie sich, wieder zur Erde zurückzukehren (7, 8). Auf dem Weg zur Erde entdeckt sie einen See (9), der plötzlich zu einem Teller Wasser (10) wird und sie gegen eine Betonwand schleudert (11). Dann geht sie an der Wand des Betontunnels entlang, an seinem Ende ist der Mond (12). Der Tunnel wird zu einem rötlichen Geburtskanal (13), und sie befindet sich plötzlich in einem riesigen Gewächshaus mitten in der Wüste. In dem Gewächshaus befindet sich ein Wasserteich (14).

Die folgenden Zeichnungen sollen die fließende, dynamische Qualität der Visionen verdeutlichen, die das Unbewußte schafft. Diese Erfahrung steht im Gegensatz zu den beeindruckenden und statischen »Stills«, die Grof in seinen Büchern über transpersonale Therapie mit psychedelischen Drogen beziehungsweise holotropischem Atmen zeigt. Bei diesen Bildern habe ich erstens den Eindruck, daß sie manipuliert wurden, insofern sie in eine mandalisch runde Form gebracht worden sind; zweitens erwecken sie durch ihre viel zu feine, detaillierte Ausarbeitung im Detail den Eindruck, als handle es sich um statische Visionen – sie wirken wie sorgfältig durchkomponierte Ölbilder. Nach meiner Erfahrung sind die Bilder, die man sieht, aber flüchtige Blitze und gleichen eher einer schnell geschnittenen Filmsequenz als einer statischen Fotografie.

Der Zweck der transpersonalen Therapie ist es, biographische und perinatale Episoden aus dem eigenen nicht wahrgenommenen Bewußtsein und aus dem transpersonalen Bewußtsein an die Oberfläche zu bringen. Transpersonale Therapietechniken, insbesondere

Zusammenfassung
Ein Transparenz-Bewußt-seinsmodell

Primal-Therapie, basieren auf demselben Grundsatz wie die psycho-analytische Theorie des Unbewußten: Auch sie gehen davon aus, daß ins Unbewußte verdrängte Episoden so lange unsere Wahrnehmung stören und uns im täglichen Leben beeinflussen können, bis sie an die Oberfläche gelangt sind. So entsteht unser alltägliches neurotisches Verhalten, das eher eine Reaktion auf Ereignisse einer fernen Vergangenheit ist als auf Ereignisse des Hier-und-Jetzt.

Ganz allgemein bieten transpersonale Therapien viele Möglichkeiten, ungelöste Erlebnisse aus der Vergangenheit wiederzuentdekken, sie neu zu durchleben und sich so ihrer Bürde zu entledigen, die sonst noch in der Gegenwart auf uns lasten würde. Diese Therapiemethoden helfen uns also, in der Gegenwart zu leben und unsere natürliche Kreativität und angeborene Intelligenz zu entdecken. Trotzdem sind sie nichts weiter als Techniken, und als solche verlangen sie einen ungeheuren persönlichen *Einsatz*, und zwar ganz gleich, welches der vielen Tore zum verdrängten Inhalt des Bewußtseins man wählt. Das heißt: Therapie ist nicht Meditation.

Meditation steht jenseits des Bewußtseins, welches Inhalte hat, und jenseits der Erfahrung, ganz gewiß aber jenseits jenes Teils der Erfahrung, der mental ist. Es gibt kein Tor zur Meditation, weil es niemanden mehr gibt, der hindurchgehen könnte; auch ist für die Meditation kein »Einsatz« nötig, weil es niemanden mehr gibt, der ihn leisten könnte. Auch ist die Meditation nichts Unbekanntes, das man erst lernen müßte; deshalb ist sie auch nicht schwierig. Mein eigener Führer betonte: »Meditation ist nichts Neues. Du bist damit auf die Welt gekommen. Der Verstand ist etwas Neues – Meditation ist dein Wesen. Sie ist dein Wesen, sie ist dein eigentliches Sein. Wie kann sie da schwierig sein?« (*Rajneesh*, 1991, S. 11).

Einige der Erfahrungen, die man bei der Primal-Therapie oder anderen Therapieformen macht, sind sehr angenehm; das gilt auch für Erfahrungen im Kundalini-Yoga oder in Meditationen, welche die Chakras öffnen. Sie können stärkend, heilend und schön sein. Aber jeder, der bei einem lebendigen Meister war, wird wissen, daß er dir solche Erfahrungen nicht läßt, sondern wieder wegnimmt, als seien sie Kinderspielzeug und für einen Erwachsenen nicht mehr geeignet. Er wird dich immer wieder weitertreiben. »Der letzte Punkt auf der Reise ist der, wo es nichts mehr zu erfahren gibt – weder Stille noch Seligkeit noch Nichts. Es gibt nichts, was dir als Objekt gegenüberstünde, es gibt nur noch deine Subjektivität. Der Spiegel ist leer. Er reflektiert nichts. Er ist du« (*ibid.*, S. 26).

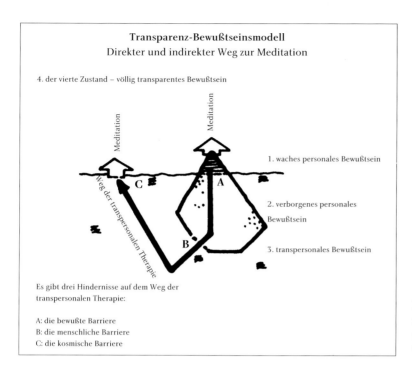

Das Transparenz-Modell des menschlichen Bewußtseins mit direktem und indirektem Weg zur Meditation

Es gibt Meditationsschulen, zum Beispiel *zazen* im Zen-Buddhismus, die sich gar nicht die Mühe machen, den Müll des »Unbewußten« anzuschauen oder zu deuten. Wenn man dich bittet, deine eigenen Träume zu interpretieren, und du den Mund öffnest, kann es passieren, daß der Meister dir nur einen Schlag auf den Kopf gibt, um dich aufzuwecken. Zen will blitzschnell das ganze Unbewußte durchdringen, um dann Satori zu erreichen: den ersten Blick auf die Realität.

Ich halte es für hilfreich, das Bewußtsein im Lichte der *Transparenz* zu betrachten. Deshalb möchte ich hier ein weiteres Bewußtseinsmodell vorstellen, das seine Wurzeln in der freudianischen Theorie hat und auf Grofs Forschungsergebnissen aufbaut. Mein Modell unterscheidet vier Ebenen eines unteilbaren Bewußtseinskontinuums, die man vielleicht besser vier Grade der Transparenz nennen könnte.

Eine gute Metapher für das Transparenz-Bewußtseinsmodell ist ein Eisberg im Meer, ein Bild, das schon Sigmund Freud benutzt hat. Wenn man es holistisch betrachtet, besteht es aus (1) einer kleinen Spitze, die aus dem Wasser ragt, (2) einem größeren Teil, der im Wasser ist, (3) dem riesigen Ozean, in dem der Eisberg schwimmt, und (4) der feuchten Luft über dem Ozean. Diese vier Teile bestehen alle aus derselben Substanz, nämlich Wasser, aber jeder dieser Teile bietet

Die Meditationstechnik der Jagd

unserer Wahrnehmung einen anderen Grad der Transparenz (vergleiche die Abbildung auf Seite 123).

Ich nenne die ersten drei Aspekte »waches personales Bewußtsein, »verborgenes personales Bewußtsein« und »transpersonales Bewußtsein«. Der vierte Teil, den ich mit der feuchten Luft über dem Ozean vergleiche, läßt sich unmöglich in Worten beschreiben. Wir wollen uns ein Beispiel am Vedanta nehmen und ihn einfach »Den Vierten« nennen. Dieser vierte Teil ist Bewußtsein ohne Inhalt, Bewußtsein, das auch in den drei anderen Schichten enthalten und für sie durchlässig ist. Es ist die Schicht der reinen Bewußtheit oder des vollkommen transparenten Bewußtseins: die Domäne der Meditation.

Dieses Modell impliziert bereits zwei Wege der Meditation. Der eine ist indirekt: der Weg der transpersonalen Therapie in all ihren Abarten, ein Weg, der durch das Eis und das Wasser der personalen und transpersonalen Bewußtheiten führt und sich schließlich in der Luft des vollkommen transparenten Bewußtseins auflöst. Der andere Pfad ist direkt und hat etwas von der Blitzartigkeit eines Satori, er zertrümmert alle Bewußtseinsinhalte in einem Blitz der Erleuchtung, einem plötzlichen Zerschmelzen von Eisberg und Ozean.

Dieses Modell soll die Vorstellung veranschaulichen, daß Bewußtsein nicht einfach mit Wissen gleichzusetzen ist, jedenfalls nicht in dem Sinne, daß man um so bewußter wird, je mehr Wissen man anhäuft. Außerdem ist dieses Modell frei von den üblichen dualistischen Trennungen zwischen Bewußtsein und Unbewußtem (oder personalem und transpersonalem Bewußtsein) oder zwischen Bewußtsein mit Inhalt und Bewußtsein ohne Inhalt, akzeptiert aber dennoch ihre für unsere Sinne wahrnehmbare Existenz.

Es stimmt einfach nicht, daß wir nicht in ständigem Kontakt mit unserem verborgenen oder transpersonalen Bewußtsein stehen; selbst wenn wir wach sind, ist es nicht von uns abgetrennt. Nur hat unsere Erziehung uns nicht gelehrt, es wahrzunehmen. In Wirklichkeit wären wir nicht einmal mehr am Leben, wenn wir nicht in beständigem Kontakt mit Dem Vierten, dem *Ursprung* stünden. Wir sind Das Vierte.

Jeder, der sich ernsthaft um die Meditation bemüht, lernt, daß ihm das eigene Bewußtsein um so unwirklicher erscheint, je stärker er in der objektiven Außenwelt, in der Welt des Materiellen verwurzelt ist. Dann ist nur die Spitze des Eisberges wirklich. Umgekehrt: Je mehr man in seinem eigenen Bewußtsein verwurzelt ist, das heißt, je transparenter und integrierter das Bewußtsein eines Menschen ist, desto weniger wirklich wird einem die objektive Außenwelt erscheinen. Die materielle Welt wird zu dem, was die Hindus *Maya* nennen, einer Vorführung von Zauberkunststücken.

Mit diesem Modell im Kopf möchte ich nun die transpersonalen Therapietechniken analysieren. Grundsätzlich gilt, daß sie alle eine dialektische Struktur aufweisen. Um sich zu entspannen und vorbehaltlos alles wahrzunehmen, was in einem aufsteigt, wird man zunächst in ein unbekanntes Chaos gestürzt, zum Beispiel durch Drogen, durch Hyperaktivität (etwa das wilde Schütteln des Körpers in der Kundalini-Meditation) oder durch Hyperventilation und chaotisches Atmen in der Dynamischen Meditation, oder indem man seiner Privatsphäre und des Schlafes beraubt wird wie in der Encounter-Therapie. Bei all diesen Therapieformen (mit Ausnahme der Hypnotherapie) müssen im Anfangsstadium große Anstrengungen gemacht werden, um die Abwehrmechanismen des Patienten aufzubrechen.

Dieses Anfangsstadium kann nur zehn Minuten dauern, es kann sich aber auch, wie in der Mystic-Rose-Meditation, die Osho in den achtziger Jahren vorgestellt hat, über Wochen hinziehen. Mystic Rose ist ein Meditations-Retreat, der drei Wochen dauert, wobei jeden Tag drei Stunden meditiert wird. In der ersten Woche tut man nichts als lachen, nicht, weil jemand Witze erzählte, sondern einfach so, ohne jeden Grund. Denn es gibt so viele Situationen, wo die gesellschaftlichen Umstände unser Lachen unterdrücken. Eine Woche Lachen aus dem Bauch heraus ist deshalb immer eine großartige Katharsis für alle Teilnehmer. In der zweiten Woche fängt man dann mehr oder weniger von allein zu weinen an; man weint eine ganze Woche lang. Da die Gesellschaft deine Tränen noch viel stärker verdrängt hat als dein Lachen, wird diese Katharsis noch viel tiefere Schichten deines Wesens erreichen. In der dritten Woche sitzt man still da, schaut einfach zu und nimmt wahr. Nach zwei Wochen der Katharsis hat man nun eine Chance, ganz ruhig dazusitzen; der Zustand der Ruhe, den man auf diese Weise erreicht, wäre gewiß nicht so tief, hätte man nicht diese zwei Wochen der Vorbereitung gehabt (vergleiche die Rajneesh-Kassette: *The Mystic Rose*).

Die dreiwöchige Mystic-Rose-Meditation, die auf dieser Kassette zu einer Stunde komprimiert wird, ist die mittlerweile klassische Dynamische Meditation, die Osho ebenfalls in den frühen siebziger Jahren für die Bedürfnisse des modernen Menschen erfand. Auch diese Meditation hat die gleiche dialektische Struktur. Erster Schritt (zehn Minuten): schnelles und unregelmäßiges Atmen mit Schwergewicht auf dem Ausatmen. In dieser Phase soll man bis zur völligen Erschöp-

Die Meditationstechnik der Jagd

Unio mystica in den Klauen des Todesgottes (47 x 61 cm)

fung gehen, um so viel Energie wie möglich aufzubauen. Zweiter Schritt (zehn Minuten): Diese Energie soll nun in eine unkontrollierte Katharsis hinein explodieren; befreie dich von allem, was in dir aufsteigt. Dritter Schritt (zehn Minuten): Schreie das Mantra *HU! HU! HU!* so laut du kannst und aus dem Bauch heraus, während du auf den Fersen auf- und abhüpfst. Dies wird auf dein niedrigstes Zentrum, dein Sexzentrum, einhämmern. Vierter Schritt (zehn Minuten): Halte plötzlich in der Position inne, in der du dich gerade befindest, und nimm einfach wahr, was in dir und außerhalb von dir passiert. Fünfter Schritt: Zelebriere die Stimmung, in der du dich befindest, zu sanften Tanzrhythmen.

Die erste Phase des dialektischen Prozesses dieser meditativen Therapien besteht immer aus Hyperventilation und Hyperaktivität wie wildem Tanz, Jogging oder erschöpfenden Mantras; dies dient dazu, deine Energie aufzubauen, damit du alles, was du an Wahnsinn in dir angesammelt hast, fortwerfen kannst. Der andere Pol der Dialektik besteht aus Entspannung, Ruhe, bewegungsloser Stille, die dich zu einem nicht-urteilenden Schauen führen soll und zu einer tiefen, unvoreingenommenen Bewußtheit. Manchmal versetzt dich diese Phase in einen tranceähnlichen, ich-losen Zustand, in dem dein Bewußtsein zusehends transparenter wird und du in seine entferntesten Ecken schauen kannst, zugleich aber im Hier-und-Jetzt bist, um mit einem Helfer zu kommunizieren, falls das nötig ist. Die beiden Phasen oder Pole funktionieren wie ein Pendel: Je mehr du dich in der Phase der Hyperaktivität und Hyperventilation erschöpfst, desto tiefer wird deine Entspannung sein. Bei vielen der einstündigen Meditationen muß der Führer einem nur die Struktur der Meditation erklären und darauf achten, daß sie korrekt ausgeführt wird und daß es keine Zwischenfälle oder Störungen gibt. In der Encounter- und der Primal-Therapie hingegen spielt der Führer oder Therapeut eine sehr wichtige Rolle.

Ich kann mir nicht vorstellen, wie jemand ganz allein eine Sitzung in Primal-Therapie durchlaufen könnte. Wie sollte er seine eigenen Abwehrmechanismen aufbrechen? Und es ist für mich auch unvorstellbar, daß jemand, der selbst kein Geburts-Primal miterlebt hat oder noch nicht in transpersonale Regionen seines eigenen Bewußtseins vorgedrungen ist, einem anderen auf seinem Weg dorthin helfen könnte. Man muß diesen Weg selbst gegangen sein. Nur dann wird man, glaube ich, die Liebe, das Mitgefühl und die Entschlußkraft aufbringen können, jemand anderem einen »Schubs« in die richtige Richtung zu geben.

Die Meditationstechnik der Jagd

Chakrasamvara-Mandala
»Höchste Glückseligkeit«, eine Vajrayana-Gottheit vom Range eines Buddha; nepalesische Kopie eines tibetischen Originals, 1990 (81 x 118 cm)

Die Orgasmus-Technik:
Tantrischer Sex

Die therapeutischen und meditativen Techniken, die ich im Kapitel ab S. 129 vorgestellt habe, sind allesamt Variationen des Jagd-Paradigmas: des unvoreingenommenen Beobachtens in absoluter Stille, bei dem sowohl das »Ich« als auch das Ich-Fremde zum Leben erwachen. Die Techniken, die ich im folgenden Kapitel beschreibe, fallen in das Paradigma des Orgasmus, bei dem man das Geheimnis des sexuellen Energieflusses und sexueller Vereinigung nutzt, um transpersonale Bewußtseinszustände zu erlangen. Vielleicht gibt es solche Techniken, weil die Freude, die man im Augenblick des Orgasmus verspürt – in dem Moment also, wo jedes Gefühl des Getrenntseins verschwindet – die Menschen nach Möglichkeiten suchen ließ, wie man diesen Augenblick in die Länge ziehen oder die sexuelle Energie in die Transzendenz der Meditation transformieren kann.

Die Rolle der Chakras oder »Drüsen ohne Gänge«

Manche Menschen sind der Meinung, daß der Zustand der Meditation nur durch eine biologische Veränderung zustande kommen kann, daß er also das Resultat einer natürlichen Evolution ist und kein Ergebnis persönlicher Bemühungen. Diese Ansicht ist keine reine Spekulation, sondern fußt auf persönlichen Erfahrungen. In einem Buch mit dem Titel *The Mystique of Enlightenment* bezeichnet U. G. Krishnamurti die Meditation als einen natürlichen Zustand, der keine Ursache hat. »Die Natur wirft uns gelegentlich eine Blüte in den Weg, das Endprodukt der menschlichen Evolution« (*Krishnamurti*, S. 66). Er glaubt, daß kulturelle Konditionierungen uns davon abhalten, diesen natürlichen Zustand zu erreichen; selbst historische »Helden« des Bewußtseins wie Buddha, Sokrates oder Laotse werden seiner Meinung nach zu Stolpersteinen auf dem Weg zur Blüte unserer *eigenen* Seinsweise. »Der evolutionäre Prozeß ist nicht daran interessiert, denjenigen, den er zur Perfektion gebracht hat, als Vorbild für weitere Geschöpfe zu benutzen; er will eine immer neue Schöpfung« (*ibid.*, S. 100).

Krishnamurti (nicht zu verwechseln mit dem bekannteren Weisen Jiddu Krishnamurti aus Indien) bezeichnet die physischen Veränderungen, die er während seines eigenen Wandlungsprozesses durch-

Modernes Tantra und das Tao der Liebe
Meditation als Ergebnis einer biologischen Veränderung im Körper

läuft, als die »Kalamität«. Er will damit zum Ausdruck bringen, daß das Glücksgefühl oder die Ekstase, die man für gewöhnlich mit intensiver Meditation oder Erleuchtung assoziiert, eine reine Erfindung sind. Seine eigene Erfahrung sagt ihm, daß die Alchemie der physiologischen Wandlung ungeheuer schmerzhaft ist.

Krishnamurti beschreibt seine biologische Mutation in den Begriffen der Lehre von den Chakras, welche er »Drüsen ohne Gänge«

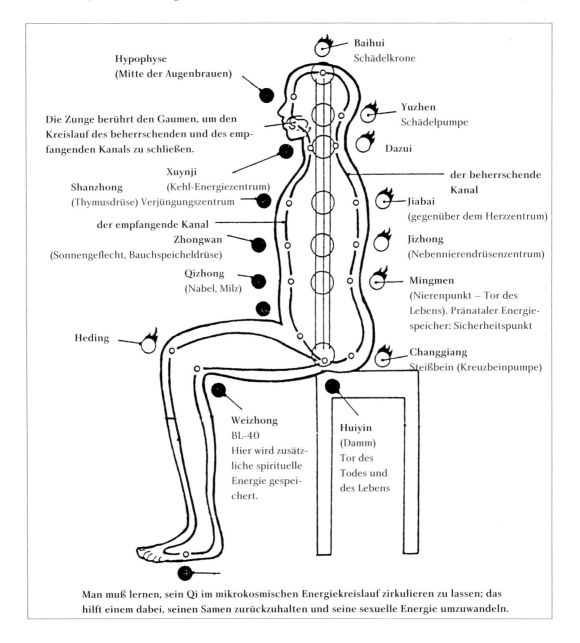

Diagramm des »kleinen himmlischen Eenergiekreislaufs« der Lebensenergie, reproduziert aus: *Mantak Chia, Taoist Secrets of Love*

The Silent Orgasm

nennt. Obgleich er glaubt, daß man die Chakras nicht bewußt durch den Verstand beeinflussen kann, sagt er: »Wenn die Chakras nicht aktiviert werden, hat der Mensch keine Chance, zur Blüte seines eigenen Wesens zu gelangen« (ibid., S. 98). Mit anderen Worten: Dieser radikale Denker, der abstreitet, daß es einen Zusammenhang zwischen menschlicher Bemühung und Erleuchtung gibt, der glaubt, daß die Evolution sich niemals wiederholt, betont dennoch die Bedeutung der Chakras für die Wandlung des menschlichen Bewußtseins. Er folgt darin der traditionellen indischen Auffassung, daß die Chakras den Schlüssel zu dem Mechanismus enthalten, durch den die Natur sich selbst im Prozeß der Evolution perfektioniert.

Die Bedeutung der Kundalini oder »Schlangenkraft«

Auch für Gopi Krishna ist die Erleuchtung Resultat eines natürlichen Prozesses, der biologischen Gesetzmäßigkeiten unterworfen ist. Er kommt zu dem Schluß, daß das »mystische Bewußtsein vor allem eine biologische Veränderung im Gehirn zur Voraussetzung hat« und daß »spirituelle Erfahrung der Höhepunkt eines bestimmten Gesetzmäßigkeiten unterworfenen Prozesses der biologischen Evolution« ist (Krishna, S. 69 u. 104). Aber im Gegensatz zu Krishnamurti, der behauptet, daß jeder menschliche Versuch, diese biologische Evolution zu beeinflussen, zwecklos ist, hält Krishna das Kundalini-Yoga für eine sehr wirksame Medizin, um uns in den Zustand der Meditation zu versetzen.

Beim Kundalini-Yoga nutzt man die Bio-Energie, die im reproduktiven System des untersten Chakras, des Sexual-Chakras, gespeichert ist; diese Energie wird mit Hilfe bestimmter Techniken nach oben, ins Kronen-Chakra in der Nähe des Hirns, geleitet. Wenn die Kundalini-Energie dort ankommt, versetzt sie uns in einen Zustand der Ekstase, schafft Glücksgefühle und ein klares Bewußtsein, das sich dann im ganzen menschlichen Körper ausbreitet und all seine normalen Funktionen verbessert. Nach Ansicht Krishnas wäre die Erweckung der Kundalini, der Schlangenkraft, bei möglichst vielen Menschen der einzige Weg, die Menschheit von ihrem selbstzerstörerischen Weg abzubringen.

Die Bedeutung des »kleinen himmlischen Energiekreislaufs« und des »inneren Orgasmus«

In den letzten zwanzig Jahren haben verschiedene Meister oder Schüler taoistischer und tantrischer Praktiken im Osten und Westen Bücher veröffentlicht, in denen sie bislang wohlgehütete Geheimnisse offenbaren: nämlich, wie man den natürlichen Fluß der sexuellen Energie des Menschen umkehren kann, um bestimmte spirituelle Ziele zu erreichen. Außerdem werden tantrische und taoistische Therapien inzwischen in unzähligen Schulen und Workshops im Westen verbreitet.

Den modernen Lehren der taoistischen Geheimnisse der Liebe liegen drei Hauptprinzipien zugrunde:

1. Die komplexen Formen taoistischer Meditation basieren auf der Kultivierung des »kleinen himmlischen Energiekreislaufs« in unserem Körper, den Mantak und Maneewan Chia den »mikrokosmischen Energiekreislauf« nennen. Dieser Kreislauf wird geschaffen, indem man zwei Haupt-Energiebahnen, die auch in der chinesischen Medizin bekannt sind, miteinander verbindet. Die erste Energiebahn ist das Lenker-Gefäß, das an einem Punkt zwischen Anus und Hoden (oder Vagina) entspringt und über das Steißbein an der Wirbelsäule entlang nach oben verläuft, bis ins Hirn und wieder nach unten bis zum Gaumen. An dieser Stelle kann man das Lenker-Gefäß über die Zungenspitze mit der anderen Haupt-Energiebahn, dem Diener-Gefäß, verbinden; dieses hat denselben Ausgangspunkt wie das Lenker-Gefäß, läuft entlang der vorderen Körperseite über das Schambein, die Bauchorgane, das Herz und den Hals und endet an der Zungenspitze (vergleiche die Abbildung auf S. 130). Verschiedene Techniken der Imagination, der Atmung und der manuellen sexuellen Stimulation können einzeln oder gemeinsam dazu verwendet werden, die eigene Urenergie zu wecken und mittels der Technik des *Großen Emporziehens* in Zirkulation zu bringen; die Bewegungsrichtung des Großen Emporziehens verläuft vom Sex-Zentrum das Rückgrat entlang bis hinauf zum Kronen-Chakra und dann an der Vorderseite des Körpers hinab und wieder zurück zum Sexual-Zentrum.

Auch die uralte Heilkunst und Basis aller Kriegskünste des alten China, das Qigong, das in den letzten Jahren in China einen ungeheuren Aufschwung erlebte, zielt darauf ab, diesen *kleinen Energiekreislauf* zu aktivieren. Das Wörtchen »qi« in »qigong« bedeutet Energie im weitesten Sinne, von kosmischer kreativer Energie bis hin zum Geist, den ein jeder Mensch bei der Geburt empfängt. Grundsätzlich definiert die chinesische Medizin die Gesundheit als gut funktionierende Zirkulation von Energie durch die verschiedenen dafür vorgesehenen Bahnen. Im Qigong heißt das, daß man versucht, seine Lebensenergie durch drei aufeinander abgestimmte Übungen zu lenken und in Zirkulation zu bringen: körperliche Bewegung, Atmung und bewußtes Denken. Insofern stehen Mantak Chias Übungen zur Zirkulation der Energie in der besten Tradition der altehrwürdigen Qigong-Übungen.

2. Sexuelle Erregung kann man allein oder gemeinsam mit einem Partner dazu nutzen, sexuelle Energie in »spirituelle« Energie zu verwandeln. Deshalb wird Sex nicht nur als ein Mittel zur Fortpflanzung und/oder Mittel zu körperlichem Vergnügen und emotionaler Erfüllung gesehen, sondern auch als ein Weg zur Entwicklung des Bewußtseins. Aus diesem Grunde gibt es eine klare Unterscheidung zwischen normalem, nach außen gerichtetem Orgasmus, bei dem man dieser Tradition zufolge Lebensenergie verliert, und einem kultivierten »Tal-Orgasmus« im Sinne des Tao der Liebe, einem Orgasmus, bei dem man Energie gewinnt. Da nur der letztere sich zur Wandlung des menschlichen Bewußtseins eignet, gibt es verschiedene Techniken, mit deren Hilfe man den kurzfristigen, nach außen gerichteten, energie-verschleudernden Orgasmus hinauszögern oder verhindern

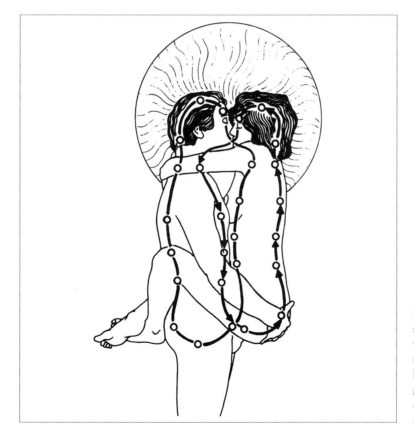

Diagramm der Verschmelzung des männlichen und weiblichen mikrokosmischen Energiekreislaufs bei der sexuellen Vereinigung; reproduziert aus: *Mantak und Maneewan Chia, Healing Love*

Die Orgasmus-Technik: Tantrischer Sex

kann. Zweck dieser Techniken ist es, einen *inneren Orgasmus* auszulösen, der den Verlust der Energie verhindert und durch den sich diese Energie in dem beschriebenen Kreislauf »recyceln« läßt. Ziel dieser Übung ist nicht nur ein verlängertes und gesteigertes sexuelles Vergnügen, sondern letztlich die Erreichung transparenter Bewußtseinszustände.

3. Der mikrokosmische Energiekreislauf kann auch mit einem Partner sehr wirkungsvoll praktiziert werden, und zwar wiederum durch verschiedene Formen der Verzögerung des nach außen gerichteten Orgasmus bei beiden Partnern, aber auch durch die Verschmelzung der beiden kleinen Energiekreisläufe zu einem einzigen, der aus zwei getrennten Körpern *einen* Energiekörper schafft (vergleiche die Abbildung auf Seite 133).

Mantak und Maneewan Chia fassen die »Geheimnisse der Liebe« folgendermaßen zusammen: Es ist »eine beständig rollende Expansion des Orgasmus durch den ganzen Körper, der den inneren Orgasmus auf eine halbe Stunde, eine Stunde, zwei Stunden oder noch länger ausdehnt, und zwar in einer sich allmählich steigernden, bis zu einem ungeheuren Höhepunkt der Ekstase führenden Stufung. Man kann diese Form der sexuellen Liebe so oft genießen, wie man will, ohne Gefahr zu laufen, sein Vergnügen mit einer Schwächung seiner Lebensenergie bezahlen zu müssen« (*Chia*, 1984, S. 258). »Die Sperma-Energie wird in den warmen Fluß des kleinen Energiekreislaufs hinein kanalisiert. Der warme Fluß wird in geistige Kraft umgewandelt, und diese Kraft oder Seele wird schließlich in die höchste Manifestation, den reinen Geist, transformiert. Wenn dieser Geist in einem Unsterblichen Körper verkörpert wird, gewinnt er die Freiheit, zwischen verschiedenen geistigen Ebenen hin und her zu wechseln. Dies ist ein Schritt über die Erkenntnis der kosmischen Einheit hinaus« (*Chia*, 1986, S. 171).

Im letzteren Zitat beschreibt Mantak Chia die letzte der sieben Stufen der Transformation sexueller Energie in spirituelle Energie. Er gibt zu, daß er selbst diese letzte Stufe noch nicht erreicht hat, daß sie aber »im tausendbändigen taoistischen Kanon wohldokumentiert ist; dieser enthält auch die Namen vieler Menschen, die diese Stufe erreicht haben«. Bei dieser Bemerkung aber drängt sich dem Leser eine wichtige Frage auf: Ist es ehrlich, in mehreren Büchern zu behaupten, daß sexuelle Energie zu spirituellen Zwecken benutzt werden kann, wenn man selbst die vollständige Erfahrung noch nicht gemacht hat?

134   **The Silent Orgasm**

Dennoch sind die Prinzipien der taoistischen Liebe klar: Aktivierung des »Kleinen Energiekreislaufs«, Praxis des verlängerten Tal-Orgasmus, der auch als innerer Orgasmus bezeichnet wird, und Verschmelzung des männlichen und weiblichen Energiekreislaufs zu einem synergetischen Energiekörper. Auch das Ziel dieser Praxis ist klar formuliert; es heißt: Transformation von sexueller Energie in spirituelle Energie, das heißt, die sehr personal ausgerichtete Aktivität des Geschlechtsaktes soll zu transpersonalen Zwecken genutzt werden, um einen »unsterblichen Körper« zu schaffen.

Die Bedeutung des »High Sex« – der Umwandlung des Orgasmus in Ekstase

Das Wort »Tantra« leitet sich ursprünglich von dem Tätigkeitswort »strecken« oder »dehnen« her; Tantra ist eine Methode zur Ausdehnung oder Erweiterung des Bewußtseins. Die esoterischen Yoga- und Meditationspraktiken, die seit Jahrtausenden unter dem Namen Tantra bekannt sind, betonen in der Regel die Einswerdung von männlichem und weiblichem Pol. Zeitgenössische exoterische Interpretationen bei uns im Westen konzentrieren sich für gewöhnlich auf die Nutzung sexueller Ekstase zur Erlangung eines transparenteren Bewußtseins. Diese Methode ist dann oft den taoistischen Liebespraktiken sehr ähnlich, die ich oben kurz umrissen habe.

Margo Anand Naslednikov glaubt, daß die komplexen Rituale des Tantrismus für das moderne Abendland nicht geeignet sind, und machte sich deshalb daran, »neue, zeitgemäßere Methoden« zu finden, mittels deren man durch die sexuelle Ekstase hindurch zur Erfahrung der Meditation gelangen kann. Fußend auf einem begrenzten Training in der klassischen tantrischen Tradition und vielen anderen Praktiken entwickelte sie »High Sex«, den sie als eine Kombination aus Sexualforschung und humanistischer und transpersonaler Psychologie betrachtet (*Anand Naslednikov*, S. 7). Wie bei der modernen Aufbereitung des Taoismus durch Mantak und Maneewan Chia steht auch im Zentrum von Nasled)

Der erste Schritt besteht darin, einen »Strömungsreflex« im eigenen Körper zu schaffen, eine Art besonderer Energie für den Orgasmus. Ziel der in diesem Schritt vorgestellten Techniken ist es, dir erfahrbar zu machen, daß der Ursprung der Energie für sexuelles Vergnügen einzig und allein in deinem eigenen Körper liegt. Der zweite Schritt dient dazu, »die ekstatische Reaktionsfähigkeit zu erwecken«,

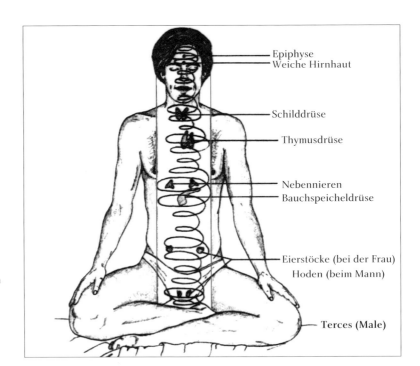

»Wie man den Tiger allein reitet«: Das Diagramm zeigt das spiralförmige Aufsteigen der Lebensenergie vom untersten zum höchsten Chakra. Reproduziert aus: *Anand, The Art of Sexual Ecstasy*

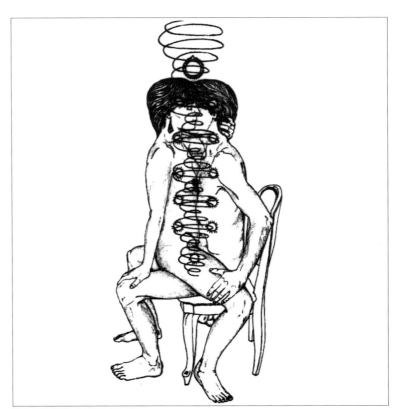

»Wie man den Tiger gemeinsam reitet«: Das Diagramm zeigt die spiralförmige Aufwärtsbewegung der Lebensenergie zweier Partner während des Tal-Orgasmus. Reproduziert aus: *Anand, The Art of Sexual Ecstasy*

und zwar durch Techniken, die einen Zustand absoluter Entspannung mit einem Zustand extremer sexueller Erregung verbinden. Hier besteht das Prinzip – wie beim Tao der Liebe – darin, die gewöhnliche genitale Entladung im Orgasmus hinauszuzögern und einen inneren Orgasmus zu erreichen, der vom ganzen Körper Besitz ergreift und längere Zeit anhält.

Der dritte und letzte Schritt in Anands tantrischer Sequenz besteht darin, die »Welle des Glücks zu reiten« oder den »Tiger zu reiten«. Das kann man sowohl allein als auch mit einem Partner tun. Wenn man es allein tut, verlängert dies den »Strömungsreflex« des Orgasmus und hebt die Lebensenergie vom Sex-Zentrum am untersten Chakra Schritt für Schritt hinauf zum Kronen-Chakra, wo es einen »Hirn-Orgasmus« auslöst (vergleiche die Abbildung auf Seite 136 oben). Wenn man es mit einem Partner tut, wird die innere Energie beider Partner in synchroner Harmonie aufwärts bewegt, und man kann das orgasmische Gefühl zum Kronen-Chakra oder jedem anderen Körperteil hinlenken. Der gewöhnliche genitale Orgasmus wird so in eine langanhaltende orgasmische Ekstase hinein verlängert, und die voneinander abgetrennten Energien der beiden Partner fließen zu einer größeren Synergie zusammen (vergleiche die Abbildung auf Seite 136 unten). Ziel ist ein Geschlechtsverkehr ohne Energieverlust oder eine Art »Perpetuum mobile orgasmischer Ekstase«, das durch die sexuelle Energie des einzelnen oder zweier Partner in Gang gehalten wird. Wie diese sexuelle Praxis ein transparenteres Bewußtsein schaffen kann, also ein Bewußtsein, das keine geschlechtlichen Trennungen mehr kennt, bleibt jedoch ein Geheimnis.

Es ist gewiß eine große und lohnende Aufgabe, der modernen Welt die tantrischen und taoistischen Geheimnisse der Liebe zu übermitteln und zu interpretieren; eine solche Arbeit wird sicherlich vielen Paaren Glück und Erfüllung bescheren. Ich glaube aber nicht, daß die hier beschriebenen Praktiken echte Meditation sind; noch weniger kann ich glauben, daß sie zur Erleuchtung oder zur Unsterblichkeit führen können (wie Mantak Chia behauptet). Die versprochenen Freuden bewegen sich sehr wahrscheinlich immer noch im Rahmen eines dualistischen, inhaltsbeladenen Bewußtseinszustands.

Wenn man die spiralförmigen Energiemuster und die blumigen Chakra-Diagramme nicht völlig überbewertet, so bieten die beiden besprochenen Bücher nichts als eine Beschreibung der Erfahrung und des Flusses sexueller Energie. Ihre Techniken bestehen nur aus

Kritik

Der grundlegende Fehler in der Sichtweise des Tantra und des taoistischen Wegs der Liebe

oberflächlichen Kontakten und Energie-Überlappungen. Es mag wohl sein, daß jemand, der den Anweisungen dieser Bücher folgt, seinen materiellen und energetischen Körper mit dem seines oder ihres Partners synchronisieren kann, aber diese Vereinigung bleibt rein körperlich. Meditation beginnt erst da, wo nicht nur die Spielzeuge der Erfahrung feinstofflicher Energie verschwinden, sondern auch derjenige, der diese Erfahrungen macht.

Tantrische Praktiken sind alles andere als einfach, und der sogenannte Tal- oder innere Orgasmus kann leicht zu einem manipulierten Phänomen verkommen. Im schlimmsten Falle fördert der Versuch, die sexuellen Freuden zu verlängern, den Egoismus. Außerdem kann eine solche Praxis den Orgasmus eines wichtigen natürlichen Aspektes berauben – nämlich seines explosiven, ganzheitlichen Charakters, der den Menschen wenigstens für einen Augenblick jedes Gefühl der Dualität überwinden läßt. Die Selbstkontrolle, welche tantrische und taoistische Praktiken verlangen, steht der Meditation ebenso im Weg wie das von ihnen geweckte Bedürfnis nach bestimmten Glückszuständen.

Es kommt aber immer, ganz gleich, wie lange man die »Welle des Glücks« reitet, der Moment, in dem die Partner voneinander lassen und in ihr Alltagsbewußtsein zurückkehren müssen. Und was ist, wenn der *Trip* vorüber ist? Ohne Meditation wird keine Transformation stattgefunden haben. Außerdem hängt die Erfahrung der Chakras oder des Flusses der Lebensenergie gar nicht davon ab, daß man sexuell erregt ist oder seinen Orgasmus manipuliert.

Ich bezweifle nicht, daß die in den tantrischen oder taoistischen Quellen beschriebenen Techniken dazu benutzt werden können, transpersonale oder völlig transparente Bewußtseinszustände hervorzurufen. Leider schlagen die modernen Überarbeitungen dieser Techniken die falsche Richtung ein, weil ihnen das rechte Verständnis für die Sache fehlt: Sie denken, das Ziel sei ein intensiveres Gefühl sexueller Erregung, das Zurückhalten der Samenflüssigkeit und ein verlängerter Orgasmus; dieses Mißverständnis mag eine Folge sozialer Konditionierungen sein. Es geht ihnen um nichts als Sex, ganz gleich, wie raffiniert dieser erscheint. Ich habe aber noch nie gehört, daß ein Mensch durch die Praxis eines verlängerten Orgasmus erleuchtet worden sei. Sex muß transzendiert werden, und zwar schon im wörtlichen Sinne – man muß *darüber hinausgehen*. Bezeichnenderweise geht keines der mir bekannten Bücher zu diesem Thema mit mehr als nur ein paar Sätzen auf den Moment ein, in dem man in der

Tat über den Sex hinausgegangen ist, den Augenblick, wenn der Sex vorbei ist, die »Lücke« nach dem Orgasmus.

Ein führender Wissenschaftler sagt über die Ursprünge der tantrischen Praxis in Indien: »Die Kontrolle der Samenflüssigkeit wird als Kontrolle über alle Leidenschaften und Befreiung von allen Begierden verstanden; natürlich entstammt diese Vorstellung der in ganz Indien verbreiteten asketischen Tradition, derzufolge Begierden und Leidenschaften das Voranschreiten des Menschen zur Ekstase verhindern. Der Verlust von Samenflüssigkeit ist in Indien eine weitverbreitete und uralte Angst; vermutlich steht sie sogar im Zentrum des größten Angstsyndroms der indischen Kultur« (*Bharati*, S. 294).

In der Tat ist der Wille zur *Kontrolle* das zentrale Merkmal des Tantra. Die »Verhinderung des Samenergusses« ist nur eine von insgesamt drei Kontrollvorschriften des Tantra, welche der Tantrika zu befolgen hat. Davor kommt die Vorschrift, *den Atem zu kontrollieren,* und im Anschluß daran die Vorschrift, *das Denken zu kontrollieren,* so daß es keinen inneren oder äußeren Gegenstand mehr hat. Aber solange noch kontrolliert wird, muß jemand dasein, der kontrolliert, so daß die alte Dualität von Kontrolliertem und Kontrolleur bestehen bleibt. Aus wie vielen Menschen bestehe ich? Das Ich, das doch eigentlich aufgelöst werden sollte, kommt durch die Hintertür wieder herein, denn es muß doch gegenwärtig sein, wenn *coitus reservatus* in irgendeiner Form praktiziert werden soll. Schon die geringste Erfahrung mit Meditation bringt einen aber zu der Überzeugung, daß »das Leben immer schon der Kontrolle entzogen ist, jedenfalls der Kontrolle des Selbst« (*Feuerstein*, 1990, S. 226).

Eines der ältesten Traktate der tantrischen Tradition ist das *Vigyana Bhairava Tantra* (»die Technik, seine innerste Realität kennenzulernen«); in ihr werden die 112 klassischen indischen Meditationsmethoden dargestellt. Die Technik, mit der Buddha zur Erleuchtung gelangte, ist nur eine davon. Das Wissen um diese 112 Wege ist wahrscheinlich viel älter als die älteste uns bekannte Niederschrift des Textes aus dem neunten Jahrhundert nach Christus.

Diese Schrift beschreibt drei Methoden, bei denen es unmittelbar um die Umwandlung des Geschlechtsaktes in Meditation geht. Ich ziehe Paul Reps' poetische Übersetzung der wahrscheinlich exakteren, aber sehr komplizierten, schwer verständlichen Übersetzung von Sing vor.

»Beim Beginn einer sexuellen Vereinigung sei achtsam auf das Feuer *am Anfang,* und indem du dies fortsetzest, vermeide die glü-

Die Orgasmus-Technik: Tantrischer Sex

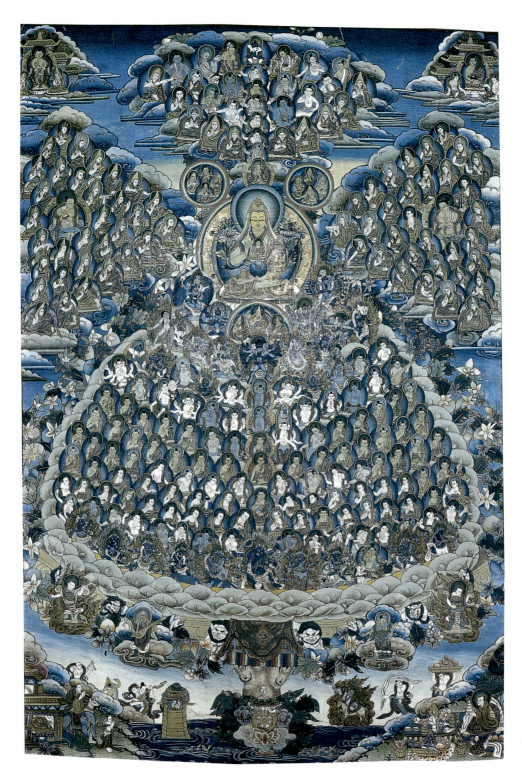

Buddhas
Anordnung von Buddhas in Form eines Baumes (48 x 73 cm)

hende Asche am Ende. Wenn in solch einer Umarmung deine Sinne wie Laub geschüttelt werden, *so gehe in dieses Schütteln!*

Selbst nur in der Erinnerung an die Vereinigung, ohne Umarmung – *die Verwandlung*« (*Reps*, S. 199).

Die erste Strophe empfiehlt, was in den tantrischen und taoistischen Praktiken dann näher ausgeführt wird: Eile nicht dem Ende des Sex-Aktes, dem Orgasmus entgegen; verhindere die Ejakulation und reite die Welle so lange wie möglich; wirf deine Energie nicht fort, sondern bilde einen synergetischen Kreislauf mit deinem Partner, in welchem »ein jeder beide ist«, wie Alan Watts es einmal ausgedrückt hat. Die zweite Strophe empfiehlt, daß man sich ganz dem Geschlechtsakt hingeben und jegliche Kontrolle aufgeben soll.

Die dritte Strophe weist darauf hin, daß du dich in diesen größeren Energie-Zyklus, diesen kosmischen Tanz auch allein einschwingen kannst, wenn du ihn zuvor einmal mit einem Partner erlebt hast. Dann bist du direkt eins mit dem Universum, ohne dazu einen Partner als Katalysator zu benötigen; denn innerlich bist du immer schon beides gewesen, Yin und Yang, männliches und weibliches Prinzip. Wenn du das erreicht hast, bist du frei von der sklavischen Bindung an einen Partner.

Man muß jede Kontrolle über den Körper und seine Funktionen und jedes Bedürfnis nach Meditation überwinden. Meditation kann man weder kontrollieren noch begehren. Die Meditation ist etwas viel Größeres, Umfassenderes als man selbst.

Ich hoffe, Margo Anand Naslednikov kann mir verzeihen, wenn ich ihr ein Zitat ihres eigenen Meisters entgegenhalte. »Wenn du etwas erfährst, dann nenne ich es nicht Meditation. Dann ist es immer noch Kontemplation; es ist immer noch ein Denkprozeß. Ganz gleich, wie raffiniert und subtil, es ist immer noch Denken… Meditation aber heißt, daß das Denken aufhört – und zwar total. Dabei endet jedoch das Bewußtsein nicht; das Bewußtsein setzt nur dann aus, wenn du im Tiefschlaf bist, aber nicht bei der Meditation. Darin liegt der Unterschied zwischen Meditation und Tiefschlaf… Die Kunst, bewußt zu sein, ohne zu denken, das ist Meditation« (*Rajneesh, Dynamics of Meditation*, 1972, S. 228). Der eigentliche Zweck des vorliegenden Buches ist es, den im alten Indien bekannten Meditationstechniken noch eine weitere hinzuzufügen. Diese 113. Meditationsmethode hat auch mit Sexualität zu tun, aber ganz anders als bei den von Shiva vorgeschlagenen Meditationswegen – und auch anders, als es der tantrische oder der taoistische Weg vorschlägt.

Die Orgasmus-Technik: Tantrischer Sex

Bhairava
Furchterregende Shiva-Gestalt mit Gefährtin in der sexuellen Vereinigungs-Stellung, die der hinduistischen Shiva-Shakti-Vereinigung entspricht; Newari-Thangka aus dem Jahre 1989 (36 x 49 cm)

Der stille Orgasmus: eine Kombination von Jagd- und Orgasmustechnik

Die Polarität des Orgasmus und die Lücke danach

Die Technik des transpersonalen oder mandalischen Sex ist so einfach, daß ich mich frage, warum sie noch von keinem der modernen oder alten tantrischen Meistern der Liebe aufgezeichnet wurde. Ich möchte sie gleich zu Beginn in poetischer Form vermitteln, wobei ich mich an Paul Reps' Version des *Vigyiana Bhairava Tantra* anlehne, denn diese Methode sollte hier eigentlich als die 113. Meditationstechnik aufgeführt sein:

> Liebe bis zur Erschöpfung, explodiere,
>
> tritt in die Lücke ein und werde gewahr –
>
> Erleuchtung!

Am Ende des Kapitels über die Orgasmus-Technik haben wir festgestellt, daß das grundlegende Prinzip transpersonaler meditativer Therapien ein dialektisches ist: Um äußerste Entspannung zu ermöglichen, um einen Menschen in einen Zustand äußerster Ruhe und Stille, unvoreingenommener Bewußtheit und Akzeptanz zu versetzen, stürzt man ihn zunächst in körperliche Hyperaktivität, in Hyperventilation oder eine tiefe Katharsis. Im allgemeinen gilt der Merksatz: Je intensiver das eine, desto intensiver das andere. Je mehr man sich in der Phase der Aktivität erschöpft, um so tiefer kann man in der Ruhe und Stille der Passivität versinken.

Auch der Sex in der nun folgenden Meditationstechnik besteht aus zwei aufeinanderfolgenden, gleich wichtigen Phasen: einer Phase, in der man der aktiv Tätige ist, und einer zweiten, in der man als passiver Zeuge fungiert. Diese Meditationstechnik ist eine Kombination aus Orgasmus-Paradigma und Jagd-Paradigma, aus Orgasmus im alltäglichen Sinn des Wortes (aktiver Pol) und der friedvollen Stille nach dem Orgasmus (passiver Pol).

Scheue dich in der ersten Phase aber nicht, alle von den alten Meistern erdachten Rituale und Kniffe zu benutzen, nur mit einem Unterschied: Versuche nicht, am Schluß den Orgasmus hinauszuzögern. Das Zurückhalten der Samenflüssigkeit, zu dem einem die Taoisten und Tantrikas so dringend raten, wird bestenfalls bewirken, daß du deine körperliche Energie nicht völlig verausgabst; aber für diesen kleinen körperlichen Vorteil opferst du das wichtigste metaphysische Potential des Geschlechtsaktes: Denn so wirst du nicht in den Zustand der Meditation eintreten. Du hältst etwas von dir zurück, du behältst die Kontrolle.

Es ist verständlich, daß man Angst davor hat, ganz loszulassen und im Orgasmus aufzugehen, aber genau das muß man beim mandalischen Sex tun. Wie bereits erwähnt: Jede Meditationstechnik ist eine künstliche Todeserfahrung; damit ist natürlich keine körperliche Todeserfahrung gemeint, sondern eine Todeserfahrung des Selbst. Welche Methode könnte einem mehr vermitteln als das?

Um die erste Phase noch wirkungsvoller zu gestalten, können die Partner zu Anfang auch lange Zeit holotropisch atmen, und zwar jeder für sich, ohne sich dabei zu berühren; später können sie einander auf jede Weise berühren, die ihnen die erotische Phantasie eingibt. Ich bin der festen Überzeugung, daß es besser ist, sich so wenig wie möglich auf Stellungen festlegen zu lassen, die man aus Handbüchern oder in Tantra-Gruppen gelernt hat. Die Stellungen, die einem in Büchern angepriesen werden, sind sowieso bestenfalls grobe Verallgemeinerungen oder reduktionistische Modelle. Jeder Mensch ist einzigartig in seiner Vorgeschichte und in seinen Bedürfnissen. Gebt alle Kontrolle auf! Wenn ihr euch von etwas leiten lassen wollt, dann nicht von »Erfahrungen« – die zerren euch nur in die Vergangenheit und in euer Denkbewußtsein; laßt euch lieber von den spontanen Hinweisen leiten, die der Körper eures Partners euch gibt: Berührt ihn da, wo er berührt werden will, laßt ihn die Stellung einnehmen, die er möchte. Seid ganz im Hier und Jetzt und verliert euch völlig im Orgasmus. Ihr müßt ganz loslassen und jegliche Kontrolle aufgeben, sonst kann die mandalische Liebe keine heilende oder wandelnde Wirkung haben.

Bei allen Handbüchern über die Liebe, mit dem Kama Sutra angefangen, fällt mir besonders ihre absolute Phantasielosigkeit auf und ihr Bestehen darauf, daß man Körper und Geist strikt unter Kontrolle halten soll. Die Menschheit hat unendlich viele unterschiedliche Gaumengenüsse erfunden; verglichen mit diesen zahllosen Köstlichkeiten gibt es erstaunlich wenig Beischlafrituale und -varianten. Eine bemerkenswerte Ausnahme von dieser Regel bilden die phantasievollen, künstlerischen und sehr verschiedenartigen *Shunga* (wörtlich: Frühlingsbilder), eine erotische Abart der japanischen *Ukiyo-e*-Holzschnitte der Edo-Zeit (17. bis 19. Jahrhundert).

Eine Variation der ersten Phase: Wenn du mit holotropischem

Atmen anfängst, kann es sein, daß weder du noch dein Partner Lust auf aktiven Sex oder einen Orgasmus hat. In diesem Falle geht sofort zur zweiten Phase über, sobald ihr euch beim Atmen völlig verausgabt habt.

Die zweite Phase des mandalischen Sex, die Lücke nach dem Orgasmus, ist genauso wichtig wie die erste und kann sogar noch länger dauern. Die Partner legen von vornherein fest, wer von beiden der »Meditierende« und wer der »Führer« sein soll. Nach dem Orgasmus trennen sich die Partner voneinander, und der Meditierende legt sich mit geschlossenen Augen flach auf den Rücken, versucht, absolut passiv zu sein, und achtet auf alles, was in ihm/ihr und außerhalb seiner/ihrer geschieht. Das Gefühl, das man dabei hat, ähnelt den Empfindungen beim holotropischen Atmen in der Primal-Therapie: Der Meditierende befindet sich in einem tranceähnlichen Zustand, ist völlig entspannt und passiv; es gibt nichts, was er tun müßte. Als Meditierender beobachtest du lediglich alles, was aus deinem sonst ja meist schlafenden personalen oder transpersonalen Bewußtsein aufsteigt, bist aber dabei doch noch präsent genug, um deinem Führer deine Visionen mitzuteilen. Betrachte diese inneren Visionen passiv, genauso, wie man ein Nachbild betrachtet; denn auch hier gilt: Je intensiver du danach greifst, desto eher verschwinden sie. Bleibe so passiv und urteilsfrei wie nur möglich.

Der Führer sitzt entspannt am Kopfende seiner Partnerin, und wenn er bemerkt, daß sich die Augen der Meditierenden schnell bewegen, fragt er, wo sie sich befindet, wie sie sich fühlt, und so weiter. All dies soll ganz langsam, liebevoll und geduldig geschehen, ohne jeden Druck. Hier kann der Führer sich in echtem Einfühlungsvermögen und Liebe für seine Partnerin üben. Wenn die Liebe total ist, ist es vielleicht sogar möglich, die Gedanken der Partnerin zu lesen und die beschriebenen Visionen zu sehen.

Wenn nichts geschieht, dann akzeptiere einfach die Leere und die Stille deines Geistes, deines Selbst und der ganzen Welt. Je öfter du diese Meditation machst, desto vertrauter wirst du mit dieser Leere und Stille werden; sie wird sich in dir niederlassen. Eines Tages wird sie dich dann immer begleiten, sogar in deinen Alltagsverrichtungen mit ihrem Lärm. Das ist es. Das bist du.

Ich nenne diese Meditation »transpersonal«, weil sie Zugang zu allen transpersonalen Ebenen des Bewußtseins ermöglicht; sie erlaubt dir, dein personales Selbst zu transzendieren. Ich nenne sie »mandalisch«, weil sie dein Bewußtsein so transparent machen kann, daß du

Der stille Orgasmus: eine Kombination von Jagd- und Orgasmustechnik

heil wirst, daß du *bewußt* zu dem wirst, was du schon immer warst.
Wie bei der Meditation auf ein Mandala kann man mit dieser Technik
das Selbst mit dem Ganzen in Verbindung bringen und integrieren.

Teil des Zaubers dieser wunderschönen Meditation liegt darin,
daß beide Partner hinterher herrlich erfrischt sind. Es tritt niemals
ein Zustand der Depression oder Erschöpfung ein. Je heiler du bist,
desto mehr Energie steht dir zur Verfügung. So kann man also den
Augenblick direkt nach dem Orgasmus, den moderne Sexforscher allgemein als »postkoitale Depression« bezeichnen und der als großes
Problem durch ihre Bücher spukt, in etwas sehr Positives und Schö-
nes verwandeln, in den kostbarsten Moment des Lebens, den Moment
der Meditation. Die traditionelle tantrische Methode, die postkoitale
Depression zu umgehen, beschritt genau den umgekehrten Weg; hier
wurde die orgasmische Gipfelerfahrung unterdrückt und in eine Tal-
Erfahrung umgewandelt. Zwar stimmt es, daß ein Tal-Orgasmus nicht
zur postkoitalen Depression führt, aber er führt auch nicht zur Meditation. Ich bin nicht gegen Tal-Orgasmen, aber alles zu seiner Zeit.

Diese Meditation wird dein Leben mit tiefer Dankbarkeit und
Liebe gegenüber dem Menschen erfüllen, der dir bei der Selbstfin-
dung geholfen hat. Und diese Liebe wird viel größer sein als alles, was
du für jemanden empfinden kannst, der sich dir nur sexuell hingege-
ben hat. Du wirst der bitter-süßen Wahrheit ins Auge sehen können,
daß du niemals nur mit einer einzigen Person eins werden kannst;
mit dem Ganzen aber kannst du eins werden. Dies geschieht nur im
zweiten Orgasmus der sexuellen Vereinigung, dem Stillen Orgasmus.

Fallstudien
Ich will hier drei Beispiele dafür vorstellen, was während der An-
fangsphase der Übung in der Lücke des Stillen Orgasmus passieren
kann. Ich möchte dies ohne große psychologische Interpretation tun,
denn die ist immer eine Sache des bewußten Denkens, das einsetzt,
nachdem man eine Erfahrung ganz ausgeschöpft hat. Die folgenden
drei Episoden sind Erlebnisse einer Japanerin in den Mittzwanzigern.
Sie machte diese Erfahrungen zu drei verschiedenen Zeitpunkten.
In späteren Sitzungen fühlte sie oft gar nichts, sondern ging einfach
in einer allumfassenden Leere auf. Sie trat in den Zustand der
Meditation ein.

Episode A (vergleiche die Abbildungen auf S. 148–149):
Das erste, was die Meditierende mir mitteilte, nachdem sie die Lücke

betreten hatte, war: »Ich bin ein Baum.« Ich sagte ihr, sie solle dieses Gefühl auskosten (Bild 1). Ihr zweiter Satz lautete: »Da ist ein kleines Baby in meinen Wurzeln. Jetzt geht es fort.« (2) Plötzlich tauchten in ihrer Vision zwei weitere Bäume auf; der eine hatte Blüten, der andere keine: »Sie sind Freunde.« (3,4)

Ganz unten im Baumstamm erscheint plötzlich ein Loch (5); dieses Loch in ihren Wurzeln wird immer größer. Ein Gefühl der Trauer übermannt sie (6). Sie beschwert sich über Schmerzen in ihren Fußknöcheln; ich massiere sie ganz sanft. Sie sieht, daß sie ganz knapp über ihren Wurzeln abgesägt wurde. (7)

Sie verspürt ein ungeheures Gefühl der Freiheit und vollführt einen Freudentanz rund um den Baumstumpf. (8) Schließlich schweben und tanzen die drei Baumstämme um ihre eigenen Augenbrauen herum. (9)

Nach einer Pause und einer holotropischen Atemübung, die ich ihr vorgeschlagen hatte, steigt eine weitere Szene vor ihrem inneren Auge auf. Sie sieht sich selbst in einem dunklen Tunnel. (10) Dann erscheint das bebrillte Gesicht eines Arztes vor ihr und schneidet ihre Nabelschnur ab. (11) Jetzt sieht sie die großen Füße ihrer Mutter direkt vor ihrem Gesicht. Im Hintergrund sieht sie auch die großen Augen ihrer Mutter; sie sind weit aufgerissen, obgleich sie das Gefühl hatte, ihre Mutter sei gestorben. (12) Dann wird sie von jemandem gebadet, aber die großen Füße ihrer Mutter bleiben immer in ihrem Gesichtskreis. (13)

Episode B (vergleiche die Abbildungen auf S. 150–151):
Sie sagt, daß sie sich in ihrem Rückgrat befindet und daß es dort sehr dunkel ist. An dem Punkt zwischen den Nieren, dem Punkt, der in der Akupunktur das »Tor des Lebens« heißt, ist eine Blockade. Plötzlich sieht sie sich unter der Erde begraben; sie dient jetzt als Nahrung für einen Baum. (1)

Die Szene wechselt. Jetzt sieht sie einen großen Berg in sanften Goldtönen. (2) Sie fragt den Berg: »Wer bist du?« Und der Berg antwortet: »Du.« (3) Jetzt sieht sie den Berg aus der Vogelperspektive; oben befindet sich ein Krater, in dem grüne Bäume wachsen. (4)

Jetzt steigt sie über die Wolken hinaus. (5) Die Wolken verschmelzen, am Horizont mit der untergehenden Sonne; sie kehrt wieder unter die Wolkendecke zurück. (6) Unterhalb der Wolkendecke und auf dem Berggipfel erscheinen jetzt viele Vögel. (7) Auch sie wird ein Vogel und fliegt mit den anderen davon. (8)

Poona, Junde 1980

Der stille Orgasmus: eine Kombination von Jagd- und Orgasmustechnik

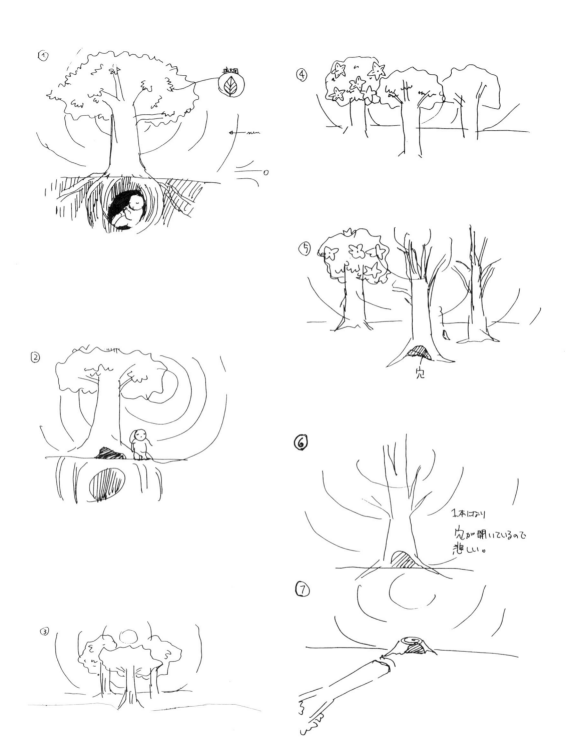

Episode A, skizziert nach mandalischer Sextherapie:
Identifikation mit einem Baum; Geburtserlebnis

The Silent Orgasm

トンネルを共にいる
あかるい → 怖い

3本の木が私のひたいつ所で
1本づつまわっている。

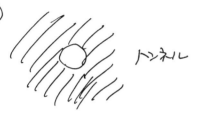
トンネル

Der stille Orgasmus: eine Kombination von Jagd- und Orgasmustechnik

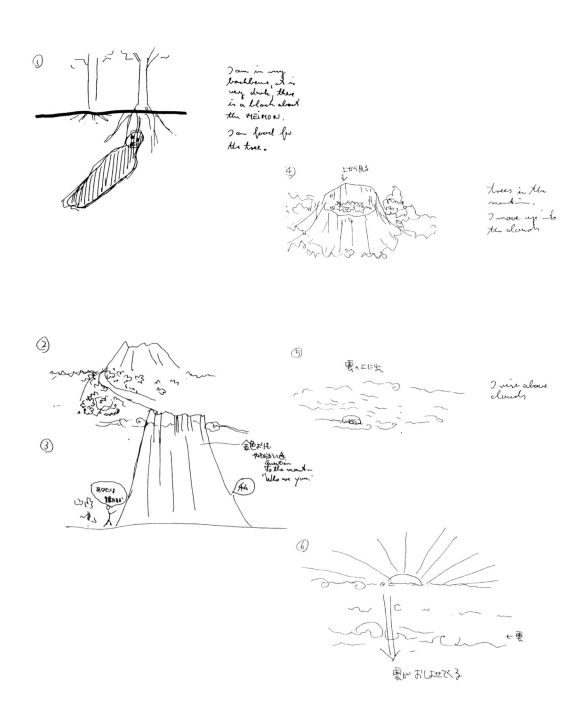

Episode B, skizziert nach mandalischer Sextherapie: Todeserlebnis; Verschmelzen mit einem hellen Licht; perinatale Erfahrung im Mutterleib

The Silent Orgasm

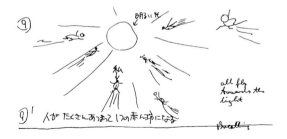

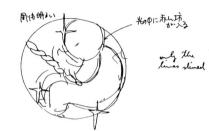

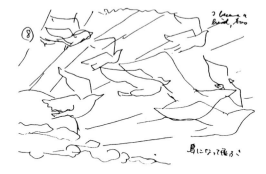

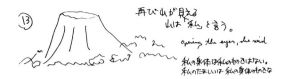

Der stille Orgasmus: eine Kombination von Jagd- und Orgasmustechnik 151

1: **Evolutionäre und genetische Faktoren,** psychische Erfahrungen können in uns romantische Empfindungen gegenüber einem anderen Menschen auslösen.
2: **Phenylethylamin,** erzeugen ein Gefühl der Euphorie.
3: In diesem Stadium strömen größere Mengen von **Endorphinen** ins Gehirn und vermitteln ein Gefühl von Geborgenheit. Die **Hypophyse** sondert Oxytocin ab, die die Empfindungen während des Geschlechtsakts stimuliert.

Die Szene mit den fliegenden Vögeln geht jetzt in eine Szene über, in der viele menschliche Körper auf ein helles Licht zufliegen. Einer dieser Körper ist sie selbst. (9) Im nächsten Augenblick sieht sie an der Stelle, wo das helle Licht war, einen Fötus mit einer großen Nabelschnur, die in gleißendes Licht getaucht ist. Da es keinen Ausgang gibt, bekommt sie Angst, nicht mehr herauszukönnen. Wie durch ein Wunder ist sie dann plötzlich doch draußen. (10) Am Ende erscheint noch einmal der große Berg und sagt: »Ich bin du.« (11)

Ihre ersten Worte, nachdem sie aus der Trance erwachte und die Augen öffnete, lauteten: »Mein Körper gehört nicht mir. Und mein Geist ist nicht mein Körper.«

Episode C (vergleiche die Abbildungen auf S. 153):
Sie befindet sich in einem völlig dunklen Raum mit einem hellen Fenster. (1) Als sie an das Fenster tritt, sieht sie draußen Baumkronen. (2)

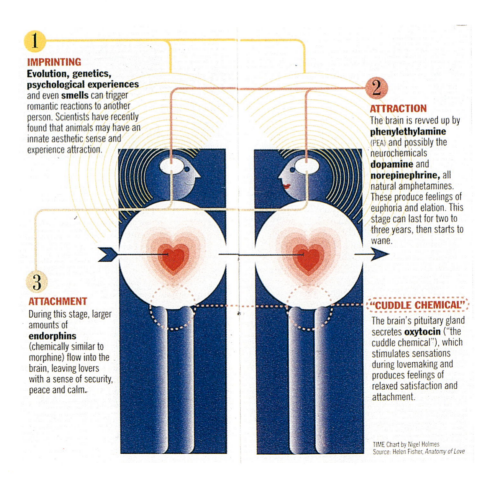

152   **The Silent Orgasm**

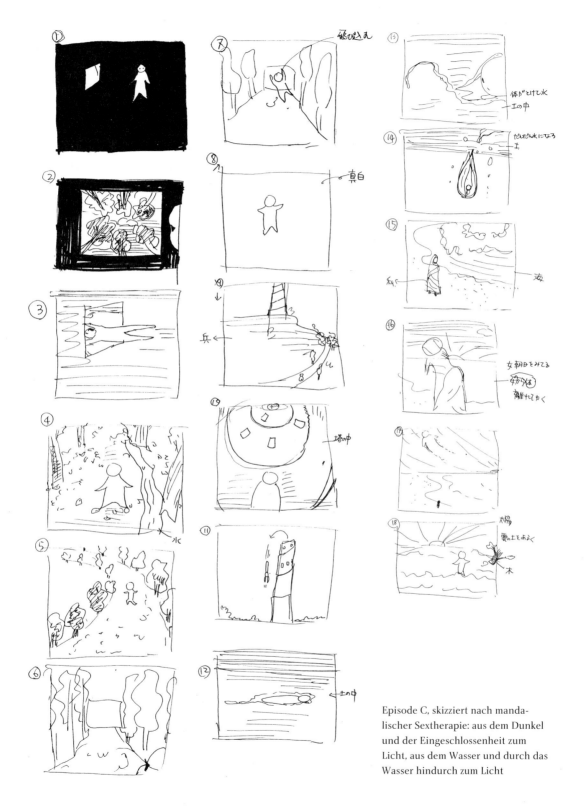

Episode C, skizziert nach mandalischer Sextherapie: aus dem Dunkel und der Eingeschlossenheit zum Licht, aus dem Wasser und durch das Wasser hindurch zum Licht

Der stille Orgasmus: eine Kombination von Jagd- und Orgasmustechnik

Ein Windstoß weht sie aus dem Fenster. (3) Nun wandert sie plötzlich zwischen Bäumen umher (4) und an einer von Bäumen gesäumten Straße entlang. (5) Am Ende dieser Straße erscheint eine riesige weiße Leinwand. (6) Sie fliegt darauf zu und findet sich plötzlich in einem klaren, hellen Raum wieder. (7)

Am Strand einer Bucht entdeckt sie einen hohen Turm (8); sie geht hinein und klettert hinauf. (9) Als sie ganz oben angekommen ist, springt sie hinab. (10) Sie verschwindet in der Erde und »schwimmt« durch sie hindurch. (11) Langsam verschmilzt ihr Körper mit dem Wasser in der Erde. (12) Sie ist Wasser. (13)

Die Szene wechselt zu einem Strand, auf dem eine weibliche Figur spazierengeht. Sie hat das Gefühl, diese Frau zu sein. (14) Die Sonne geht auf, und sie trennt sich von der Figur (15) und fliegt auf das helle Licht der Sonne über den Wolken zu. (16, 17)

Schlußfolgerungen

Daß die mandalische Sex-Meditation bis jetzt noch nicht entdeckt worden ist, liegt vermutlich an dem uralten Sehfehler, der der westlichen Psychologie und Sexualforschung immer schon anhaftete: eine übertriebene Konzentration auf die *Analyse* von Denkinhalten statt auf den Versuch, das Denken zu transzendieren. Das Denken aber ist die Krankheit, und dazu zählen auch alle feinstofflichen Energie-Erfahrungen. Die Meditation, das Nicht-Denken, ist die Lösung.

Die mandalische Sex-Meditation verbietet keine normalen sexuellen Praktiken, und sie verbietet auch den Orgasmus nicht. Auch hat die mandalische Sex-Meditation nichts dagegen einzuwenden, was man »hormonelle Liebe« nennen könnte, eine Liebe, in der die schiere Macht der natürlichen Attraktion zwei Partner dazu treibt, sich gegenseitig Erleichterung zu verschaffen. Auch die »romantische Liebe«, welche die gröberen Sexualtriebe bis zu einem gewissen Grad sublimiert und ästhetisiert, ist mit der mandalischen Sex-Meditation vereinbar. Und die mandalische Sex-Therapie verbietet auch keine der taoistischen oder tantrischen Praktiken, mit denen man die Freuden der Liebe verlängern kann. Der mandalische Sex schließt sämtliche Arten der körperlichen Liebe in sich ein und transzendiert sie alle. Er umfaßt den Sex zum Zwecke der Fortpflanzung ebenso wie den Sex zum Zwecke emotionaler Befriedigung und zum Zweck der Meditation.

Die mandalische Sex-Meditation kann uns auch von so manchen kulturell bedingten Zwängen im Hinblick auf die Sexualität befreien, weil sie weder unsere Leistung und unser Geschick als Liebhaber in den Vordergrund rückt noch unsere Kontrolle über den Orgasmus oder Verzögerung des Orgasmus. Im Vordergrund des Interesses steht die Lücke nach dem Orgasmus, die man zur Meditation nutzt. Jeder Augenblick der Meditation ist *immer* etwas Neues, er verjüngt und gibt dir frische Kraft; jede sexuelle Technik hingegen wiederholt sich früher oder später und wird langweilig. Deshalb kann mandalischer Sex auch in Beziehungen hilfreich sein, die langweilig geworden sind – bei Ehepaaren, bei denen die sexuelle Attraktion schwindet. Nach meiner Erfahrung ist die mandalische Sex-Meditation sogar dann möglich, wenn die Partner keine (letztendlich immer vorübergehende) hormonelle, romantische oder tantrische Liebesbeziehung zueinander haben. Man kann sie einfach als Meditationstechnik benutzen.

Die mandalische Sex-Meditation könnte eine natürliche Verlängerung vieler transpersonaler Therapien sein; allerdings erhebt sich hier ein ethisches Problem, wenn lizensierte Mitglieder von Heilberufen mandalischen Sex praktizieren. Die Regeln der etablierten Heilberufe verbieten sexuelle Beziehungen zu Patienten. Das ist vermutlich auch besser so; die Meditation könnte leicht darunter leiden, wenn Geld und die Aura eines Heilkundigen im Spiele sind. Die Meditation ist das Geburtsrecht eines jeden und sollte nicht für kommerziellen Gewinn ausgenutzt werden, auch sollte sie von keiner Berufsgruppe monopolisiert werden, seien es nun Priester oder Ärzte.

Das wunderbare Geheimnis der Meditation liegt darin, daß sie eine Quelle des kostbarsten aller Geschenke ist, die die Welt zu bieten hat: des Geschenks der Liebe. An der Liebe läßt sich sogar der Fortschritt in der Meditationspraxis messen. Denn die Liebe hatte ihren Urgrund immer in der Meditation, nicht notwendigerweise im Sex und gewiß nicht in der Religion. Die Erfahrung mit zwei Jahrtausenden Christentum hat gezeigt, daß es nichts nützt, ein Gebot zu erlassen, daß die Menschen einander lieben sollen. Die Liebe ist von Natur aus überall gegenwärtig, und wo sie ein wenig Hilfe und Pflege braucht, kommt diese am leichtesten in Gestalt der Meditation.

Beim mandalischen Sex geht es um mehr als nur um Sexualität. Dieser Sex verwandelt sich in die Blume der Meditation, eine Blume, die den Geruch der Liebe verströmt – und diese Liebe wird nicht durch Lust oder Romantik oder den Willen kompliziert, jemand anderen zu beherrschen. Diese Art der Liebe vermittelt uns das wahre Gefühl für das Leben in seiner ursprünglichen Einheit.

Der stille Orgasmus: eine Kombination von Jagd- und Orgasmustechnik

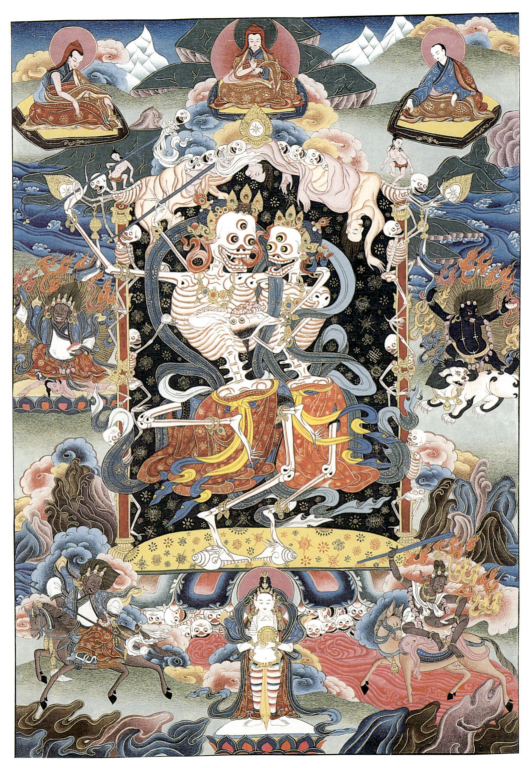

Dieses Bild wird häufig als die zwei Dämonen der Leichenfelder interpretiert, dargestellt als männliches und weibliches Skelett beim Koitus. Die beiden Skelette tanzen auf menschlichen Leichen oder auf zwei Muscheln auf einem Friedhof. Sierksma erkennt in diesem Bild Yama, den tibetischen Todesgott, in einer Gestalt, die unter anderem als »der Held, Herr der Leichenfelder, in sexueller Vereinigung mit seiner Gefährtin« bekannt ist.

Der traditionelle Weg
des Tantra

Die Schriften und die Künste

Nachdem ich durch einen Zufall auf die mandalische Sex-Meditation gestoßen war, wollte ich herausfinden, ob diese einfache und effektive Technik in der tantrischen Literatur irgendwo erwähnt war oder ob in der tantrischen Kunst ein Hinweis darauf zu entdecken war.

Wirklichen Zugang zum Tantra findet man nur, wenn man von einem tantrischen Meister initiiert wird und unter seiner Leitung die Praxis der Sadhana-Meditationstechniken übt. Aber es gibt auch noch eine andere Art, vom tantrischen Weg zu profitieren, und die besteht darin, die Sprüche zu enträtseln und in sich aufzunehmen, die die größten Meister der indischen und tibetischen tantrischen Tradition hinterlassen haben. Die Werke von solch klassischen Meistern wie Tilopa, Marpa, Milarepa und Saraha und Texte wie die Vigyana Bhairava Tantra sind leicht erhältlich.

Weniger wirksam ist das Studium gelehrter Traktate zu den tantrischen Schriften – wenn möglich sollte man sie in der Sprache lesen, in der sie verfaßt wurden. Dieser Zugang zum Tantra sollte nur mit Vorbehalten beschritten werden, denn ein Text enthält nicht unbedingt die Wahrheit, selbst wenn er alt und in Sanskrit geschrieben ist. Tantra baut letztlich auf persönlicher Erfahrung und persönlichen Experimenten auf, nicht auf dem Glauben an andere. Dieses Kapitel basiert auf einer Durchsicht solch gelehrten Materials und auf meinen eigenen – ohne einen Führer gemachten – Beobachtungen tantrischer Kunst.

Die Primär- und Sekundärliteratur zum Tantra ist inzwischen auf einen solchen Umfang angeschwollen, daß Bharati schon 1965 schätzte, eine komplette Bibliographie werde wohl siebenhundert Seiten umfassen. Ich halte Bharatis einbändige Zusammenfassung des Grundgedankens und der wichtigsten Rituale des Tantra für eine hervorragende Richtlinie für meine Zwecke in diesem Kapitel. Ich will hier nämlich nichts weiter, als im tantrischen Kanon nach einer Parallele zu meiner mandalischen Sex-Meditation zu suchen; auch möchte ich untersuchen, wie es dazu kam, daß das traditionelle und das moderne Tantra so großen Wert auf die Verzögerung des Orgasmus und das Zurückhalten der Samenflüssigkeit legen; und schließ-

Der traditionelle Weg des Tantra

lich soll untersucht werden, ob eine solche Praxis zur Meditation führen kann.

Tantra in der Literatur

Yoga, der Weg des Willens Tantra, der Weg der Hingabe

Der Unterschied zwischen tantrischem und nicht-tantrischem Hinduismus und Buddhismus

Im Hinduismus und Buddhismus gab es ursprünglich nichts, was mit der »Philosophie« des Westens vergleichbar gewesen wäre, das heißt, nirgends wurde versucht, existentielle Fragen nur durch Denken zu beantworten. Das Sanskrit-Wort, das in seiner Bedeutung dem griechischen Wort »Philosophie« am nächsten kommt, ist »Darshan«; es bedeutet »sehen« im Sinne direkter Schau und direkter Erfahrung der eigenen Realität mit dem ganzen Psychosystem, nicht mit dem Verstand allein. Hinduismus und Buddhismus haben den Dualismus von Sehendem und Gesehenem, Subjekt und Objekt, der die westliche Philosophie prägt, immer schon verworfen.

Weil dieser Unterschied existiert, schlägt Bharati vor, statt von »tantrischer Philosophie« lieber von *»psycho-experimenteller Spekulation«* zu sprechen. In der Tat haben nicht-tantrische ebenso wie tantrische Formen des Hinduismus und des Buddhismus einen psycho-experimentellen Zugang zur Realität und keinen mental-spekulativen oder »philosophischen« Zugang, wie die westliche Welt ihn kennt. Tantrische und nicht-tantrische Formen dieser Religionen kennen alle dieselbe Quelle der Einsicht, und das ist *Sadhana*, spirituelle Übung; unter Sadhana fällt alles Rituelle ebenso wie die Meditation, und zwar getrennt voneinander oder in Kombination. Was den tantrischen Weg von den nicht-tantrischen Wegen unterscheidet, ist die Art der Sadhana. Bharati sagt, daß es »keinen Unterschied zwischen tantrischer und nicht-tantrischer Philosophie gibt, weil der spekulative Eklektizismus überall anzutreffen ist; die Unterschiede liegen alle in der Praxis, im *Sadhana* des Tantra« (*Bharati*, S. 17).

Trotzdem gilt, daß das tantrische und das nicht-tantrische Sadhana, ob hinduistisch oder buddhistisch, ein gemeinsames Ziel haben, das sich aus bestimmten gemeinsamen Grundhaltungen ableitet. Der erste entscheidende Punkt dieser gemeinsamen Grundhaltung ist, daß von etwas Unwandelbarem, Absolutem ausgegangen wird, das dem Universum der materiellen Erscheinungen zugrunde liegt, der zweite Punkt ist der Glaube an die Reinkarnation – und der Glaube, daß man diese Reinkarnation überwinden kann. Ziel aller Formen des Sadhana ist die Befreiung aus dem Kreislauf von Geburt, Tod und Wiedergeburt.

The Silent Orgasm

Es ist unklar, ob das hinduistische oder das buddhistische Tantra älter ist; sicher ist aber, daß sie im Lauf der Jahrhunderte viel voneinander gelernt haben.

Die Gleichung von kosmischer Zwei-Einheit, von Shiva und Shakti, mit der menschlichen Zwei-Einheit, also mit dem männlichen und weiblichen Prinzip

Die Weltsicht des Tantra ist absolut holistisch. Laut Bharati haben sich die Spekulationen aller tantrischen Lehrer immer um »die Identität der Welt der Erscheinungen mit der Welt des Absoluten« gedreht; dies ist eine esoterische Lehre, welche der Hinduismus mit dem Mahayana-Buddhismus gemein hat. Er fügt hinzu, daß »die Unterschiede in den Lehren der verschiedenen Schulen spekulativen Denkens sich *wirklich* im tantrischen *Sadhana* auflösen« (*Bharati*, S. 18). Für den Schüler des Tantra geht es beim Sadhana immer um den Wunsch, die Einheit der Gegensätze der Welt der Erscheinungen zu erfahren und in sich aufzunehmen, statt *über* eine solche Einheit nachzudenken oder zu spekulieren.

Es mag sein, daß die Realität eine Einheit bildet, aber sie wird von den Sinnen für gewöhnlich als eine Vielheit verschiedener Polaritäten erfahren, die wichtigste Polarität wird definiert als die Polarität zwischen den aktiven, kreativen Energien und den passiven, rezeptiven Energien des Universums. Um diese grundlegende Polarität zu veranschaulichen, wählten die Tantrika das Beispiel von Mann und Frau oder, in spekulativer Überhöhung, von Gott und Göttin. Aber welche ist welche?

Eigenartigerweise schreiben der hinduistische und der buddhistische Tantrismus diesen beiden Polen ganz unterschiedliche Eigenschaften zu. Im buddhistischen Tantra von Indien und Tibet ist der männliche Pol mit dem aktiven Bewußtsein verknüpft, während der weibliche Pol mit dem passiven Bewußtsein verbunden ist. Im hinduistischen Tantra hingegen wird das männliche Prinzip als passiv gesehen und das weibliche als aktiv. Ganz unabhängig davon ist das Feld der geschlechtlichen Polaritäten *als Ganzes* für beide Systeme eine besonders wirkungsvolle Art, auf das Absolute hinzuweisen, obwohl das Absolute nicht-dualistisch ist und sich deshalb direkter Beschreibung und Mitteilung entzieht.

Die Einheit über der Zweiheit des Tantra scheint ihre Wurzeln im ältesten bekannten metaphysischen System des indischen Subkontinents zu haben, im *Samkhya;* dieses System erklärt das ganze Univer-

Der traditionelle Weg des Tantra

sum anhand zweier Prinzipien. Diese beiden Prinzipien sind die Natur *(Prakrti)*, das Prinzip, das alle Dinge bewirkt, und reine Bewußtheit *(Purusa)*, die wahrnimmt, aber nicht agiert, und ohne die die Natur ihre Aktivität nicht entfalten könnte. »Nichts könnte in *Prakrti*, dem Behältnis aller Aktion, geschehen, wenn es *Purusa* nicht gäbe« *(Bharati*, S. 204). Bharati argumentiert übrigens überzeugend, daß das dynamische Prinzip des Universums im Hinduismus gleichbedeutend mit dem weiblichen Pol wurde, weil die Verehrung einer Mutter-Gottheit im präarischen Indien überall verbreitet war.

Im tantrischen Buddhismus stand bald eine andere Einheit von Gegensätzen – das Nirvana – für das höchste Ziel der Religion. Je nach der jeweiligen Richtung wird das Nirvana verstanden als die Untrennbarkeit von Wissen und Methode *(prajna* und *upaya)*, von Leere und Mitgefühl *(sunya* und *karuna)* oder von Glück und Leere. Die Gleichsetzung dieser Eigenschaften mit dem männlichen beziehungsweise dem weiblichen Prinzip folgt nicht immer demselben Muster; so können Weisheit und Methode gewissermaßen die Plätze tauschen und werden mal als männlich, mal als weiblich gesehen.

Ein weiterer Kontrast zwischen dem hinduistischen und dem buddhistischen Tantra ergibt sich aus dem besonderen Interesse des Hinduismus an der Evolution des Universums (aus der Vereinigung von Shiva mit Shakti); der tantrische Buddhismus ist dagegen viel stärker an der Involution oder Rückkehr des Menschen zur ursprünglichen vorgeburtlichen Einheit von Leere und Mitgefühl interessiert.

Tantrische Rituale und Meditationspraktiken
Ein zentrales Merkmal tantrischer Praktiken ist das *Maithuna*, der Geschlechtsakt in ritualisierter Form. Ziel ist die erlebte Verwirklichung der Einheit von Gegensätzen, für die hier der männliche und der weibliche Partner stehen. Es gibt Unterschiede zwischen dem hinduistischen und dem buddhistischen tantrischen Sadhana, die bei unserer Suche nach historischen Vorläufern der mandalischen Sex-Meditation von Bedeutung sind.

Ein Haupttyp tantrischer Praktiken beinhaltet den Konsum von fünf Tabu-Elementen, gewöhnlich handelt es sich dabei um die im Hindi-Vokabular als »fünf M's« bekannten Elemente: Schnaps, Fisch, Fleisch, getrocknete Bohnen (ein Aphrodisiakum) und Sex. Es gibt sogenannte linkshändige und rechtshändige Wege der Übung. In der rechtshändigen Übung sind die fünf Elemente weniger tabuisiert: Man nimmt nur vegetarische Nahrung zu sich, und sexuelle Vereinigung ist nur zwischen Ehepartnern erlaubt oder wird metaphorisch vollzogen, wobei Blumen als Symbole fungieren können.

Bharati beschreibt die verschiedenen Rituale, die in den vorbereitenden und den zentralen Praktiken der linkshändigen Schule durchgeführt werden, und stützt sich dabei auf die Instruktionen vieler verschiedener Handbücher. Vorbereitende Rituale sind zum Beispiel das Wiederholen von Mantras (Lauten mit und ohne Bedeutung), Waschungen und die Anbetung verschiedener Gottheiten und Opfergaben an diese, auch die Einnahme von Hanf gehört dazu, offenbar als Aphrodisiakum. Bei letzterem ist die Wirkung immer so geplant, daß sie sich auf dem Höhepunkt des Sadhana entfaltet. Oder man malt mit Reispulver Mandalas auf den Boden, meist Yantra-Muster, die auf der Geometrie von einander gegenüberstehenden, ineinander verschränkten Dreiecken beruhen. Wenn die Spitze der Dreiecke nach unten zeigt, symbolisieren sie das weibliche Prinzip, ansonsten stehen sie für das männliche Prinzip (vergleiche dazu die Abbildung auf S. 161).

Im zentralen Teil der Übung bilden die Teilnehmer einen Kreis, wobei die Frauen in der rechtshändigen Schule immer rechts sitzen und in der linkshändigen Schule immer links. Nun werden Mantras gesungen, mit denen man Shiva und Shakti anruft; dadurch sollen der physische und der feinstoffliche Körper rituell gereinigt werden. Man konsumiert vier oder fünf »M's«, um »den Gedanken daran aufrechtzuerhalten, daß die *Kundalini* auf der untersten Ebene der Geistestätigkeit gefüttert werden soll« (*Bharati*, S. 261). Danach kann dann die eigentliche sexuelle Vereinigung (Maithuna) in einer bestimmten Stellung durchgeführt werden, während weiter Mantras gesummt werden, um das Gefühl der Vereinigung zwischen Shiva und Shakti zu vertiefen, die die beiden Schüler verkörpern.

Auf dem Höhepunkt aber tut sich ein zentraler Unterschied zwischen den Postulaten des hinduistischen und des buddhistischen Tantra auf. Im Hinduismus ist nämlich die Ejakulation der Samenflüssigkeit erlaubt, während im Buddhismus die Ejakulation verhindert wird und außerdem noch Atemtechniken und Denken zum Einsatz kommen, um einen inneren oder Tal-Orgasmus herbeizuführen, was natürlich die Dauer der sexuellen Vereinigung verlängert. Bharati erklärt dazu: »Der buddhistische Tantrika ist ausschließlich an esoterischen Zielen interessiert, und seine Methode ist die des Experiments. Er ist am Ritual *an und für sich* nicht interessiert, und die Vorstellung einer Opfergabe oder eines Trankopfers ist für ihn kaum

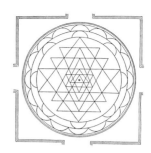

Zeichnung des Shri-Yantra, das den Kosmos als Ergebnis der Vereinigung von männlichem und weiblichem Prinzip darstellt. Die vier nach unten zeigenden Dreiecke symbolisieren die Kraft Shaktis, die fünf nach oben zeigenden Dreiecke die Kraft Shivas. Sie sind von Ringen aus Lotosblütenblättern umrahmt, und in ihrem Zentrum befindet sich *bindu*, der Ur-Punkt, der den allgegenwärtigen Ursprung symbolisiert. Ein Yantra besteht nur aus abstrakten geometrischen Formen, ohne Abbildung von Gottheiten. Reproduziert aus: *Tucci, The Theory and Practice of the Mandala*

Der traditionelle Weg des Tantra

von Bedeutung. Seine Lehrer vermittelten ihm das spirituelle und magische Potential der Kontrolle über den Atem, die Gedanken und das Sperma, und sie lehrten ihn, wie wichtig es ist, diese zurückzuhalten. Für den Hindu ist andererseits die Vorstellung ritueller Opferungen von zentraler Bedeutung. Der Opfergedanke im Hinduismus bildet ohnehin die Basis für jeden religiösen Akt, obwohl die Interpretationen desselben sich geändert haben … Das rituelle Ideal des Hindu besteht im Loslassen, Entsagen, im Aufgeben aller beim Opfer verwendeten Materialien, manchmal sogar des eigenen Lebens« (*Bharati*, S. 266).

Der Moment nach dem Orgasmus wird in den tantrischen Schriften nicht erwähnt; auch gibt es keine Instruktionen für rituelles Verhalten der Partner, nachdem sie sich voneinander getrennt haben. Dies geht aus den enzyklopädischen Zusammenstellungen von Bharati, Mookerjee, Khanna und Sinha hervor. Das Potential für die Meditation *vor* und *während* des Orgasmus, sei er nun innerlich oder äußerlich, steht im Mittelpunkt aller bekannten tantrischen Praktiken, ebenso wie bei den modernen Aufarbeitungen, die wir im Kapitel ab S. 143 behandelten. Die »*Lücke*« nach dem Orgasmus scheint immer ignoriert worden zu sein.

Zusammenfassung

Es ist bemerkenswert, daß nur ein kleiner Teil der didaktischen Literatur von den sexuellen Praktiken handelt, für die der Tantrismus berühmt (oder berüchtigt) geworden ist. Bharati gibt den Anteil dieser Literatur mit sieben Prozent an. Etwa sechzig Prozent eines tantrischen Textes handeln von Mantras, zehn Prozent von der Herstellung und der Verwendung von Mandalas und zehn von der Anbetung bestimmter Götter.

Da die tantrische Welt absolut holistisch ist, erlaubt das Sadhana es dem Adepten, das Universum in seiner ganzen Fülle in sich aufzunehmen, und zwar unter kontrollierten Bedingungen. Tantra verbietet und verurteilt gar nichts. Es wirbt sogar für bestimmte tabuisierte Substanzen und Handlungsweisen. In einem der Texte heißt es: »Durch die Tat, durch welche die Menschen für hundert Millionen Kalpas in der Hölle brennen, durch genau diese Tat wird der Yogi befreit« (*Bharati*, S. 301, n. 9). So impliziert die ganze tantrische Vision, daß man seine Sinne bis zum Äußersten – aber bewußt – ausleben und sie nicht unterdrücken sollte. In diesem Zusammenhang kann *Yoga*, also spirituelle Disziplin, und *Bhoga*, also ein Zulassen von Sinnesfreuden, zum selben Ziel, nämlich der Meditation, führen, wenn man diese beiden (Yoga und Bhoga) nur bewußt praktiziert.

Yoga verlangt einen asketischen Lebensstil; im Zentrum des Yoga steht strikte Disziplin, ja sogar Triebunterdrückung, wobei dies natürlich immer mit Bewußtheit einhergehen muß, um das erwünschte Gefühl der Einheit zu erreichen. Yoga praktiziert man allein und übt dabei Enthaltsamkeit. Es ist der Weg des Kriegers und der Weg des Buddha. Die wörtliche Bedeutung von Yoga ist »Einheit«. Wenn es etwas gibt, das vereint werden muß, dann kann das nur heißen, daß das Yoga einen Bruch oder Riß in der *conditio humana* voraussetzt, der überwunden und geheilt werden kann und soll.

Tantra dagegen erlaubt jeden Lebensstil; in seinem Zentrum steht ein tiefes Zulassen von Freude an allem und jedem, wobei natürlich auch hier gilt, daß dies immer mit Bewußtheit einhergehen muß. Das Wort Tantra ist ein Kompositum aus dem Wort *Tan*, welches *dehnen, strecken, erweitern* und *transparent machen* bedeutet, und dem Suffix *krt*, das Zweckdienlichkeit bedeutet. Tantra bedeutet also im wörtlichsten Sinne so etwas wie »Technik der Erweiterung und Klärung«. Tantra kann man jederzeit und überall praktizieren; daher auch die Vorstellung, daß man Tantra auch im Liebesakt praktizieren kann. Tantra ist der Weg des Liebenden. Es *beginnt* mit einem Denken in Begriffen der Einheit und Ganzheit. Für Tantra ist alles heilig, sogar Schnaps. Samsara, die Welt der Phänomene, und Nirvana, die Welt, wie sie sich dem Erleuchteten darstellt, werden als im Grunde identisch verstanden.

Beide Wege haben ein gemeinsames Ziel, *Moksha*, die endgültige Rettung aus der Sklaverei des Kreislaufs von Tod und Wiedergeburt. Aber die Methoden, zu diesem Ziel zu gelangen, unterscheiden sich voneinander, und die beiden Wege ziehen deshalb Menschen mit unterschiedlichen körperlichen und psychischen Grundvoraussetzungen an. Yoga spricht eher den relativ maskulinen, aggressiven Typus an, Tantra eher den femininen, passiven Typus. Yoga ist im Grunde der Weg der Anstrengung, Tantra der Weg des Loslassens. Konzeptionell und von der Praxis her gesehen, beginnt der Weg des Tantra da, wo der Weg des Yoga aufhört. »Der höchste Gipfel des Yoga ist der Anfang von Tantra – Tantra führt dich zum Endziel der Reise. Yoga kann dich auf das Tantra vorbereiten, mehr nicht, denn die letzte Stufe besteht darin, frei von Anstrengung zu werden, gelöst und natürlich (*Rajneesh,* 1979, S. 18). Die Vision, die am Beginn eines der ehrwürdigsten Texte des Tantrismus steht, lautet in der Tat folgendermaßen:

Der traditionelle Weg des Tantra

»Die Leere braucht keine Stützen,
Mahamudra ruht auf Nichts,
Ohne jede Anstrengung,
Einfach nur, indem du gelöst und natürlich bleibst,
Kannst du das Joch zerbrechen –
Und Befreiung erlangen« (*Rajneesh,* 1980, S. 15).

Die früheren Bemerkungen über einige Prozeduren des tantrischen *Sadhana,* der geistigen Übung, vermitteln einem unausweichlich den Eindruck, daß es hier um Disziplin geht, um Rituale und Einübungen, und nicht darum, »gelöst und natürlich« zu sein. Das Natürliche sollte doch keiner großen Übung bedürfen. Kurz, so wie Sadhana in der tantrischen Literatur dargestellt wird, wirkt es vornehmlich ritualistisch.

Jede Identifikation mit einer Gottheit, jede Konzentration auf ein Mantra, jede Visualisierung eines Mandalas stellt für den Adepten übersinnliche Kräfte des Menschen und kosmische Energien dar; deshalb sind all diese Aktivitäten Mittel zur Erreichung spiritueller Ziele, wozu auch, wie wir annehmen dürfen, die Meditation zählt. Dennoch darf man nicht vergessen, daß all diese Bemühungen noch in das Reich der Form oder der Geistestätigkeit fallen, in den Bereich des Bewußtseins mit Inhalt, mag dieser auch noch so subtil sein. Die Frage, die sich stellt, ist, ob diese rituellen Praktiken letztendlich zu einem Zustand der Meditation führen, jenem Punkt, an dem man alle Strukturen hinter sich lassen muß und der Gegensatz von Erfahrendem und Erfahrenem völlig aufgehoben ist. Ich habe hier meine Zweifel. Gewiß setzt doch jede Meditationstechnik eine gewisse Anstrengung und Struktur voraus. Die Meditationstechniken, die ich unter der Kategorie *Transpersonale Therapie* im Kapitel ab S. 143 zusammengefaßt habe, sind Kombinationen aus größter Anstrengung und absolutem Loslassen. Ich frage mich, wo im traditionellen tantrischen Sadhana der Raum für die Phase des Loslassens ist, in der das Bewußtsein schließlich transparent werden könnte.

Patanjali präsentiert eine präzise Definition der Meditation in den ersten Zeilen der *Yoga-Sutra* (dem Urtext aller Yoga-Praxis):
»Nun die Disziplin des Yoga.
Yoga ist das Aufhören des Denkens.
Dann wird der Zeuge in sich selbst etabliert.
In allen anderen Zuständen gibt es Identifikation
mit den Modifikationen des Denkens.«
Dies ist Oshos Übersetzung. Vivekananda übersetzt die hier zentrale

zweite Zeile, *yogas cittavrttis nirodha*, als »Yoga heißt, das Denkzeug daran hindern, daß es verschiedene Formen annimmt«. Bharati übersetzt: »die Umkehrung der objektgerichteten Tendenz des Geistes«. Es gibt eben viele Arten, es beinahe zu sagen. Klar ist jedenfalls, daß Yoga (wer will, darf dafür Meditation lesen) weder Sprechgesang noch Visualisation ist, weder Ritual noch Sadhana, ob nun spirituell oder nicht.

Vor zwei Jahren beobachtete ich im Frühling das langsame Knospen der Irisse in meinem Vorgarten. Sie hatten alle die Köpfe vom Haus und seiner Eingangstür weggedreht und schauten zur aufgehenden Sonne. Jeden Morgen, wenn ich aus der Tür trat, um zur Arbeit zu gehen, erfreute ich mich an diesen Zeichen des neuerwachten Lebens. Beim Frühstück spekulierte ich sogar darüber, wieviel sie über Nacht wohl gewachsen sein mochten. Aber eines Morgens wachte ich auf, und mein Kopf war ganz voll mit Plänen und Erwartungen für den kommenden Tag. Ich hatte die Irisse ganz vergessen. Ich öffnete die Tür, und – da standen sie in voller Blüte, mit den Köpfen zu mir gedreht. Mein Denken hörte einfach auf. Dabei dachte oder fühlte ich nicht, daß sie schön seien, ich dachte und fühlte gar nichts. Ich verschwand vollkommen als Erfahrender, als Fühlender, und die Irisse verschwanden auch. Es war einfach nichts mehr da, und doch war nichts verschwunden. Es war nur noch reine Bewußtheit da, ohne Denken, eine gänzlich entleerte Bewußtheit.

Magische Fruchtbarkeitsriten und/oder spirituelle Erotik

Bilder und Ikonographie sind ein wesentlicher Bestandteil des Weges des Tantra-Adepten zum Ideal des totalen, erfahrenen Verlusts des Selbst und der Integration in das Eine. Nachdem wir die Literatur des hinduistischen und des buddhistischen Tantrismus ein wenig untersucht haben, wollen wir unsere Suche nach einem Vorgeschmack der mandalischen Sex-Meditation in den Traditionen der bildenden Kunst des Tantra in Indien, Nepal und Tibet fortsetzen. Statt einer akademischen Übersicht über den ikono-graphischen Dschungel und die historischen Verflechtungen der tantrischen Kunst sollen hier nur ein paar Beispiele diskutiert werden, die ich wegen ihrer Ausdruckskraft und ihrer Bedeutung für unser zentrales Thema ausgewählt habe.

Shiva-Lingam, Symbol der Kreativität

Es mag einige Leser überraschen zu hören, daß das am weitesten ver-

Tantra in der Kunst
Die Existenz, begriffen im Wissen um ihre Nicht-Existenz

Der traditionelle Weg des Tantra

breitete religiöse Monument in Indien, das beinahe so allgegenwärtig ist wie das Kreuz in Europa, ein Phallus ist, der in einer Vulva steckt. Er ist meist in mehr oder minder stilisierter Manier aus Stein gehauen. Das Shiva-Lingam kann auch im Hinblick auf seine Macht als religiöses Symbol mit dem Kreuz verglichen werden. Es symbolisiert Fortpflanzung, die nicht nur mit Geburt und Liebe zu tun hat, sondern, jedenfalls im Kontext des hinduistischen Glaubens an die Reinkarnation, mit dem Tod. Diese Themen – Geburt, Liebe, Tod – bilden, wie wir schon einmal gesagt haben, die wichtigsten Ausgangspunkte für die Meditation.

In Indien wird seit prähistorischen Zeiten die Verbindung von Shiva und Shakti, von Bewußtsein und Natur in der Form des *Lingam* und der *Yoni* dargestellt und verehrt, also in Form der in der Skulptur vereinigten männlichen und weiblichen Sexualorgane. Der Saivismus hat das Symbol bis auf den heutigen Tag bewahrt, und man kann es in Indien beinahe überall antreffen, unter Bäumen, an Straßenkreuzungen, an Flußufern, aber auch in der innersten Zelle des Saiva-Hindutempels. Das Symbol reicht bis weit in die frühen magischen Strukturen des menschlichen Bewußtseins zurück, das einfach die geheimnisvollen Vorgänge in und um den Menschen darstellte, um sie religiös zu verehren; in diesem Fall stellte man die Zeugung dar. Später wurden die menschlichen Fortpflanzungsorgane dann, gewissermaßen als *pars pro toto*, auch dazu verwendet, die kosmische Schöpfung zu symbolisieren (vergleiche Abbildung auf S. 167).

Im Saivismus wurde das männliche Shiva-Lingam mit dem Prinzip des formlosen Bewußtseins gleichgesetzt und die weibliche Shakti-Yoni mit dem Prinzip der kinetischen Kräfte der Natur, der materiellen Grundlage des Universums. Man kann sich kaum ein klareres visuelles Symbol vorstellen als das Lingam-Yoni-Bild, das einmal »die nicht duale, aber aus zwei Teilen bestehende Natur der Realität von Shiva« genannt wurde (*Muller-Ortega*, S. 238). Es verweist auch noch auf ein anderes Paradox, das von großer Wichtigkeit im tantrischen Sadhana ist, nämlich das einer *fortdauernden Entstehung* und einer *fortdauernden Rückkehr* zur ursprünglichen Einheit, oder, in anderen Worten, der simultan verlaufenden Expansion und Kontraktion des Kosmos. Die miteinander vereinigten männlichen und weiblichen Zeugungsorgane symbolisieren die Zeugung von individuellen Menschen und, im übertragenen Sinne, die kosmische Evolution als Ganzes. Gleichzeitig aber symbolisiert diese »Zwei-in-eins«-Ikone gleichermaßen das entgegengesetzte Verlangen des Adepten, wieder in die ur-

Shiva-Lingam; im Hintergrund die Hindu-Tempel von Khajuraho, die von außen wie ein künstlich aufgeschütteter Berg und von innen wie eine Höhle wirken

Shiva-Lingam in der Nähe von Agra

sprüngliche Einheit aufgenommen zu werden, und im übertragenen Sinne die Reabsobtion des kosmischen *Multiversums* in ein *Universum*.

Wir wollen nun zur Lingam-Yoni zurückkehren, denn sie birgt noch weitere Geheimnisse und eine wenig beachtete Symbolik. Ich bin dem Dichter Gary Snyder für seine treffende Bemerkung zu Dank verpflichtet, die er einmal während einer Lesung machte; damals sagte er nämlich, daß dieses Bild der sexuellen Vereinigung so aussieht, als würde es aus dem Inneren des weiblichen Körpers gesehen. Für den Menschen ist dies eine der ersten, vergessenen Perspektiven. Die Realität wird gewissermaßen von innen nach außen dargestellt.

Doch hat diese erotische Skulptur noch eine weitere erstaunliche Besonderheit aufzuweisen, die mit ihrem Namen zu tun hat. Man nennt sie ganz gedankenlos immer nur das Shiva-Lingam, als ob die Yoni nicht von gleicher körperlicher und metaphysischer Bedeutung wäre. Hier wird die Unterdrückung der Frau, die in der hinduistischen Kultur so allgegenwärtig ist, augenfällig.

Wendy Doniger O'Flaherty untersucht in ihrer erschöpfenden Studie der Purana-Verse, die zum Shiva-Mythos gehören, die verschiedenen Paradoxe des Shiva-Kults bis zum Zeitalter des Tantra. Dazu gehört auch das Paradox von Shiva als kosmischem Schöpfer und Zerstörer zugleich; dies findet seine Parallele in der Vorstellung vom asketischen und erotischen Shiva, in der Shiva gleichzeitig als die keusche Gottheit des Yoga und der wollüstige Freund des Tantra

Grund- und Aufriß des Lakshamana-Tempels in Khajuraho, der von außen wie ein künstlich aufgeschütteter Berg und von innen wie eine Höhle aussieht

Der traditionelle Weg des Tantra 167

erscheint. Hier spiegeln sich vielleicht nur die offenkundigen Paradoxe der *conditio humana* wider, zum Beispiel der Geburt und des Todes, der Ekstase und der Gelassenheit, Fruchtbarkeit und Erotik. Experimentell gibt es dafür nur eine Lösung, und das ist die Transzendenz der Paradoxe mittels Meditation. In den Hindu-Mythen reflektieren diese Paradoxe »die Episoden, in denen asketische und sexuelle Impulse in einem Menschen sich miteinander vereinigen, wobei jeder Impuls sich zum vollen Ausdruck seiner selbst entfalten kann, ohne den Ausdruck des kontrastierenden Impulses zu behindern... Diese flüchtigen Momente des Gleichgewichts schaffen keine ›Lösung‹ für das Paradox des Mythos, denn die Hindu-Mythologie will keine wirkliche Synthese, keine Lösung... Der Konflikt wird nicht in ein statisches Bild hinein aufgelöst, sondern in die beständige Bewegung des Pendels, das von den ewigen Paradoxen dieser Mythen getrieben wird« (*O'Flaherty*, S. 317–318).

Der Hindu-Tempel als Synthese von Berg und Höhle
Die architektonische Entwicklung des nordindischen Tempels erreichte im zehnten und elften Jahrhundert ihren Gipfelpunkt, also während der Herrschaft der Chandela-Könige in der Periode, als Europa seine großen gotischen Kathedralen baute. Die Hindu-Tempel

Erotische Skulpturen am Shikkrara oder Hauptturm eines Khajuraho-Tempels

Shiva-Lingam in einem Tempel in Khajuraho (links)

Shiva-Lingam in einem Tempel auf dem Mt. Abu und an einem Brunnen in Patan

jener Zeit waren hauptsächlich dem Shiva geweiht. Zu den schönsten und für uns besonders interessanten gehören die Tempel von Khajuraho, die in Beziehung zu den Kaula- und Kapalika-Kulten des Saivismus stehen; im Zentrum dieser Kulte stand Shiva-Shakti. Über diese ursprünglich geheimen tantrischen Kulte schreibt Pramod Chandra: »Die Ziele des Kaula-Adepten und des Yogi sind ähnlich, nur die Mittel zur Erreichung dieses Zieles sind verschieden. Für den Kaula-Adepten besteht der Weg in einem kontrollierten Genießen der mit den Sinnen wahrnehmbaren Welt, denn er weiß, daß *Yoga* und *Bhoga* letzten Endes dasselbe sind. Man geht davon aus, daß es auf dem Weg des Geistes nach oben verschiedene Stadien gibt, wobei die höchste Einheit erst im letzten Stadium erreicht wird« (*Chandra*, S. 102).

Die rituelle Konsumption der »fünf M's«, von denen weiter oben die Rede war, war Teil des Kaula-Kultes, auch Orgien gehörten dazu. Kapalika-Rituale waren noch erotischer; dabei fanden vielleicht sogar Menschenopfer statt. Die Kultgemeinde glaubte, daß »die Befreiung im uneingeschränkten Sinnengenuß lag, insbesondere im uneingeschränkten Genuß von Frauen; denn das Ideal des Kapalika-Adepten ist es, ›in einer dem Shiva ähnlichen Form inkarniert zu werden und

Der traditionelle Weg des Tantra

Erotische Skulpturen in den oberen Bereichen der Tempel in Khajuraho

die Freuden der Liebe mit einer Gemahlin zu genießen, die so schön ist wie Parvati« (*ibid.*, S. 104).

Wenn man die tantrischen Ursprünge des Kultes bedenkt, ist es nicht weiter überraschend, daß die Tempel in Khajuraho von außen mit erotischen Skulpturen bedeckt sind, die von einer in der Architektur unübertroffenen künstlerischen Qualität sind (siehe Abbildung S. 167 unten und S. 168).

Man kann die Gesamtanlage des Hindutempels als eine Synthese der archetypischen Formen des Hügels und der Höhle verstehen – Formen, die als Synthese des masse-schaffenden beziehungsweise des räume-schaffenden Impulses des Menschen zu verstehen sind. Man kann sie auch als eine Synthese aus Säule und Hütte sehen, also aus den Wohnungen der Götter und der Menschen; ich habe dies in anderem Zusammenhang ausgeführt (*Nitschke*, 1993, S. 8–31).

Von außen hat der nordindische Tempel die Form eines Berges; dies ist das letzte Stadium einer Entwicklung, die mit den halbkugelförmigen Hügeln der antiken Stupas ihren Anfang nahm. Es ist dabei bemerkenswert, daß das höchste Element dieser Baustruktur *Shikhara* heißt, »*Berggipfel*«. Wenn man diesen Berg aus Steinen betritt, steht

The Silent Orgasm

man schließlich vor einer völlig dunklen Zelle, *Garbha Griha* genannt, was »Mutterbauch« bedeutet. In Saiva-Tempeln enthält dieser gebärmutterartige Raum gewöhnlich eine steinerne Lingam-Yoni (vergleiche Abbildung S. 167 unten). So wiederholt sich in der Gesamtanlage des Tempels noch einmal das Spiel von Shiva-Shakti, das sich auch in den einzelnen Skulpturen an seinen Außenwänden symbolisiert findet; im Allerheiligsten wird dieses erotische Spiel dann noch einmal im Bild des mit der Yoni vereinigten Lingam wiederholt.

Wenn man den Saiva-Tempel und sein zentrales Heiligtum seines theologischen und mythologischen Überbaus entkleidet, so bleibt nichts weiter als ein Fruchtbarkeitssymbol, wie sie in vielen frühen Kulturen geschaffen wurden. In Japan gibt es den Tagata-Shinto-Schrein nicht weit von Nagoya, wo der »Körper der Gottheit« ein Phallus ist; in der Nähe steht der Ogata-Schrein, wo der »Körper der Gottheit« ein weibliches Geschlechtsteil ist. Jeden Frühling werden riesige Kopien dieser Symbole konstruiert und in einer Prozession durch die Reisfelder getragen, wo sie zum Höhepunkt des Honensai, des Festes der Fürbitte für eine reiche Ernte, verbrannt werden. Dies ist nur ein Beispiel von vielen für ähnliche Fruchtbarkeitsrituale, die

Der vom Menschen aufgeschüttete kosmische Berg in Form des nordindischen Hindu-Tempels in Khajuraho, erbaut im 9. und 10. Jahrhundert n. Chr., oder des südindischen Hindu-Tempels (hier der Shore-Tempel in Mahabalipuram aus dem 8. Jahrhundert)

Der traditionelle Weg des Tantra   171

noch heute in Japan stattfinden. Die rituellen Genitalien werden oft aus Reisstroh oder Gemüse hergestellt.

Es gibt viele Hinweise dafür, daß zu solchen sowohl im Frühling wie im Herbst praktizierten Ritualen im alten Japan auch körperlicher und symbolischer Sex gehörte. Dabei handelten die Menschen nicht nur aus Freude an sozial sanktionierter Promiskuität, sondern glaubten auch, daß sie die Natur aufgrund einer magischen Gesetzmäßigkeit durch ihr eigenes Verhalten und durch die Manipulation eigens dazu hergestellter Symbole zur Fruchtbarkeit bewegen könnten.

Fruchtbarkeitsrituale und -symbole gehören zur Epoche des magischen Bewußtseins, der zweiten Epoche in der Geschichte der menschlichen Evolution, wenn man dem Modell von Gebser oder Wilber folgt, das ich im Kapitel ab Seite 91 vorgestellt habe. Daß dieses Ritual und diese Symbolik bis zur Erbauung von Hindu-Tempeln im 10. Jahrhundert oder sogar bis auf den heutigen Tag überlebten, sollte nicht als ein Zeichen ihrer echten Wirksamkeit gesehen werden, sondern eher als Zeichen dafür, daß die magische Struktur des menschlichen Bewußtseins nicht oder nicht ausreichend in die darauffolgenden Epochen integriert wurde, also in die mythische, mentale und transparente Epoche; das aber ist ein Zeichen verzögerter Entwicklung.

Um zu rekapitulieren: Die Epoche der magischen (Gebser) oder typhonischen (Wilber) Bewußtseinsstruktur ist charakterisiert durch das Auftreten eines Bewußtseins, das sich als von der Natur unterschieden erlebt und diese als Objekt sieht. In dieser Epoche war der Mensch im wesentlichen auf seinen Körper und seine Emotionen ausgerichtet und verehrte in Ritualen natürliche Idole. Anthropologen, insbesondere Tyler und Frazer, haben herausgearbeitet, daß das magische Denken den beiden grundlegenden Gesetzmäßigkeiten der *Ähnlichkeit* und der *Berührung* folgt. Das erste der beiden Gesetze geht davon aus, daß »Ähnliches Ähnliches hervorbringt«, daß also die Natur zum Beispiel im Herbst reiche Frucht bringen wird, wenn man im Frühjahr in den Feldern oder Tempeln eine Orgie zügellosen Geschlechtsverkehrs veranstaltet. Die Beziehung zwischen der Realität zweier Tantrikas, die miteinander schlafen, und der oben schon erwähnten Vorstellung, daß sie wirklich Shiva und Shakti geworden sind, also innerste Kräfte der kosmischen Schöpfung, ist natürlich rein magischer Natur. Ein solcher magischer Glaube besagt, daß, was äußerlich einigermaßen ähnlich scheint, auch tatsächlich identisch ist.

Das zweite Gesetz der Magie geht davon aus, daß man die Mächte, die ein bestimmtes geschnitztes oder behauenes Stück Stein oder Holz darstellen soll, beeinflussen kann, indem man es rituell berührt oder sonstwie manipuliert. In unserem Kontext heißt dies, daß ein Tantrika, der die Lingam-Yoni-Abbildung, von der man glaubte, in ihr wohne die Essenz der kosmischen Shiva-Shakti-Macht, berührte oder manipulierte, selbst mit der kosmischen Macht dieses Bildes ausgestattet würde. Ich sage dies nicht, um das magische Denken als eine Fehlwahrnehmung der Realität zu verurteilen. Das magische Denken war korrekt und die einzig mögliche Wahrnehmung der Realität in einem Zeitalter, in dem der Mensch noch nicht klar zwischen seinem Körper und der Natur unterscheiden konnte, zwischen Teil und Ganzem, Symbol und Symbolisiertem; als man also, mit anderen Worten, Ähnlichkeit noch als Identität auffaßte.

Dabei kann man nicht sagen, daß tantrische Rituale im Mittelalter nur eine Reihe magischer Riten waren oder daß die dazugehörigen Skulpturen und Tempel nur Fruchtbarkeitssymbole darstellten. Aber es scheint doch so gewesen zu sein, daß ein großer Teil des Tantrismus jener Zeit noch von der magischen Bewußtseinsstruktur durchdrungen war. Und obgleich es im tantrischen Ritual yogische und

In der äußeren Form weisen beide Tempel Anklänge an die halbkugeligen Hügel der ältesten indischen Stupas aus dem 3. Jahrhundert v. Chr. auf, zu finden beispielsweise in Sanchi.

Der traditionelle Weg des Tantra

Auf den Reliefs an den Toren, die um 25 v. Chr. an den Stupa von Sanchi angebaut wurden, ist Buddha noch nicht in menschlicher Gestalt dargestellt, sondern in Form eines Baumes, der seine Erleuchtung symbolisiert, in Form des Rades der Lehre, das auf seine erste Predigt weist, oder in Form eines Stupa, der für seinen Tod steht.

tantrische Meditations-Elemente gibt, die klar zur transparenten oder integrierten Struktur des menschlichen Bewußtseins gehören, gingen diese doch in der magischen Schicht unter.

Es besteht ein großer Unterschied zwischen dem Gefühl der Einheit, das man durch Regression in einen prädifferenzierten und unbewußteren Seinszustand erreicht – also gewissermaßen durch eine Rückkehr in die Natur –, und einem Gefühl der Einheit, das man erreicht, indem man in einen überbewußten Zustand eintritt, der jeden Dualismus und jegliche Inhalte transzendiert: also einem Gefühl der Einheit, das aus einer größeren Bewußtheit resultiert. Ersteres kann man leicht erreichen, wenn man nur genug Alkohol trinkt oder sich sexuell verausgabt; das letztere ist nur auf dem Weg der Meditation erreichbar.

Eliade, Tucci und Sinha erkannten sehr genau, daß die formende Kraft hinter der so sehr vorherrschenden erotischen Dimension der hinduistischen Mythen und Rituale die magische Struktur des menschlichen Bewußtseins war. Zwei Drittel von Indra Sinhas kürzlich erschienenem Buch mit dem Titel *The Great Book of Tantra* sind dem Versuch gewidmet, tantrische Praktiken bis zu ihren Ursprüngen in universellen Fruchtbarkeitskulten zurückzuverfolgen.

The Silent Orgasm

Mircea Eliade bemerkte einmal, daß die Praxis »eines sakralisierten Sexuallebens einen Erfahrungshintergrund voraussetzt, der in einer desakralisierten Gesellschaft nicht mehr gegeben ist« (*Eliade, 1961, S. 172*). Tantrische rituelle Praxis fuße auf Gleichsetzungen zwischen dem Körper und dem Kosmos (worin sie den Chakras des Yoga verwandt ist) und auf der Sakramentalisierung physiologischer Prozesse (wozu auch die Sexualität gehört); beides jedoch ist für den modernen areligiösen Menschen nicht mehr nachvollziehbar. In diesem Sinne ist die Rede von einem »Weg der Heiligung der Sexualität für westliche Liebende« (so verspricht es der englische Untertitel von Margo Anand Naslednikovs Buch) in sich widersprüchlich, anachronistisch oder bestenfalls ein Fall von Wunschdenken.

In unserem Zeitalter der Suche nach einer integrierten oder, wie ich es nenne, einer transparenten Bewußtseinsstruktur hat der Unterschied zwischen dem Heiligen und dem Profanen keine Gültigkeit mehr. Dieses Zeitalter ist geprägt von einer Rückkehr zum Alltäglichen, zum Natürlichen, aber diesmal in absolut transparenter Form und nicht mehr in zwei Hälften geteilt, die man heilig oder profan nennen könnte; heute wäre diese Zweiteilung so unvorstellbar, als wollte man die Natur in ein Innen und ein Außen aufteilen.

Hierogamie und/oder Unio Mystica
Um wenigstens die wichtigsten Themen und den grundlegenden Symbolismus in der tibetischen und nepalesischen Thangka-Kunst behandeln zu können, könnte eine kurze Beschreibung der Funktion von Thangkas im Vajrayana-Buddhismus von Bedeutung für unsere Suche nach Vorläufern des Stillen Orgasmus oder der Mandalischen Sex-Meditation sein.

Inhalt und Funktion von Thangkas
Tibetische und nepalesische Gemälde mit exoterischem oder esoterischem Inhalt finden sich als Wandmalereien in Tempeln und Klöstern, als Illustrationen in religiösen Manuskripten und in Thangkas; Thangkas sind auf Textilien aufgebrachte Malereien, die gewöhnlich an Altären von Klöstern oder auch Privathaushalten zu rituellen Zwecken aufgehängt werden und die man aufrollen kann, wenn man sie nicht braucht und aufbewahren will. Seit die Tibeter und mit ihnen der tibetische Buddhismus in vergangenen Jahrzehnten über alle Welt verstreut wurden, sind viele unechte Thangkas im Umlauf; sie sind vornehmlich für die Souvenirmärkte Nepals bestimmt.

Der traditionelle Weg des Tantra

Der wichtigste Einfluß auf die figurale Präsentation der tibetischen Thangkas kommt aus der künstlerischen Tradition Indiens, wobei auch einiges an nepalesischer Stilisierung erkennbar wird; die Darstellung der Natur hingegen trägt deutlich chinesische Spuren. Pal zufolge ist noch kein Thangka auf die Zeit vor dem zwölften Jahrhundert datiert worden.

Zu den traditionellen Funktionen der Thangkas im buddhistischen Tantrismus gehören folgende Aspekte:

1. In seltenen Fällen dienen die Thangkas rein dekorativen Zwecken und werden an Wände oder Säulen gehängt, um eine sakrale Atmosphäre zu erzeugen.

2. Häufig stellen Thangkas die Lehre und Geschichte des tibetischen Buddhismus visuell dar; sie fungierten also als eine Art heilige Schrift, die dem großenteils analphabetischen Laienpublikum zugänglich war. Zu dieser Kategorie erklärender und erzählender Kunst zählen Bilderbiographien von Sakyamuni Buddha, Darstellungen der berühmten Taten und Visionen buddhistischer Heiliger und Listen der Reinkarnationen des Dalai Lama und anderer prominenter Äbte.

Der Hindutempel in seiner nepalesischen Form in Holz: Durbar Square in Patan (Nepal) mit dem steinernen Krishna-Tempel aus dem Jahre 1723 im Vordergrund und den Überresten der hölzernen Hindutempel im Hintergrund

The Silent Orgasm

Durbar Square in Katmandu (Nepal) mit einem Narayan-Vishnu gewidmeten Tempel aus dem Jahre 1680

3. Gelegentlich werden Thangkas für den Gebrauch in der Heilkunst, für Beerdigungsriten oder für bestimmte religiöse Zeremonien neu in Auftrag gegeben. In diesen öffentlichen Zeremonien hat das Thangka eine eher magische Funktion, denn es soll Gesundheit oder ein langes Leben oder Glück in einem zukünftigen Leben bewirken; ein Thangka kann sogar selbst zum Gegenstand religiöser Verehrung werden. Darüber hinaus versucht der Maler ebenso wie sein Auftraggeber (meist Spender) einen persönlichen metaphysischen Gewinn aus der religiösen Malerei oder der Spende eines solchen Thangkas zu ziehen.

4. Buddhisten, die Vajrayana praktizieren, benutzen Thangkas als Mittel zur Visualisierung, um sich mit Gottheiten zu identifizieren, die bestimmte Bewußtseinszustände manifestieren; auch werden sie zur Meditation benutzt, bei der diese Gottheiten in Zustände des eigenen Bewußtseins hinein verwandelt werden, wo Realität letztendlich etwas Leeres ist. Hier fungiert das Thangka als Mandala, als ein Psycho- und Kosmogramm, das die Meditation unterstützen soll.

Die Frage, wer ursprünglich diese menschen- und tiergestaltigen oder auch rein geometrischen Bilder nicht nur malte, sondern schuf,

Der traditionelle Weg des Tantra

wird in der Literatur zu diesem Thema nicht beantwortet. Von einigen Bildern friedlicher und rasender Gottheiten heißt es, sie seien vor langer Zeit von irgendwelchen berühmten Meditierenden in Träumen oder tranceähnlichen Zuständen gesehen worden; dann wurden sie zu Bildern fixiert und von bestimmten religiösen Traditionen von Generation zu Generation weitergereicht. Giuseppe Tucci, die Autorität auf dem Gebiet der tibetischen Mandalas, ist der eher jungianischen Ansicht, daß die komplexen geometrischen Formen der Mandalas, ganz gleich, ob sie nun figürlich oder nicht figürlich sind, von vielen Meditierenden gleichzeitig entdeckt wurden, weil sie die Antwort »auf ein geheimnisvolles inneres Bedürfnis des menschlichen Geistes« enthielten. Er fügt hinzu, daß »das Mandala, das ursprünglich einem inneren Drang entsprang, so seinerseits ein äußeres Hilfsmittel zur Auslösung oder Herbeiführung ebensolcher Visionen in stiller Konzentration und Meditation wurde« (*Tucci, 1961, S. 37*).

Ehe ich einige weitere Beispiele von Thangka-Kunst diskutiere, sollte man die oben dargelegte grundlegende Logik, die hinter vielen Thangkas steckt, im Kopf behalten. Sie wird in der häufig wiederholten Mahnung des Hevajra-Tantra auf den Punkt gebracht: »Oh, du Weiser, du sollst die Existenz im Lichte des Wissens um ihre Nicht-Existenz verstehen; genauso solltest du die Heruka im Lichte des Wissens um ihre Nicht-Existenz verstehen (*Snellgrove, S. 48*). (Heruka ist die Gottheit dieses Tantra.) Hier treffen wir wieder auf die paradoxe Form, die jeder philosophische Ausdruck der mystischen Erfahrung annehmen muß; diese Erfahrung ist über weite Strecken auch das Thema der Thangkas.

Die Beispiele der nepalesischen und tibetischen Thangkas, die ich hier diskutieren will, sind alle Ausdruck von Vajrayana, einem Zweig des Mahayana-Buddhismus. Im Vajrayana kennt man ein ganzes Pantheon von Gottheiten, die Aspekte der Erleuchtung versinnbildlichen; der Gläubige identifiziert sich mit diesen Gottheiten auf seinem Weg zur Erleuchtung. Oft werden diese Gottheiten als Liebespaare beim Geschlechtsakt dargestellt; sie symbolisieren die männlichen und weiblichen Eigenschaften des erleuchteten Geistes. *Vajra* heißt Blitzschlag; ursprünglich war der Blitzschlag die göttliche Waffe und das Emblem des alten vedischen Gottes Indra. Das Wort *Vajra* in *Vajrayana* nahm später die Bedeutung »Diamant« oder »diamanten« an und symbolisierte nun das letztlich unzerstörbare und transparente Wesen der Existenz. Leere *(Shunyata)*, ein Begriff, der vom Mahayana-Begriff des Nichts hergeleitet ist, wird im

Vajrayana als die unveränderliche Diamantennatur aller Dinge verstanden.

Vajra hatte im tantrischen Ritual aber auch noch eine geheime oder verborgene Bedeutung: Es symbolisierte das männliche Sexualorgan, das im Gegensatz zu *Padma* gesetzt wurde, dem »Lotus«, welcher das weibliche Sexualorgan symbolisiert.

Man könnte sagen, daß die für den Mahayana-Buddhismus zentrale Suche nach Leere (Shunyata) durch Loslösung im Vajrayana durch die Suche nach der diamantenen Transparenz (Vajra) des Bewußtseins ersetzt wurde. Diese Transparenz erreichte man durch Überwindung aller Gegensatzpaare, also durch die letztendliche Transzendenz aller bipolaren Spannungen.

Um zu verstehen, was die Bilder des tantrischen Buddhismus vermitteln wollen, ist es wichtig, die Polarität-in-der-Einheit zu erkennen, welche die Bilder darstellen. Laut Snellgrove »ist es die alles überspannende Vorstellung des ›Zwei-in-eins‹, auf welcher die ganze komplizierte Struktur der *Tantras* aufgebaut ist... Um diese Struktur zu verstehen, muß man natürlich überall mit sexueller Symbolik rech-

Fruchtbarkeitsriten im heutigen Japan. Honensai, das »Fest der Fürbitte für eine reiche Ernte«, findet alljährlich am 13. März in zwei Shinto-Schreinen in der Nähe von Nagoya statt: Der »Körper« der männlichen Gottheit im Tagata-Schrein ist ein Phallus, der »Körper« der Göttin im Ogata-Schrein ist das weibliche Geschlechtsteil. Bei dem Ritus werden die beiden im Reisfeld miteinander vereinigt.

Der traditionelle Weg des Tantra

179

nen, und dies wird erst dann weniger mühsam, wenn man in der Lage ist, über die Symbole hinaus auf die Ideen zu blicken. Die Aussagekraft und (in gewissem Sinne) die Tiefe dieser Symbole ist sehr groß, weil sie einerseits direkten Bezug auf den Bereich der sinnlichen Erfahrung nehmen *(Samsara)* und andererseits die beiden Koeffizienten der mystischen Erfahrung *(Nirvana)* bezeichnen. In der Tat verweisen diese Symbole so deutlich auf die Identität des einen mit dem anderen, wie es kein anderes Symbol tun könnte.

Vajra und *Lotus* beziehen ihre ganze Bedeutungsbreite aus den Konnotationen des Männlichen und des Weiblichen« *(Snellgrove,* S. 24).

Zur Symbolik des »Zwei-in-eins« mit ihren physischen und psychischen Konnotationen gehören die folgenden Elemente.

Physische Homologien (Entsprechungen):

männlich	weiblich
Yogin	Yogini
Vater: *Yab*	Mutter: *Yum*
(männliche Sexualorgane)	(weibliche Sexualorgane)
Diamant: *Vajra*	Lotus: *Padma*
Sonne	Mond

Psychische Homologien:

dynamisches Prinzip	statisches Prinzip
Mittel: *Upaya*	Weisheit: *Prajna*
Mitgefühl: *Karuna*	Leere: *Shunyata*

Tantra versteht Erleuchtung als Überwindung dieser psychologischen Gegensatzpaare durch die *direkte* sexuelle Vereinigung von Yogin und Yogini oder durch ihre *indirekte* symbolische Vereinigung.

Nach diesem Überblick über den allgemeinen Hintergrund der Thangka-Kunst, die Ajit Mookerjee einmal eine visuelle Form der Metaphysik genannt hat, wollen wir uns nun der Bildersprache einiger Einzelstücke zuwenden, die für unser Thema von besonderer Bedeutung sind.

Die Kalachakra- und Chakrasamvara-Gottheiten und das Yab-Yum-Bild der sexuellen Vereinigung
Kalachakra, zu deutsch: »Rad der Zeit«, und *Chakrasamvara,* zu deutsch: »höchste Glückseligkeit«, sind die beiden großen tibetischen Schutz-

gottheiten im Range eines Buddha. In Gemälden personifizieren sie ganze Tantra-Systeme mit ihren eigenen besonderen Meditationen, die zur Befreiung führen sollen. Beide scheinen zu linkshändigen Tantra-Praktiken des zehnten Jahrhunderts gehört zu haben; deshalb kennen sie nicht nur eine weibliche Gottheit als Gemahlin der männlichen Gottheit im Thangka-Symbol, sondern auch eine Yogini als Lebenspartnerin für rituelle Praktiken.

S. B. Dasgupta beschreibt den Inhalt des Kalachakra-Thangkas folgendermaßen: »Kalachakra, der Herr, wird gepriesen, weil er das Wesen von *Shunyata* und *Karuna* besitzt; in ihm ist die Abwesenheit der Entstehung und Zerstörung der drei Welten, er ist die Einheit von Wissen und Gewußtem; er umarmt die Göttin Prajna, die Form besitzt und zugleich formlos ist. Da er des Ursprungs und Wandels enthoben ist, ist er unwandelbare Glückseligkeit ... er ist der Vater der Buddhas – der letztgültige Ur-Buddha, der Herr ohne jeden Dualismus« (aus: *An Introduction to Tantric Buddhism*, zitiert nach *Bharati*, S. 222).

Auf Thangkas wird die zentrale Gottheit in voller sexueller Vereinigung mit ihrer Gemahlin dargestellt, wobei sie mit den Füßen ein anderes Paar voneinander trennen (vergleiche die Abbildungen auf

Die Sonne (Ursprung des Lichts) und der Mond (Widerspiegelung des Lichts) sind im Buddhismus und Hinduismus die wichtigsten Symbole für die mystische Einheit.

Der traditionelle Weg des Tantra　　　　　　　　　　　　　　　　181

S. 183–185). Die Botschaft ist, daß die von den kopulierenden Gottheiten dargestellte Unio mystica in der Auflösung des Alltagsbewußtseins besteht; das Alltagsbewußtsein wird von Leidenschaft und dem Drang zur Fortpflanzung beherrscht, was hier dadurch symbolisiert ist, daß das kleinere kopulierende Paar mit Gewalt auseinandergebracht wird (dieses Paar ist eine allegorische Darstellung von Unwissenheit und Begehrlichkeit). Das Tantra sagt: »So wie die Welt durch Leidenschaft gebunden wird, so wird sie auch durch Leidenschaft befreit« (*Snellgrove*, S. 93); deshalb wurde die Vereinigung der Geschlechter nicht nur als Symbol für die mystische Einheit der menschlichen Seele betrachtet, sondern – und darin liegt die Krux, die einmalige Botschaft des Tantra – als möglicher Weg zur Realisierung der mystischen Einheit.

In anderen Traditionen wird die völlige Ganzheit des Bewußtseins durch weniger sexuell geprägte Symbole ausgedrückt, zum Beispiel durch das chinesische Yin-Yang-Emblem, das Shri-Yantra Indiens mit seinen ineinander verschränkten Dreiecken (Abbildung S. 161) oder durch Sonne und Mond. Die Aussagekraft des tibetischen *Yab-Yum*-Bildes als Symbol für das ideale *Ziel* des Tantra-Weges steht außer Frage; aber ich habe so meine Zweifel über seine Aussagekraft als Symbol für den *Weg* zu diesem Ziel. Beischlaf wird als der Weg dargestellt, aber die formalisierte, ja sogar standardisierte Darstellung des Yab-Yum gibt keinerlei Fingerzeig, wie der Beischlaf mehr bewirken könnte als Sinnesfreuden oder eine Zeugung; es gibt keinen Hinweis darauf, wie der Beischlaf zur Erleuchtung führen könnte. Auch finde ich keine Hinweise auf Techniken wie die Verzögerung des Orgasmus oder das Zurückhalten von Samenflüssigkeit, insbesondere, wenn die *Yab-Yum*-Partner sich in einer sitzenden Stellung befinden, in welcher die Frau die aktive Rolle zu spielen scheint.

Kalachakra-Chakrasamvara und andere Yab-Yum-Bilder haben ihr paradigmatisches Vorbild in der Vereinigung des schon aus früher hinduistischer Mythologie bekannten göttlichen Paares Shiva und Parvati. Göttliche Ehe, Hierogamie, symbolisiert in etlichen mythischen Traditionen die Schöpfung des Universums als Ganzem. Für das religiöse Denken der Antike bezog jede menschliche Ehe ihren Wert daraus, daß sie eine Imitation der ersten kosmischen Hierogamie war. Für uns heutige Menschen, die wir keine Götter mehr kennen, ist das Paradigma der Hierogamie ein Echo des menschlichen Zeugungsaktes. Obgleich das buddhistische Tantra bei der Assoziation der kosmischen Prinzipien mit männlichem und weiblichem Pol

Seiten 183-185: Newari- und tibetische Vajrayana-Thangkas (um 1990) vom Kalachakra- und Chakrasamvara-Typus. Die sexuelle Vereinigung eines Gottes mit einer Göttin weist auf die Wiedervereinigung des Menschen mit dem Universum hin (obige Abbildung: 41 x 50 cm).

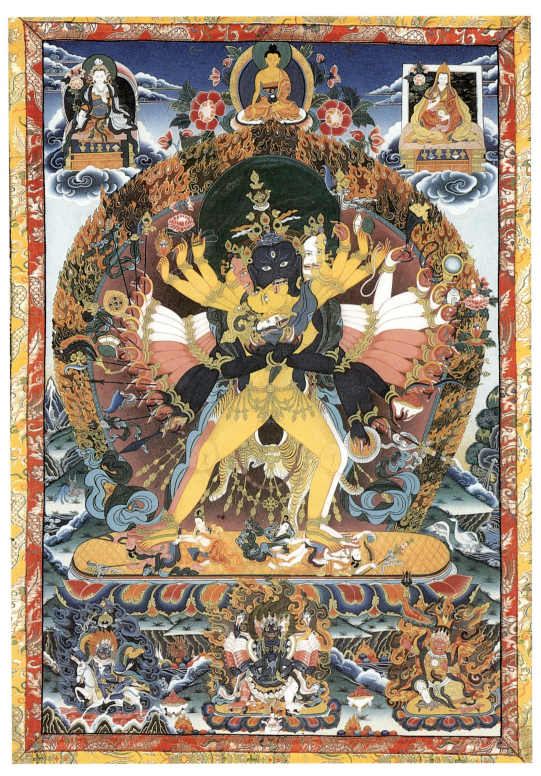

Die sexuelle Vereinigung eines Gottes mit einer Göttin weist auf die Wiedervereinigung des Menschen mit dem Universum hin (59 x 90 cm).

Die sexuelle Vereinigung eines Gottes mit einer Göttin weist auf die Wiedervereinigung des Menschen mit dem Universum hin (55 x 79 cm).

genau umgekehrt verfährt wie das hinduistische Tantra, also das dynamische Prinzip mit Männlichkeit assoziiert und das statische Prinzip mit Weiblichkeit, scheint die Vereinigung des männlichen mit dem weiblichen Pol im buddhistischen wie im hinduistischen Tantra das gleiche zu bedeuten, nämlich eine göttliche Hierogamie. Die wirkliche oder symbolische sexuelle Vereinigung von Yogi und Yogini im tantrischen Ritual ist meiner Ansicht nach vor allem die Imitation eines ersten Schöpfungsaktes. Das Ritual nimmt in der Logik der Magie (in welcher ja Ähnliches Ähnliches produziert) Bezug auf die Schöpfung und wird selbst zu einem *Akt der Schöpfung der Welt* im Sinne der Schöpfung von Menschen und allen anderen Lebewesen und Dingen. Mit der Evolution des menschlichen Bewußtseins über die rein magische oder mythische Logik hinaus wurde die Schöpfung schließlich auch als ein *Akt* gesehen, *bei dem man sich selbst schuf,* bei dem man seiner eigenen wahren Natur zur Geburt verhalf, das heißt, eins mit dem Universum wurde. Nur im letzteren Sinne können wir von einer Unio mystica sprechen, die die Macht hat, den normalen Prozeß der Zeugung aufzuhalten, wie es ja auf den Thangkas dargestellt wird.

Es ist sehr leicht, im Ritual oder in einem Gemälde ein mythisches Paradigma nachzustellen, weil dabei keine Gefahr für das persönliche Ich droht. Es ist aber überaus schwierig, eine mystische Vereinigung mit dem kosmischen Bewußtsein zu erreichen, weil eine solche Vereinigung nur möglich ist, wenn das persönliche Ich verschwindet. Es ist ebenfalls leicht, *Techniken* der Meditation in einem Gemälde darzustellen, aber so gut wie unmöglich, den *Inhalt* der Meditation wiederzugeben.

Im Buddhismus wurde auch eine komplexe Ikonographie zorniger Gottheiten entwickelt, die den Hauptzweck hatte, die Gläubigen auf eine Begegnung mit diesen Gottheiten nach dem Tode vorzubereiten. Das Tibetanische Totenbuch sagt, daß die zornigen Gottheiten einem während der Phase der Halluzinationen gleich nach den friedlichen Gottheiten erscheinen und daß diese Visionen lediglich Emanationen des Bewußtseins des Sterbenden sind, der vom Karma eingelullt ist und nicht erkennt, daß die wahre Natur des Karma nichts ist als Leere. Man muß diese Gottheiten als Projektionen seines eigenen Denkens erkennen, um sie zum Verschwinden zu bringen.

Diese schrecklichen Gottheiten haben ihren Ursprung im Inneren des Menschen, im Durst des Ichs nach Leben, im Festhalten an dem endlosen Rad von Tod und Wiedergeburt, das man *Samsara* nennt. Sie

186 **The Silent Orgasm**

entspringen aus dem Festhalten an Formen, an dem, was Wilber das Atman-Projekt nennt. Sie werden erst durch die Auflösung des Ichs in leeres, transparentes Bewußtsein ohne Inhalt aufgehoben, durch die Auflösung des Ichs ins Nirvana. Das »Verlöschen wie eine Flamme« – die wörtliche Bedeutung von »Nirvana« – wird auch der »Große Tod« genannt, der Tod des Ichs. Die Erfahrung des Ent-werdens, der Auflösung wird dem Menschen wohl immer größten Schrecken einjagen.

Es kann sein, daß die zornigen Gottheiten auch noch einen äußeren Ursprung haben. Bei der missionarischen Eroberung Ostasiens bedienten die Buddhisten sich immer der Strategie, die im jeweiligen Land beheimateten Götter zu akzeptieren und sie zu besonderen Schutzpatronen des neuen Glaubens zu machen. Als Tibet zum Buddhismus bekehrt wurde, also etwa seit dem achten Jahrhundert, waren Bilder der Hölle und schrecklicher Gottheiten wie des Todesgottes wirksame Mittel, um die unterworfene Gesellschaft in Angst und Schrecken zu versetzen und sie dazu zu zwingen, die neuen Götter anzunehmen. Im darauffolgenden Zeitalter, so scheint es, bekamen die Tibeter immer mehr Angst vor den eigenen Göttern. »So versuchte ganz Tibet seine eigene Angst und Aggression durch die nie

Verbrennungs-Ghat am Ufer des Ganges in Benares: Hier wird über die Vergänglichkeit aller menschlichen Gestalt meditiert. Wenn man hier stirbt – so glauben die Hindus –, kann man Befreiung vom Kreislauf des Todes und der Wiedergeburt erlangen.

Der traditionelle Weg des Tantra

endende Beschwichtigung der zornigen Gottheiten zu lindern…«
(*Sierksma*, S. 161).

Das furchterregendste, aggressivste und sexuellste dieser Götterbilder ist das Bild des Yama, des Gottes des Todes, der auf uralte indo-arische Wurzeln zurückgeht und dessen andere Formen Überschneidungen mit dem Hindu-Gott Shiva aufweisen. Yama erscheint auf Thangkas in Menschengestalt; er ist meist in schwarzer, roter oder dunkelblauer Farbe gemalt und trägt den Kopf eines Stieres, der mit einer Girlande aus Totenköpfen geschmückt ist. Er steht nackt mit erigiertem Glied auf einem Büffelbullen und hält oft zum Zeichen seiner richterlichen Gewalt eine Keule in der Hand. Manchmal sitzt seine Zwillingsschwester Yami auf einem seiner Beine, und zwar in der alten indischen Manier, in der man Gemahlinnen darstellte; es gibt keine Thangkas, die Yama und Yami in der weniger kriegerischen *Yab-Yum*-Stellung zeigen.

Der Bulle unter den Füßen von Yama kopuliert auf diesen Bildern immer mit einer auf dem Rücken liegenden Frau. Sierksma interpretiert das Tableau als »den Gott des Todes, hier vielleicht auch in seiner Rolle als erster Mann (wie einst in Indien!), der die Ureltern zu

Die allmorgendliche Waschung ist einer der ersten Schritte dazu.

The Silent Orgasm

Boden tritt, die einst das Rad des Lebens in Bewegung setzten und
die gewissermaßen für die endlose Kette von Tod und Wiedergeburt
seither verantwortlich sind. Hier ist Yama der schon bei der Zeugung
im Leben gegenwärtige Tod« (ibid., S. 216). Da das Paar der Ureltern
noch immer kopuliert, könnte die Botschaft des Bildes lauten, daß
Yoga, allein oder mit einer Yogini durchgeführt, den Kreislauf von
Tod und Wiedergeburt nicht durchbrechen kann, wenn es nicht mit
völliger sexueller Vereinigung einhergeht.

Es gibt aber bronzene Statuen von Yama und Yami in voller sexueller Vereinigung, wobei in diesem Falle das untere Paar durch Yamas
Füße getrennt wird. »Ihre Trennung durch die Vereinigung von Gott
und Gottheit bedeutet das Ende der sinnlosen Zeugung von Sinnes-
täuschungen« (ibid., S. 229). Diese statuarische Form symbolisiert
eine den Bildern der Kalachakra und der Chakrasamvara ähnliche
Unio mystica.

Das Bild von Yama und Yami kann, ob sie nun sexuell vereinigt
sind oder nicht, ob sie nun auf einem Stier reiten, der mit einer Frau
kopuliert oder nicht, auf zwei Weisen gelesen werden; auch darin ist
sie Kalachakra und Chakrasamvara vergleichbar. Man kann dieses
Bild erstens magiko-mythisch deuten und sagen, daß der Akt der
Zeugung die Imitation eines Ur-Paares im Prozeß der kosmischen
Schöpfung darstellt; man kann es aber auch – und die zweite Lesart
schließt die erste nicht aus – im esoterischen Sinne interpretieren
und sagen, daß die mystische Vereinigung von Mann und Frau im
Kontext eines Rituals ein Weg zur Transzendenz aller Dualität ist,
mittels dessen man das Ende des ewigen Kreislaufs von Geburt und
Tod erreichen kann.

Nach tantrisch-buddhistischer Sage zerstörte Yama, der Gott des
Todes mit indischem Ursprung, beinahe ganz Tibet, ehe er schließlich von Yamataka, dem »Bezwinger von Yama«, besiegt wurde. Aber
Yamas und Yamatakas bildliche Darstellungen sind so ähnlich, daß
eine genauere Analyse dieser »Persönlichkeitsveränderung« für unsere Zwecke wohl keine Resultate zeitigen würde.

Die Tibeter müssen viele alte indische Texte studiert haben, darunter auch die Veden. Deshalb ist es nicht überraschend, daß Yamataka auch als Vajra-Bhairava bekannt war, eine der acht schrecklichen Manifestationen von Shiva. Die Ähnlichkeit in der Funktion
von Shiva und Yamataka ist so groß, daß die beiden auch als Mahakala bekannt sind, der Große Schwarze. Mahakala wurde zum großen
Schutzgott des Buddhismus, der seine Feinde und die Anhänger an-

Der traditionelle Weg des Tantra

189

Newari- und tibetisches Vajrayana-Thangka (um 1990), das Yama mit dem Kopf eines Büffels darstellt, wie er entweder allein oder gemeinsam mit seiner Zwillingsschwester Yami auf einem Ur-Menschenpaar tanzt (53 x 76 cm)

derer Religionen verschlang und der in fünfundsiebzig verschiedenen Formen auftritt, die allerdings alle auf Formen des hinduistischen Gottes Shiva zurückgeführt werden können.

Thangkas werden zur Visualisierung bei der Meditation benutzt. Dieses Bild eines sexuell erregten Mannes mit dem Kopf eines Stieres, der nackt mit einer nicht minder wilden Frau auf einem Büffelbullen tanzt, welcher seinerseits mit einer Frau kopuliert, hat mit seiner dramatisch detaillierten Malweise und den Flammen außen herum etwas nicht nur für Menschen des Abendlandes ganz offensichtlich Erschreckendes; auch für einen Tibeter, der in eine Kultur hineingeboren wurde, in der solche Bilder allgegenwärtig sind, ist dies Bild erschreckend. So kann man in diesem Fall also sagen, daß die Meditation über dieses Bild eine Art Schocktherapie beinhaltet, welche den Meditierenden mit der harten Wahrheit der Vergänglichkeit aller Formen des Lebens konfrontiert; sie alle sind gleichermaßen der Geburt, dem Leiden und dem Tod unterworfen. Diese Götter wurden nur dazu geschaffen, um dem Meditierenden zu helfen, sich selbst zu verstehen.

Vajrayogini, »die diamantene Asketin«, und Chinnamasta, »die Gottheit mit dem gespaltenen Kopf«

Auf unserer Entdeckungsreise durch tantrische Schriften und Kunstwerke auf der Suche nach dem Ursprung und der Logik der Meditationstechniken, die sich sexueller Vereinigung als Hilfsmittel bedienen, kommen wir nicht an einem Blick auf das Bild der Vajrayogini vorbei, was wörtlich »die diamantene Asketin« bedeutet. Ich habe sie schon als Partnerin bei der sexuellen Vereinigung im Ritual des linkshändigen Tantra genannt. In dieser Rolle ist sie als *Dakini* bekannt, wörtlich: »Flieger durch den Himmelsraum«, ein Begriff, der auf Transparenz des Bewußtseins verweist.

Wenn sie auf Thangkas gemalt sind, haben Yoginis weniger eine direkt sexuelle als vielmehr eine göttliche Bedeutung. Oft sieht man sie auf solchen Bildern in Fünfergruppen, von denen jede einzelne einen besonderen Namen, eine besondere Körperfarbe und besonderen Schmuck hat; sie symbolisieren fünf Arten der Weisheit und auch die letztendliche Einheit der Existenz; in dieser Hinsicht entsprechen sie den fünf Heruka-Buddhas des Vajrayana-Buddhismus (vergleiche die Abbildungen auf S. 192–194). Einige Mandalas zeigen die Vajrayoginis als Sexualpartnerinnen ihrer zornigen männlichen Gegenstücke; sie sitzen dann nach *Yab-Yum*-Manier. Yoginis erscheinen auf

Der traditionelle Weg des Tantra

Newari- und tibetische Vajrayana-Thangkas. Sie stellen Vajrayoginis (allein oder in Fünfergruppen) dar, die auf einem Ur-Menschenpaar oder einem einzelnen besiegten Menschen stehen (53 x 75 cm)

Newari- und tibetische Vajrayana-Thangkas. Sie stellen Vajrayoginis (allein oder in Fünfergruppen) dar, die auf einem Ur-Menschenpaar oder einem einzelnen besiegten Menschen stehen (39 x 51 cm)

Newari- und tibetische Vajrayana-Thangkas. Sie stellen Vajrayoginis (allein oder in Fünfergruppen) dar, die auf einem Ur-Menschenpaar oder einem einzelnen besiegten Menschen stehen (25 x 30 cm)

Thangkas auch in Zweierpaaren als Dienerinnen zu beiden Seiten der Mutter-Göttin Kali, welche gewiß die wildeste der anthropomorphen Visualisierungen des kosmischen Prozesses von Schöpfung und Zerstörung ist.

Yoginis werden normalerweise einzeln und aufrecht stehend dargestellt, wobei sie eine Tanzstellung einnehmen und ein Bein vorstellen; gelegentlich werden sie auch mit Pfeil und Bogen gezeigt. Auch in dieser Darstellung sind sie von einem stilisierten Flammenring umzuckt. In ihren Händen halten sie einen tantrischen Stab, der das männliche Prinzip symbolisiert, eine Handtrommel, die für das weibliche Prinzip steht, und einen mit Blut gefüllten Schädel, das geheime Symbol der fünf heiligen Ambrosias. Sie repräsentieren die Vajrayana-Vereinigung von Weisheit (Pfeil) und Werkzeug (Bogen), von Leere und Mitgefühl; auch spiegelt sich in ihnen die Vereinigung von Shiva und Shakti im hinduistischen Tantra wider.

Als Symbol der Vereinigung von Weisheit und Mitgefühl im psychologischen Universum der buddhistischen Tradition fungiert die Vajrayogini eindeutig als ein Bild der Unio mystica (ebenso wie Kali die Vereinigung der kinetischen und statischen Aspekte des physischen Universums der Hindu-Tradition symbolisiert). Unter ihren Füßen sieht man oft ein voneinander getrenntes Menschenpaar, genau wie in dem Kalachakra-Chakrasamvara-Bild. Dies soll wieder besagen, daß die Erfahrung der mystischen Vereinigung zwischen Meditierendem und Kosmos den Kreislauf der Schöpfung und Zerstörung endgültig brechen kann.

Die Bilder von Vajrayoginis allein bedeuten nicht, daß die Unio mystica durch Geschlechtsverkehr, sei er nun wirklich oder symbolisch, erreicht werden kann. Die Botschaft der Vajrayogini bleibt sich gleich, ob man sie nun triumphierend auf einer einzelnen, nackten menschlichen Leiche tanzen sieht (Abbildung S. 194) oder auf zwei voneinander getrennten, lebenden Menschen (Abbildungen S. 192–193). »Diese Göttinnen mit ihren magischen Kräften können als persönliche Initiationsgottheiten verstanden werden, die dem Tantrika bei seiner mystischen Erfahrung des Todes und der Reinkarnation helfen und die Gefühle und Gedanken im karmischen Prozeß des Menschen darstellen« (*Lavizzari-Raeuber*, S. 203). Wieder also sehen wir, daß die Gottheiten geschaffen wurden, um den Adepten zu helfen, sich selbst besser zu verstehen.

Die erschreckendste Form der Vajrayogini ist die ursprünglich indische Göttin Chinnamasta (wörtlich: »die Göttin mit dem gespaltenen Kopf«). Sie hält ihren abgeschlagenen Kopf in der einen Hand, während die andere noch das blutige Schwert umklammert hält. Blut spritzt aus ihrem enthaupteten Rumpf in den Mund ihres Kopfes und in die Münder ihrer beiden Dakinis. Um ihren Hals hängt eine Girlande aus Totenköpfen. Sie tanzt auf einem Paar im Geschlechtsakt; es ist Rati, die Göttin der sexuellen Freuden, und Kama, der Gott der Liebe.

Exoterisch gesprochen, stellt Chinnamasta das Grundparadox des natürlichen Lebens dar: Vom Moment der Zeugung an geht man auf den Tod, die Auslöschung zu. Alle Menschen müssen sterben. Geburt und Tod sind zwei Seiten derselben Medaille. (Ich erinnere hier daran, daß sowohl Grofs als auch meine eigenen Experimente mit transpersonaler Therapie den Geburtsprozeß auch als Todesprozeß erscheinen ließen.)

Esoterisch gesprochen, kombiniert das Chinnamasta-Bild visuell die grundlegenden Geheimnisse der Meditation. Das Blut strömt in dieselbe Richtung wie die Lebensenergie oder Kundalini-Kraft; diese fließt durch die drei Hauptkanäle des feinstofflichen Körpers und ist bis hinauf in die feinstofflichsten Existenzebenen durch Gegensatzpaare charakterisiert, was durch die beiden Begleiterinnen der Chinnamasta zum Ausdruck gebracht wird, die auch von dem Blut trinken. Zweitens wird die Überwindung des Kreislaufs von Geburt und Tod durch die Gottheit repräsentiert, die triumphierend über einem kopulierenden Paar steht. Drittens ist die Selbstenthauptung ein Symbol für Bewußtsein ohne Denken, das Ziel und das Werkzeug der Meditation.

Die ganze Szene wird oft in einen Flammenkreis gesetzt. Indem er sich mit Chinnamasta identifiziert, kann der Meditierende sich darüber klarwerden, daß der ganze Prozeß der Existenz im Samsara letztendlich leer ist. Dennoch erinnert uns das wichtigste Diktum des Tantra daran, daß das, »wodurch die Welt gebunden ist, auch dasjenige ist, wodurch die Fesseln gelöst werden«. In diesem Sinne sagt das Chinnamasta-Bild, daß das Reich der Sinneserfahrung oder des Samsara (dargestellt durch das kopulierende Paar) und der Bereich der Meditation oder des Nirvana (dargestellt durch die enthauptete Gottheit) wechselseitig voneinander abhängige Teile einer bipolaren Ganzheit sind, verschiedene Aspekte einer übergeordneten Ganzheit. Der Körper ist ein unentbehrliches Werkzeug für unsere Befreiung vom Körper und seiner Vergänglichkeit. Am Ende unseres Überblicks über die klassische Kunst des Tantra stellen wir fest, daß die ver-

The Silent Orgasm

schiedenen Darstellungen der sexuellen Vereinigung in der hinduistischen und der buddhistischen Tradition zwei grundlegende Sichtweisen erlauben. Man kann sie entweder als Symbol einer Hierogamie, der uranfänglichen Vermählung zweier Gottheiten, interpretieren, oder man kann sie als Symbol einer Unio mystica deuten, der Vermählung des Individuums mit dem Kosmos. Diese beiden Interpretationen schließen einander nicht aus, sondern haben beide Gültigkeit. Das Bild der sexuellen Vereinigung eignet sich besonders gut als Symbol für eine Unio mystica, weil es auf eine Erfahrung der Einheit Bezug nimmt, die den meisten Menschen vertraut ist. Nirgends konnten wir jedoch Material finden das uns davon hätte überzeugen können, daß der Geschlechtsverkehr im allgemeinen oder irgendeine spezielle Methode der geschlechtlichen Vereinigung tatsächlich zur vollständigen Überwindung der »Krankheit« der Dualität führen könnte. Das weiß man selbst im Großen Buch des Tantra nur vom Hörensagen zu berichten.

Wir sollten mit einem weiteren Blick auf Chinnamasta schließen. Es ist schwerlich möglich, eine konzisere visuelle Darstellung des Charakters der Existenz in ihrem evolutionären Prozeß von Schöpfung und Zerstörung zu finden, oder eine bessere Darstellung des Wesens der Meditation, die ja auch ein Prozeß der Involution oder Reintegration in die ursprüngliche Einheit ist, eine Rückkehr zum Ursprung, der immer gegenwärtig ist. Chinnamasta ist der Inbegriff des Geistes des Mahayana-Buddhismus, indem sie *Anbetung* einer historischen Figur, also des Buddha, vermeidet und statt dessen die *Identifikation des Selbst* mit transzendenten Wahrheiten auf dem Wege der Meditation fordert (was ja der historische Buddha ebenfalls forderte). Symbole dieser Wahrheiten wurden erdacht, und bestimmte rituelle Handlungen fanden allgemeine Verbreitung, um der Meditationsarbeit auf die Sprünge zu helfen; diese Arbeit besteht darin, diese transzendenten Wahrheiten zu verinnerlichen, zu ihnen zu werden. Die Bilder des Tantra lehren, daß der Körper ein unentbehrliches Werkzeug zur Befreiung aus dem Körper und seiner Vergänglichkeit ist.

Folgende Deutung des Bildes der Chinnamasta dürfen wir aus dem Hevajra-Tantra (in Snellgroves Übersetzung) zitieren: »Vom Glück erfüllt ist jene Welt, die selbst erfüllt und sich erfüllen läßt. Ganz wie der Duft der Blume von der Blume abhängt, wie es ohne Blume keinen Duft geben kann, genauso könnte man das Glück nicht wahrnehmen … wenn es keine Form hätte.«

Der traditionelle Weg des Tantra

Buddha
Die Versuchung des Buddha (38 x 49 cm)

Meditation, Kreativität, Sprache

Vergegenwärtigen wir uns zum Schluß die Einstellungen, die die später heiliggesprochenen Gründer der großen Religionen zum Thema Sex hatten, also zum Hauptthema dieses Buches. Sowohl von Jesus als auch von Gautama Buddha heißt es, sie seien während ihrer Meditationen vom Teufel in Versuchung geführt worden, einem Teufel, der nur in ihrem eigenen Kopf gesessen haben kann. In beiden Fällen ließ der Teufel ihnen Visionen von Frauen erscheinen, die sie verlokken sollten, ihren heiteren Bewußtseinszustand aufzugeben und sich in das Reich der fleischlichen Lüste zu begeben. Entweder sind die Geschichten wahr und müssen also von den großen Männern selbst erzählt worden sein, oder sie wurden später von ihren Anhängern erfunden. In jedem Fall können wir aber schon einmal feststellen, daß der Geist dieser Religionen die Sexualität zwischen Mann und Frau ablehnt. Warum sollte der Körper einer Frau mich beunruhigen, wenn ich dabei bin, mein eigenes wahres Wesen zu finden oder das wahre Wesen der Realität? Warum sollte dieser eine kleine Teil der Natur mich mehr stören als, sagen wir, der Körper eines Mannes oder ein Beefsteak oder eine Spinne? Kann man das Bewußtsein heilen oder integrieren, wenn man die Oberfläche, die physische Realität eines Körpers verwirft oder zumindest fürchtet? Jetzt, da wir die Möglichkeiten der mandalischen Sex-Meditation kennen, können *wir* die oft grotesken Darstellungen dieses Ereignisses im Leben des Buddha auf Thangkas ganz neu interpretieren: Nicht als eine *Versuchung*, die von der Meditation wegführt, sondern als eine *Einladung* zur Meditation, eine Einladung zum Stillen Orgasmus.

Diese Episoden sind ein klarer Beweis dafür, daß diese Männer die Sexualität unterdrückt hatten und daß diese bei der ersten Gelegenheit zurückschlug, nämlich in dem Augenblick, in dem sie die Kontrolle verloren, in dem Augenblick, in dem sie sich völlig entspannten. Unterdrückte Gefühle tun das immer. Vielleicht hätten die Dinge noch ins Lot kommen können, als die beiden erleuchtet wurden, aber das geschah nicht. Jesus gründete seine Kirche auf einen Mann, Petrus, und Buddha wollte lange Zeit keine Frauen initiieren. Beide Religionen etablierten klösterliche Gemeinschaften mit strikter Geschlechtertrennung. Die Unterdrückung der Sexualität nährt

Links und rechts: Newari-Thangkas, die Chinnamasta mit ihren Dakinis darstellt. Chinnamasta tanzt auf den einander umarmenden Gottheiten der sexuellen Lust und der Liebe (38 x 47 cm).

sich von solchen Vorstellungen wie dem weitverbreiteten östlichen Glauben, daß man erst einmal den Körper eines Mannes annehmen muß, ehe man erleuchtet werden kann, oder von der christlichen Vorstellung von der Jungfrauengeburt. Die Religionen scheinen alle ein grundsätzliches Vorurteil gegen den weiblichen Körper zu haben.

Ein Bewußtsein, das tief nach innen geschaut hat, akzeptiert die Sexualität als ein natürliches Phänomen, das, wie viele andere Phänomene, dazu benutzt werden kann, einen neuen Menschen zu schaffen oder nach innen zu gehen und sich selbst zu erschaffen.

Meine Einblicke in die Meditation haben mich gelehrt, daß die Schöpfung, die niemals endende Kreativität, das einzige grundlegende Prinzip ist, das im Universum Gültigkeit hat. Die Natur wiederholt sich niemals. Kein Blatt auf einem Baum ist je identisch mit dem nächsten, nicht einmal mit einem Blatt, das Tausende von Meilen weit entfernt ist. Die einzigen mir bekannten Dinge, die sich wiederholen, sind das menschliche Denken und einige seiner mechanischen Schöpfungen.

Die Kreativität beginnt nicht mit dem bewußten menschlichen Geist, auch fließt sie nicht, wie manche Menschen glauben möchten, aus dem unbewußten oder transpersonalen Geist. Die Kreativität kommt gar nicht aus dem menschlichen Geist. Sie ist ein spirituelles Phänomen, das von jenseits des Geistes kommt. Sie gehört zur Ebene des »Vierten«, einem Leben »vor dem Bewußtsein«, wie N. Maharaj sagte. Kreativität ist nicht nur spirituelle Qualität, sie ist die Qualität des Universums als solchem. Und deshalb kann man sie auch nicht ins Gefängnis der Sprache zwingen. Die Sprache ist ein zu plumpes Werkzeug, um sie auszudrücken.

In der Meditation dagegen kann man sie anzapfen; deshalb hat schon eine Millisekunde der Meditation eine solch energisierende Wirkung auf den Menschen. Alles andere, alles, was statisch ist, wird früher oder später ermüdend wirken. Ich habe keine Ausnahme von dieser Regel gefunden. Die großen Religionen sind deshalb so steril, weil sie Wandel und Kreativität nicht akzeptieren können. Als Institutionen können sie nicht das Paradox akzeptieren, daß unser Ursprung immer, in jedem Moment gegenwärtig ist und sich gleichzeitig jedesmal, wenn wir in ihn eintauchen, verändert hat. Niemand kann die Wahrheit einfangen, in einen Käfig sperren und dann bis in alle Ewigkeit häppchenweise verkaufen.

Die Chance, einen Eindruck von dieser Kreativität zu gewinnen, ist keineswegs auf den Mystiker oder den Meditierenden beschränkt.

Sie ist auch dem Naturwissenschaftler, dem Künstler, einem Vater oder einer Mutter oder einem Kind zugänglich. Noch der schlechteste Künstler, der erfolgloseste Erfinder, die einfachste Hausfrau, die eine Mahlzeit nach eigenem Rezept zubereitet, sie alle erweitern unser Verständnis des Universums, ja sie erweitern sogar das Universum selbst mit ihren persönlichen Talenten um ein Stück. Da ich ein Bestandteil dieses Universums bin und da ich lerne, lernt auch das Ganze. Jean Charons Modell eines Bewußtseins, das gleichzeitig im Ganzen und im Individuellen wächst, scheint sich einer Art universellem Gesetz der Kreativität anzunähern.

Der hinderliche Gegensatz zwischen »objektiver« Naturwissenschaft und »subjektiver« Kunst und dem, was wir vielleicht »transjektiven« Mystizismus nennen könnten, kann überwunden werden, wenn wir die Kraftquelle Meditation anzapfen. Jede Entdeckung, jede Intuition, jede Meisterleistung kommt aus der unauslotbaren Lücke, die wir Meditation nennen. Während der Meditation tritt man bewußt in jene Momente, oder genauer: in jene Nicht-Momente der Entdeckung, der Erfindung, der Intuition ein. Erziehungs- und Fortbildungsinstitute, die keine Kurse in Meditation anbieten, vernachlässigen die Förderung der Kreativität ihrer Studenten. Auch wenn einige Akademiker eine solche Bemerkung bedrohlich oder ketzerisch finden mögen, so soll die Meditation doch nicht in Frontstellung gegen das Denken und das logische Argumentieren gebracht werden; die Meditation geht über das Denken hinaus, aber das ist nicht dasselbe, wie gegen das Denken zu sein. Die Meditation nutzt den Geist, sie kennt aber auch seine Grenzen. Das neue Bewußtsein der Menschheit wird sich nicht in begriffliche Zwangsjacken zwängen lassen, wie sie akademische Kategorien wie Naturwissenschaft, Kunst, Geisteswissenschaft und Mystik bilden. Das neue Bewußtsein wird seinen Anspruch auf das ganze Spektrum kreativen Potentials anmelden, und es wird dies auch kultivieren. Dies ist die allerhöchste Freude menschlicher Aktivität, und hier ist ein Punkt erreicht, an dem die Sprache mir nicht mehr weiterhilft, obwohl Schweigen der Sache auch nicht angemessen wäre.

Was die Sprache anbetrifft, so wage ich es, einen Blick auf mein Manuskript zu werfen; dort finde ich solch gewichtige Worte wie Realität, Einheit, Bewußtsein, Leere, Glück… Können wir je die Bedeutung dieser Wörter verstehen, wenn wir nicht einmal eine Blume oder einen Kieselstein verstehen können? Das Staunen wird immer Teil unseres »Verstehens« sein. Nicht-Verstehen, in einem gewissen Sinne sogar Ignoranz, wird immer Teil unseres Wesens sein. Ich wollte in

Meditation, Kreativität, Sprache

diesem Buch nur etwas über einige Meditationstechniken und über das Abenteuer der Meditation mitteilen. Aber wenn man zu schreiben oder zu reden anfängt, so ist es, als beginne man einen Dialog mit den vielen tausend Menschen, die schon vor einem über dieses Thema gesprochen haben. Und so fällt man noch tiefer in die Netze des einzigen zur Kommunikation geeigneten Werkzeugs: der Sprache.

Für mich ist die Sprache ein eher fremdes Medium geworden. Ich bin in Deutschland geboren und aufgewachsen und habe viele Jahre lang in dieser Sprache gedacht, gefühlt und geträumt. Nach zwanzig Jahren in den USA begann ich auf Englisch zu denken, zu fühlen und zu träumen. Dann kamen fünfzehn Jahre Japan, und ich wechselte ins Japanische. Heute fühle ich mich in keiner dieser Sprachen mehr zu Hause, nicht einmal mehr in der Sprache, die ich mit der Muttermilch eingesogen habe. Für mich sind sie ein bißchen wie verschiedene Werkzeugkisten, die ich zur jeweils passenden Gelegenheit hervorziehe. Wenn ich die »Werkzeugkiste« nicht mehr nötig habe, schließe ich sie wieder weg und bin einfach: ohne Sprache. In gewissem Sinne bin ich in solchen Augenblicken wieder zu einem Baby geworden, denn Babys leben ohne Sprache. Und wie wunderbar es für sie ist, so zu existieren, ohne das von der Sprache beherrschte Denken, in einem Zustand nahe dem Nicht-Denken!

Manchmal, wenn ich die Sprache nicht brauche, habe ich das Gefühl, daß mir nichts fehlt. Wenn ich sie aber gebrauchen muß, weiß ich sofort, wie stark uns dieses Werkzeug einschränkt; dies wird nirgends deutlicher, als wenn man versucht, über die Meditation zu sprechen. Von der Meditation sprechen, heißt, sich selbst aus der Erfahrung der Meditation zu verbannen. Es mag möglich sein, über Techniken der Meditation zu sprechen, aber um sich dem Wesen der Meditation zu nähern, scheint die Stille das bessere Werkzeug. Trotzdem hat die Meditation nicht nur etwas mit Stille zu tun, denn sie vibriert vor Lebensfülle.

Ich beende dieses »Kochbuch« der Meditationsmethoden mit einer letzten Methode, die mir auf meinem Lebensweg begegnet ist: der Technik, sich der Sprache zu entledigen, die man unter so vielen Mühen gelernt hat. Der Versuch, dem allgegenwärtigen Einfluß eines Wissens und Denkens zu entgehen, die von der Sprache dominiert sind, kann fast ein ganzes Leben benötigen. Doch wenn er gelänge, könnte man in einen Zustand zurückkehren, der dem Zustand des Kleinkindes sehr ähnlich wäre; es gäbe nur einen bedeutenden Unterschied: Man wäre sich dessen bewußt.

The Silent Orgasm

Glossar

Anapanasati Das Yoga der Wachsamkeit beim Einatmen und Ausatmen, Betrachtung des Atems. Die Meditationstechnik des Buddha.

Ardhanarisvara Shiva, dargestellt als Erz-Androgyner, dessen linke Körperhälfte weiblich und dessen rechte männlich ist.

Asana Körperhaltung beim Yoga.

Atman Die hinduistische Bezeichnung für ein individuelles Bewußtsein, das letztlich identisch mit dem kosmischen Bewußtsein oder Brahman ist.

Atman-Projekt Die verschiedenen inneren Verteidigungshaltungen, welche der Mensch gegen das von ihm intuitiv erspürte Atman-Bewußtsein einnimmt, das Bewußtsein der Einheit mit dem Ganzen, denn wenn er sich auf diese Tatsache einlassen würde, wäre er gezwungen, sein separates »Ich« aufzulösen. Der Begriff stammt von Ken Wilber.

Bardo Ein tibetischer Begriff. Wörtlich: »Zwischenzustand«. In den sechs vom Tibetanischen Totenbuch unterschiedenen Zwischenzuständen kann man sich aus der samsarischen Existenz befreien.

Bhairava »Höchste Realität«, eine der acht erschreckenden Manifestationen des Shiva; diese Manifestationen sind destruktiv, weil sie das »Ich« zerstören. Im Tantra bezeichnet der Begriff »Bhairava« häufig auch die höchste Realität, die Leere. Singhs Etymologie zufolge impliziert der Begriff Erhaltung, Rückzug und Projektion der Welt.

Bhoga Sinnesfreuden, Genuß von Sinnesobjekten.

Bindu »Punkt«. Der ausdehnungslose Punkt im Zentrum eines Yantra; er symbolisiert die urspüngliche Einheit des Universums in seiner unmanifestierten Form.

Brahma Der dritte Gott in der Hindu-Trinität von Brahma, dem Schöpfer, Vishnu, dem Erhalter, und Shiva, dem Zerstörer.

Brahman Das Ewige, Unvergängliche, Absolute im Hinduismus; auch absolutes, kosmisches oder reines Bewußtsein. In den tantrischen Sadhanas wird es mit der Einheit von Shiva und Shakti gleichgesetzt, dem männlichen und dem weiblichen Prinzip.

Chakras (auch: »Räder, Kreise«) Strudelähnliche Zentren subtiler oder »feinstofflicher« Energie (Prana) im menschlichen Energieleib. Im tantrischen Ritual hat Chakra auch die Bedeutung von »Versammlung (Kreis) der Götter«.

Glossar

Chakrasamvara »Versammlung der Unio mystica« (tibetisch); Snellgrove übersetzt mit »Höchste Glückseligkeit«. Vergleiche auch Samvara.

Chinnamasta »Gottheit mit gespaltenem Kopf«. Schreckliche Gottheit indischen Ursprungs; sie ist eine Manifestation der Mutter-Gottheit Kali. Auf Bildern mit abgeschlagenem Kopf dargestellt.

Citipati Eine Darstellung des tibetischen Gottes des Todes (siehe auch Yama); hier wird er dargestellt als männliches und weibliches Skelett beim Sexualakt.

Dakini Vajrayogini, weiblicher Adept des Tantra.

Darshan, auch: Treffen mit einem Guru oder Pilgerfahrt zu einer Gottheit in einem Tempel. Auch: Bezeichnung für die sechs Systeme, die die sechs Schulen der Hindu-Philosphie bilden. Das Wort ist aus dem Sanskrit-Wort für »sehen« abgeleitet.

Dehypnotherapie Techniken der Hypnotherapie, die einen dazu bringen sollen, aus der Hypnose des Alltagsbewußtseins zu erwachen, und einen mit den tieferen Schichten seines schlafenden Bewußtseins in Berührung bringen.

Devi Göttin. Das Wort kann sich auf jede weibliche Gottheit des Hinduismus beziehen.

Dharmata Buddhistischer Begriff, welcher das So-geartetsein aller Dinge, die Essenz der Realität bezeichnet.

Dhyana Meditation.

Garbha-Griha »Mutterbauch«. Innerste dunkle Zelle eines nordindischen Tempels.

Hevajra »Mitgefühl-Weisheit«. Die Heruka oder die männliche rasende Gottheit im Zentrum des Systems des Hevajra-Tantra.

Holographie Eine dreidimensionale Fotografie, in welcher visuelle Information in Form eines Hologramms auf einer Platte gespeichert ist, also in Form eines Netzwerks von Interferenzmustern, von denen jedes zahlreiche »Bits« über das ganze Netzwerk enthält.

Holomovement Von dem Physiker David Bohm geprägter Begriff, der dessen Vision des Universums als »ungeteilter Ganzheit in fließender Bewegung« ausdrücken sollte; dies ist gewissermaßen das dynamische Gegenstück zum statischen Hologramm.

Holonomisch In der Form eines Hologramms. Ein von Leonard geprägter Begriff.

Holotropisch Etwas, das auf Ganzheit gerichtet ist. Der Begriff wird hauptsächlich für eine bestimmte Art des intensivierten Atmens, der Pneumokatharsis, und für eine bestimmte Art der Therapie, welche das Unbewußte aktivieren soll, gebraucht. Ein von Stanislav Grof geprägter Begriff.

Ida Vertikaler Energiekanal auf der linken Seite des feinstofflichen Körpers; auch unter der Bezeichnung »Mondkanal« bekannt.

Jagriti Wacher Bewußtseinszustand, der erste Zustand des aus dem Vedanta stammenden »Drei-plus-eins«-Modells des Bewußtseins.

Kalachakra »Rad der Zeit«. Eine Schutzgottheit des Vajrayana-Buddhismus; auch ein komplexes Symbol für ein System tantrischer Meditationstechniken, dessen Wurzeln auf linkshändige Praktiken des zehnten Jahrhunderts zurückgehen. Wird häufig auf Thangkas abgebildet.

Kali Volkstümliche Hindu-Gottheit. Auch eine tantrische Darstellung der Shakti, die die kreativen und destruktiven Aspekte der Natur in sich vereint. Sie wird zumeist mit schwarzer Haut, großen Brüsten und einer Kette aus Totenköpfen um den Hals dargestellt. Der Name leitet sich von dem Sanskrit-Wort kal ab, welches »schwarz« bedeutet, aber auch »Tod« und/oder »Zeit«.

Kapalika und Kaula Sekten des nordindischen Saivismus, welche einem extremen linkshändigen tantrischen Ritual folgten; sie beeinflußten die erotischen Hindu-Tempel in Khajuraho.

Karma Universelles Gesetz der Vergeltung; ethisches Prinzip von Ursache und Wirkung, das sich für jedes Individuum im Verlauf der Kette der Seelenwanderung durch die sechs Reiche der Existenz bis zur Erleuchtung von einem Leben ins nächste fortsetzt.

Koan Ein japanisches Wort. Bedeutet wörtlich »öffentlicher Aushang, Plan«. Bezeichnet ein unlösbares und paradoxes Rätsel, das ein Zen-Meister seinem Schüler gibt, um diesem bei der Konzentration während der Meditation zu helfen.

Kundalini Spirituelle Kraft, die bei jedem Menschen am unteren Ende der Wirbelsäule schlafend ruht; wird oft mit »Schlangenkraft« übersetzt; Kundalini stellt man sich als eine sich windende Schlange vor, welche man durch yogische oder tantrische Techniken vom Wurzelchakra bis zum Kronenchakra aufsteigen lassen kann.

Lamaismus Der tantrische Buddhismus von Tibet.

Linga(m) Steinerner Phallus, Symbol des Gottes Shiva.

Mahakala Der »Große Schwarze«, eine Manifestation des Gottes des Todes.

Mahamudra »Große Geste (Haltung)«. Die Leere, das Endziel der tantrischen Meditation; auch eine bestimmte tantrische sexuelle Position.

Maithuna Sexuelle Vereinigung, tantrische Kopulation.

Mandala Sanskrit: »Kreis, Bogen, Abschnitt«. Kosmogramm der Zeit- und Raum-Struktur des Universums und Psychogramm der inneren Struktur des Menschen; wird für dekorative Zwecke benutzt sowie als Teil von Ritualen oder für die Meditation.

Mantra Silbe oder Silbenfolge mit oder ohne Sinn, die man wiederholt, um mittels Klangvibrationen einen bestimmten Bewußtseinszustand herbeizuführen; oft Geheimwissen, das man von einem Guru persönlich übermittelt bekommt. Das Mantra ist das wichtigste Hilfsmittel der hinduistischen und buddhistischen Tantra-Rituale und ihrer Meditationsformen. (Man nennt das buddhistische Tantra sogar gelegentlich Mantrayana.) Das Wort leitet sich her aus der Sanskrit-Wurzel *man* , »denken«, und dem Suffix *krt*, das für »Werkzeug« steht.

Maya Ein Sanskrit-Wort. Wörtlich: »Täuschung, Illusion, Schein«. Bezeichnet die sich beständig verändernde Welt der Phänomene, der Erscheinungen und Formen, sowohl innerhalb als auch außerhalb des Selbst, wie sie vom alltäglichen Wachbewußtsein wahrgenommen werden.

Moksha Ein Begriff des Hinduismus. Die endgültige Befreiung aus dem Kreislauf von Geburt und Tod.

Nadis Allgemeine Bezeichnung für die Energiekanäle des feinstofflichen Körpers.

Nirvana Sanskrit-Wort; wörtlich »Verlöschen der Flamme«. Befreiung von der endlichen oder samsarischen Existenz. (Vergleiche auch Samsara).

Padma Lotus; im Tantra häufig Symbol der Vagina.

Parvati Göttin. Die Gattin des Gottes Shiva.

Patanjali Autor der Yoga-Sutra, des Urdokuments aller Yoga-Praxis. Der Text stammt aus dem zweiten Jahrhundert christlicher Zeitrechnung, basiert aber wahrscheinlich auf einer viel älteren Tradition.

Perinatal Bezieht sich auf Episoden während und direkt vor oder nach der biologischen Geburt. Der Begriff wurde von Stanislav Grof geprägt. Er leitet sich von dem griechischen Präfix »peri«, zu deutsch »um, herum« her sowie dem lateinischen »natalis«, zu deutsch »Entbindung«.

Pingala Vertikaler Energiekanal in der rechten Hälfte des feinstofflichen Körpers; wird häufig auch als Sonnenkanal bezeichnet.

Prakriti Die kosmische Energie der Natur, das Gegenstück zur Purusa im System der Samkhya-Philosophie.

Prana Sanskrit; wörtlich: »Atem, Lebensodem«, die kosmische Energie, die den Körper und das ganze Universum durchdringt und sich in den Geschöpfen am deutlichsten als Atem manifestiert.

Psychohydraulik Techniken, mittels derer man die Kundalini-Kraft vom untersten zum höchsten Chakra heraufzieht. Der Begriff wurde von Alan Watts geprägt.

Puranas Sanskrit-Wort; wörtlich: »alte Erzählungswerke«. Die 18 Puranas und die ihnen untergeordneten 18 Upa-Puranas (Nebenpuranas) behandeln Legenden über die Götter, Ratschläge für das Alltagsleben, Hymnen und Mythen. Entstanden ungefähr im ersten Jahrhundert christlicher Zeitrechnung.

Purusha Kosmisches Bewußtsein, das Gegenstück zu Prakriti im System der Samkhya-Philosophie.

qi Lebensenergie, Elan vital, Lebenskraft, kosmischer Geist; zentraler Begriff der chinesischen Medizin und Geomantie. Man spricht es »chi« aus, in Deutschland ist es noch eher unter der Umschrift »Ch'i« bekannt. Auf japanisch »Ki«.

qigong Uralte chinesische Heilmethode, in welcher Lebensenergie mittels Kombination von Bewegung, Atmung und Denken im Körper bewegt wird.

Rishi Sanskrit. Allgemeine Bezeichnung für Seher, Heilige und inspirierte Dichter, besonders aber für Seher, denen die Hymnen der Veden und Upanischaden geoffenbart worden sind.

Sadhaka Ein Suchender, der spirituelle Übungen macht.

Sadhana Spirituelle Übung. Sie kann die Form eines Rituals oder der Meditation haben.

Saiva Bezieht sich auf alles, was mit der religiösen Verehrung des Shiva zu tun hat.

Samadhi Sanskrit; wörtlich: »fixieren, festmachen«. Ein beständiger, paradoxer Zustand der mystischen Einheit von absoluter Leere und absoluter Fülle, das Ziel aller Meditation und aller Yoga-Übungen. Eliade nennt den Zustand »Yogische Ekstase«.

Samkhya »Unterscheidung«. Das älteste philosophische System Indiens. Es geht auf das fünfte vorchristliche Jahrhundert zurück.

Samsara Die Erfahrung der Welt der Erscheinungen, welche vom Kreislauf von Geburt und Tod in einem der sechs Reiche der flüchtigen Existenz geprägt ist. Das Gegenteil von Nirvana.

Glossar

Samvara »Vereinigung«, insbesondere im Sinne der Unio mystica. Im Hevajra-Tantra als »einzige Vereinigung aller Formen des Phänomenalen« beschrieben.

Sannyasin Ein spirituell Eingeweihter; ursprünglich bezeichnete das Wort einen Menschen, der der Welt entsagt und nun in völliger Besitzlosigkeit als Mendikant (Bettelmönch) von Almosen lebt; dies ist das vierte und letzte Stadium im Leben eines Brahmin.

Satori Ein Zen-Begriff für die Erfahrung des Erwachens (Erleuchtung), ein Vorgeschmack der Erleuchtung.

Shakti Weibliches, kinetisches Prinzip des Universums, Gegenstück zu Shiva, dem männlichen, passiven Prinzip des Universums. Shakti ist auch die göttliche Gemahlin des Gottes Shiva.

Shikkhara »Berggipfel«. Der höchste Teil eines nordindischen Hindu-Tempels.

Shiva Gottheit der Hindu-Trinität neben Brahma und Vishnu. Shiva ist der Zerstörer. Wenn er mit Shakti abgebildet wird, ist er auch das männliche passive Prinzip des kosmischen Bewußtseins.

Shunyata Buddhistischer Begriff für »Leere, Leerheit«; ein positives Gefühl der Präsenz ohne jede »Dinglichkeit«; ein völlig anderer Begriff der »Leere« als im Westen, wo Leere mit »Hohlheit« und dem »Horror vacui« assoziiert wird.

Skandhas Im Buddhismus die fünf psychosomatischen Teile des Menschen: Form, Gefühl, Wahrnehmung, Intention, Bewußtsein.

Sobna Traum-Bewußtsein, der zweite Zustand des aus dem Vedanta stammenden »Drei-plus-eins«-Modells des Bewußtseins.

Sushupti Bewußtsein des traumlosen Schlafes; das dritte Stadium des aus den Vedanta stammenden »Drei-plus-eins«-Modells des Bewußtseins.

Susumna Mittlerer vertikaler Energiekanal des feinstofflichen Körpers; er verläuft entlang des Rückgrats, an dem auch die Kundalini sich aufwärtsbewegt.

Tantra »Dasjenige, durch welches das Bewußtsein ausgeweitet oder transparent gemacht wird«. (Aus dem Sanskrit-Wort tan für »dehnen, strecken, transparent machen« und dem Suffix krt für »Werkzeug, Instrument«. Wird auch oft als Name der vielen rituellen und magischen Schriften des tantrischen Hinduismus oder Buddhismus benutzt.

Thangka Ein tibetisches Wort. »Dasjenige, was man aufrollen kann«. Ein in Seidenstoff eingefaßtes Rollbild, das für dekorative Zwecke genutzt wird, aber auch die Aufgabe hat, Glaubensinhalte zu vermitteln; es spielt auch bei Ritualen und bei der Visualisierung in der Meditation eine Rolle.

Upanischaden »Esoterische Lehren«, die an die Veden angehängt sind; die älteste stammt von 600 v. Chr. Sie bilden die hauptsächliche Basis des Vedanta, der metaphysischen Schlußfolgerungen aus den Veden.

Vajra Im Hinduismus bezieht sich der Begriff auf den Blitzstrahl des Gottes Indra, auch »Donnerkeil« genannt; in den Veden ist dieser Gott die Personifikation des Firmamentes oder der Atmosphäre. Im Buddhismus, insbesondere im Vajrayana-Buddhismus, bedeutet »Vajra« Diamant und dient als Symbol des Unvergänglichen und absolut Transparenten, also des innersten Wesens der Welt. (Vajra Sattva heißt »absolutes Sein«.) Im Kontext des Tantra bedeutet Vajra häufig »Phallus«.

Vajrayana Gewöhnlich mit »Diamant-Fahrzeug« übersetzt; meine Übersetzung ist »Transparenz-Fahrzeug«. Vajrayana ist ein Zweig des Mahayana-Buddhismus, in dem die Vorstellung der »Leere« durch die Vorstellung des Diamanten, des Vajra, ersetzt wurde; das Vajrayana hatte seinen Ursprung in Indien bei den Brüdern Asanga und Vasubandhu im vierten/fünften Jahrhundert christlicher Zeitrechnung.

Vajrayogini »Diamantene yogische Asketin«. Partnerin in linkshändiger tantrischer ritueller Praxis, auch Dakini genannt. Auf Thangkas erscheint sie oft als die Gemahlin einer rasenden Gottheit; manchmal steht sie auch stellvertretend für die fünf Heruka-Buddhas.

Vedanta Die Schlußbetrachtungen der Veden. Sie bilden die Basis der Vedanta-Philosophie, eines Systems philosophisch-theologischer Spekulation, das auf den Veden und Upanischaden aufgebaut ist.

Veden Der grundlegende Text des Hinduismus; er entstand wahrscheinlich zwischen 1500 und 1000 v. Chr. Das Wort Veden (Sanskrit: Vedas) leitet sich aus der Wortwurzel vid ab; sie hat die Bedeutung »Wissen«. Oft wird der Begriff »Vedas« mit »Hymnen göttlichen Wissens« übersetzt.

Yab-Yum Tibetisch, wörtlich: »Vater-Mutter«. Bild des männlichen und weiblichen Prinzips in geschlechtlicher Vereinigung; das Vajrayana-Äquivalent zu einem Hindu-Götterpaar.

Yama Gott des Todes oder Herrscher der Höllen in der buddhistischen Mythologie. Auf Bildern wird er mit dem Kopf eines Wasserbüffels dargestellt; er erscheint häufig mit seiner Zwillingsschwester Yami.

Yantra Kosmogramm/Psychogramm aus abstrakten geometrischen Formen (im Gegensatz zu den anthropomorphen, abbildhaften Formen des Mandalas); es findet bei Ritualen und als »Stütze« für die Meditation Anwendung. Yantra kommt von der Sanskrit-Wortwurzel yam, »stützen«, und dem Suffix krt, »Instrument«.

Yoga Sanskrit, wörtlich: »Joch«, im Sinne von Anschirren an Gott, Suche nach Vereinigung mit ihm. Grundsätzlich ist jeder Weg mystischer Gotteserkennt-

Glossar

nis »Yoga«. Für den Hinduismus betreibt der christliche Mystiker ebenso wie der indianische Schamane »Yoga«. Im Westen denkt man meist ans »Hatha-Yoga«, das auf Körperübungen (Asana) in Verbindung mit Atemübungen (Pranayama) basiert. Die meisten indischen Yoga-Wege setzen Askese und Meditation zur Vereinigung von individuellem und kosmischem Bewußtsein ein.

Yogini Asketin, weiblicher Yogi. Siehe Vajrayogini.

Yoni Vagina; Symbol der Hindu-Göttin Shakti.

Bibliographie

Aivanhov, Omraam Mikhael, Cosmic Moral Laws, Editions Prosveta, 1984, Vol. 12.

Akahori, Akira, Drug Taking and Immortality, in Kohn,L., Taoist Meditation and Longevity Techniques, Ann Arbor: The University of Michigan, 1989.

Anand, Margo, The Art of Sexual Ecstasy, Los Angeles: Jeremy P. Tarcher, 1989.

Baharati, Agehananda, The Tantric Tradition, Westport: Greenwood Press, 1977.

Berendt, Joachim-Ernst, Das Dritte Ohr [The Third Ear], Hamburg: Rowohlt Verlag, 1988.

Bohm, David, Wholeness and the Implicate Order, London: Ark Paperbacks, 1983.

Capra, Fritjof, The Tao of Physics, Berkeley: Shambala Publications, 1975.

Chandra, Pramod, The Kaula-Kapalika Cults At Khajuraho, in Lalit Kala No. 1 & 2, India, 1955, 1956.

Charon, Jean E., Der Geist der Materie, [The Spirit of Matter], Frankfurt: Ullstein Verlag, 1977.

Chia, Mantak, Taoist Secrets of Love – Cultivating Male Sexual Energy, NewYork: Aurora Press, 1984.

Chia, Mantak & Maneewan, Healing Love through the Tao – Cultivating Female Sexual Energy, New York: Healing Tao Books, 1986.

Coomaraswamy, Ananda, K., Christian & Oriental Philosophy of Art, New York: Dover Publications, 1956.

Da Free John, The Dreaded Gom-boo or The Imaginary Disease that Religion Seeks to Cure, Clearlake: The Dawn Horse Press, 1983.

Dasgupta, Sh.B., An Introduction to Tantric Buddhism, Calcutta: University Press, 1950.

Dowson, John, A Classical Dictionary of Hindu Mythology and Religion, Ludhiana: Lyall Book Depot, 1970.

Eliade, Mircea, Yoga – Immortality and Freedom, NewYork: Bollingen Foundation, 1958.

Eliade, Mircea, The Sacred and the Profane – The Nature of Religion, NewYork: Harper and Row, 1961.

Evens-Wentz, William Y., and *Dawa-Samdup, Kazi*, The Tibetan Book of the Dead, London: Oxford University Press, 1960.

Feuerstein, Georg, Holy Madness – The Shock Tactics and Radical Teachings of Crazy-Wise Adepts, Holy Fools, and Rascal Gurus, Arcana Books, 1990.

Fremantle, F. and Trungpa, Chögyam, The Tibetan Book of the Dead – The Great Liberation Through Hearing in the Bardo, Berkeley and London: Shambala, 1975.

Gebser, Jean, Ursprung und Gegenwart, [Origin and Presence], Band II & III, in Jean Gebser Gesamtausgabe, Schaffhausen: Novalis Verlag, 1986.

Getty, Alice, The Gods of Northern Buddhism, Rutland, Vermont: Charles Tuttle, 1962.

Grof, Stanislav, and Halifax, Joan, The Human Encounter with Death, New York: Dutton, 1978.

Grof, Stanislav, Beyond the Brain – Birth, Death and Transcendence in Psychotherapy, New York: State University of New York Press, 1985.

Bücher und Artikel

Grof, Stanislav, The Adventure of Self-Discovery, New York: State University of New York Press, 1988.

Guenther, Herbert V., The Royal Song of Saraha – A Study in the History of Buddhist Thought, Seattle: University of Washington Press, 1969.

Hanh, Thich Nhat, The Sutra on the Full Awareness of Breathing, Berkeley: Parallax Press, 1988.

Hume, Robert Ernest, The Thirteen Principal Upanishads, London: Oxford University Press, 1962.

Huxley, Aldous, The Perennial Philosophy, Glasgow: Fontana Books, 1961.

Jackson, David P. & Janice A., Tibetan Thangka Painting – Methods & Materials, London: Serinda Publications, 1984.

Janov, Arthyr, The Primal Scream, New York: Dell Publishing Co., 1970.

Janov, Arthyr, The Anatomy of Mental Illness, New York: Berkeley Publishing Co., 1977.

Kersten, Holger, Jesus lebte in Indien, München, Knaur Verlag, 1983.

Khanna, Madhu., Yantra – The Tantric Symbol of Cosmic Unity, London: Thames and Hudson, 1979.

Kohn, Livia, (ed.), Taoist Meditation and Longevity Techniques, Ann Arbor: The University of Michigan, 1989.

Krishna, Gopi, The Awakening of Kundalini, New York: E. P. Dutton, 1975.

Krishnamurti, U.G., The Mystique of Enlightenment – The unrational ideas of a man called U.G., Goa: Dinesh Vaghela Cemetile Corp., 1982.

Kuhn, Theodore S., The Structure of Scientific Revolutions, Chicago: University of Chicago Press, 1970.

Lauf, Detlef Ingo, Secret Doctrines of the Tibetan Books of the Dead, Boston: Shambala, 1989.

Lavizzari-Raeuber, A., Thangkas-Rollbilder aus dem Himalaya, Köln: DuMont, 1984.

Leadbeater, C.W., The Chakras, Madras/London: The Theosophical Publishing House, 1927.

Leary, Timothy; Metzner, Ralph; Alpert, R, The Psychedelic Experience – A Manual Based on the Tibetan Book of the Dead, New York: University Books, 1964.

Leonard, George, The Silent Pulse, New York: E. P. Dutton, 1978.

Lodö, Lama, Bardo Teachings – The Way of Death and Rebirth, San Francisco: KDK Publications, 1982.

Maharaj, Sri Nisargadatta, The Nectar of the Lord's Feet, Longmead: Element Books, 1987.

Maharshi, Ramana, Talks with Sri Ramana Maharshi, Tiruvannamali: Sri Ramanasramam, 1978.

Majupuria, T. Ch., Erotic Themes in Nepal, Kathmandu: Smt. Shakuntala Devi, 1978.

Michell, George, The Hindu Temple – An Introduction to its Meaning and Forms, New York: Harper & Row, 1977.

Mishra, Rammamurti S., Yoga Sutras – The Textbook of Yoga Psychology, New York: Anchor Press/Doubleday, 1973.

Monroe, Robert A., Journeys out of the Body, New York: Anchor Press, 1973.

Mookerjee, Ajitand Khanna, Madhu, The Tantric Way, Boston: New York Graphic Society, 1977.

Motoyama, Hiroshi and Brown, R., Science and Evolution of Consciousness – Chakras, Ki, and Psi, Brookline, Mass.: Autumn Press, 1978.

Motoyama, Hiroshi and Brown, R., Theories of the Chakras:Bridge to Higher Consciousness, Madras/London: The Theosophical Publishing House, 1981.

Muller-Ortega, P.E., Tantric Meditation: Vocalic Beginnings, in Goudriaan, Teun, ed.: Ritual and Speculation in Early Tantrism, Albany: State University of New York Press, 1992.

Namdak, Tenzin, Heart Drops of Dharmakaya – Dzogchen Practice of the Bön Tradition, Ithaca: Snow Lion Publications, 1993.

Neumann, Erich, The Origins and History of Consciousness, Princeton: Princeton Univ. Press, 1954.

Nitschke, Günter, From Post-Modern to New-Age Creativity, in Kino Hyoron No. 20, Kyoto: Kyoto Seika University, 1989.

Nitschke, Günter, The Architecture of the Japanese Garden, Köln: Benedikt Taschen Verlag, 1991.

MA-Place, Space, Void, in From Shinto to Ando, London: Academy Editions, 1993, p. 48 – 61.

Norbu, Namkhai, Dream Yoga and the Practice of the Natural Light, Ithaca, New York: Snow Lion Publications, 1992.

O'Flaherty, Wendy Doniger, Asceticism and Eroticism in the Mythology of Siva, London: Oxford Univ. Press, 1973.

Pal, Pratapaditya, Tibetan Paintings – A Study of Tibetan Thangkas, New Dehli: Time Books International, 1988.

Rajneesh, Bhagwan Shree, Dynamics of Meditation, Bombay: A Life Awakening Movement Publication, 1972.

Rajneesh, Bhagwan Shree, The Ultimate Alchemy-Discourses on the Atma Pooja Upanishad, Vol.1, Bombay: Anand-Shila Publications, 1974.

Rajneesh, Bhagwan Shree, No Water, No Moon, Poona: Rajneesh Foundation, 1975.

Rajneesh, Bhagwan Shree, The Book of the Secrets-Discourses on Vigyana Bhairava Tantra, 5 Vols., Poona: Rajneesh Foundation, 1974 – 1976.

Rajneesh, Bhagwan Shree, Tantra, The Supreme Understanding – Talks on Tilopa's Song of Mahamudra, Poona: Rajneesh Foundation, 1975.

Rajneesh, Bhagwan Shree, Vedanta-Seven Steps to Samadhi, Poona: Rajneesh Foundation, 1976.

Rajneesh, Bhagwan Shree, The Four States of Consciousness, in Sannyas Vol. 3, No. 2, Poona: Rajneesh Foundation, Foundation, 1976.

Rajneesh, Bhagwan Shree, Yoga – The Alpha and the Omega, Talks on the Yoga Sutras of Patanjali, Vols. 1 – 10, Poona: Rajneesh Foundation, 1976 – 1978.

Rajneesh, Bhagwan Shree, TAO – The Three Treasures, Talks on Laotse, Poona: Rajneesh Foundation, 1977.

Rajneesh, Bhagwan Shree, The Search – Talks on the Ten Bulls of Zen, Poona: Rajneesh Foundation, 1977.

Rajneesh, Bhagwan Shree, The Divine Melody, Poona: Rajneesh Foundation, 1978.

Rajneesh, Bhagwan Shree, The Tantra Vision – Talks on the Royal Song of Saraha, Vol. 2, Poona: Rajneesh Foundation, 1979.

Rajneesh, Bhagwan Shree, Unio Mystica – Talks on Hakim Sanai's 'The Hadiqa', Vol. 1, Poona: Rajneesh Foundation, 1980.

Rajneesh, Bhagwan Shree, Meditation – The First and Last Freedom, Cologne: The Rebel Publishing House, 1989.

Rawson, Philip, Sacred Tibet, London: Thames and Hudson, 1991.

Reps, Paul, Zen Flesh, Zen Bones, New York: Doubleday Anchor Books, 1961.

Bibliography

Sabom, Michael B., Recollections of Death, New York: Harper & Row, 1982.

Sierksma, F., Tibet's Terrifying Deities – Sex and Aggression in Religious Acculturation, Tokyo: Charles E. Tuttle, 1966.

Singh, Jaideva, The Yoga of Delight, Wonder and Astonishment: A Translation of the 'Vijnana-Bhairava', Albany: State University of New York Press, 1991.

Sinha, Indra, The Great Book of Tantra, Rochester, Vermont: Destiny Books, 1993.

Snellgrove, David L., The Hevajra Tantra, Vol. 1 and 2, London: Oxford University Press, 1959.

Sogyal, Rinpoche, The Tibetan Book of Living and Dying, New York: Harper Collins, 1992.

Stevens, John, Lust for Enlightenment-Buddhism and Sex, Boston: Shambala, 1990.

Thurmann, Robert, E. F., The Tibetan Book of the Dead, New York: Bantam Books, 1994.

Tucci, Giuseppe, The Theory and Practice of the Mandala, London: Rider & Co., 1961.

Tucci, Giuseppe, Rati-Lila-Studie über die erotischen Darstellungen in der Nepalesischen Kunst, Genf: Nagel Verlag, 1969.

van Gennep, Arnold, The Rites of Passage, Chicago: The University of Chicago Press, 1960.

Varenne, Jean, Yoga and the Hindu Tradition, Chicago, The University of Chicago Press, 1976.

Vivekananda, Swami, Raja Yoga, Calcutta: Advaita Ashrama, 1982.

Waddell, Austine L., Tibetan Buddhismus, New York: Dover Publications, 1972.

Watts, Alan, Erotic Spirituality, New York: Collier Macmillan Publishers, 1971.

Watts, Alan, TAO – The Watercourse Way, New York: Pantheon Books, 1975.

Weiss, Brian L., Many Lives, Many Masters, New York: Simon & Schuster, 1988.

Wilber, Ken, ed., The Holgraphic Paradigm and other Paradoxes, Boston & London: Shambala, 1985.

Wilber, Ken, Up from Eden – A Transpersonal View of Human Evolution, Boston: Shambala, 1986.

Wilhelm, Richard, The Secret of the Golden Flower, London: Routledge & Kegan Paul, 1931.

Woodroffe, Sir John (Avalon, Arthur), Sakta and Shakti, Madras: Ganesh, 1918.

Woodroffe, Sir John (Avalon, Arthur), Serpent Power, Madras, 1954.

Audio- und Video- kassetten

Chakra Breathing, Meditations of Osho, Poona: Rajneeshdam.
Chakra Sounds, Meditations of Osho, Poona: Rajneeshdam.
Mystic Rose Meditation, Meditation with Bhagwan, Poona: Rajneeshdam.
The Invitation, Lecture 14, 28/8/1987, Poona: Osho Commune International.